生生不息

一个中国企业的进化与转型

EVOLVED TO LAST

范海涛◎著

中信出版集团｜北京

图书在版编目（CIP）数据

生生不息 / 范海涛著 . -- 北京：中信出版社，
2021.8
ISBN 978-7-5217-3342-6

Ⅰ.①生… Ⅱ.①范… Ⅲ.①软件开发－电子计算机
工业－工业企业管理－经验－中国 Ⅳ.① F426.67

中国版本图书馆 CIP 数据核字（2021）第 148244 号

生生不息
著者：　　　范海涛
出版发行：中信出版集团股份有限公司
　　　　　（北京市朝阳区惠新东街甲 4 号富盛大厦 2 座　邮编　100029）
承印者：　　北京盛通印刷股份有限公司

开本：880mm×1230mm　1/32　　印张：12　　　　字数：266 千字
版次：2021 年 8 月第 1 版　　　印次：2021 年 8 月第 1 次印刷
书号：ISBN 978–7–5217–3342–6
定价：88.00 元

《周易》有云，"生生之谓易"，意即生而又生、生生不息、革故鼎新，它是万事万物产生的本源。延展到企业，"生生不息"就是持续"进化、变革、转型与再造"的精准复合体，它是雷军口中"道""法""术"哲理的完美演绎，它包含了跨越一切的无限可能。

　　无数企业家和管理者都在探寻企业基业长青的密码，这个密码可能就蕴藏在"生生不息"深邃的内涵之中。

——作者题记

致每一位变革者、创新者、奋斗者

生生不息，再造未来！

目　录

第一部分
困　局

第一章
十字路口："像恐龙一样消失"
——传统公司之困

第二章
雷军回归："去探险、去俘获"
——企业家的首要特质

第三部分
变革与转型

第五章
风口又来了："专注、极致、口碑、快"
——抓住行业增长的红利

第六章
"道"的力量："用技术服务、改善这个世界"
——企业基业长青的密码

第四部分
生生不息

第七章
持续进化："开拓前行，领跑未来"
——生生不息，如同物种进化一般

结语
不是终局——一个中国企业的转型

序
每一道伤痕都将是未来的勋章

2021 年 8 月 10 日，我举办了一场个人演讲，主题是"我的梦想，我的选择"，主要谈论的是我这 10 年走过的路和做过的一些最艰难的选择。于我而言，我人生中最纠结的选择之一，可能就是 10 年前要不要回归金山这个决定。

当时的现实情况是，我已经在 2010 年 4 月 6 日创建了小米，不但几位合伙人已经加入了我的团队，A 轮融资也已经陆续到位。对一个从软件世界闯入硬件制造业世界的创业者来说，无比复杂的供应链世界和工业设计需求，让我进入了一个全新的、无比繁忙的学习阶段，面临的压力可想而知。就在这个时候，金山集团的创始人张旋龙和求伯君找到我，希望我能够回归金山担任董事长，来挽救金山集团在市场上面临的不利局面。

这让我很长时间都辗转反侧。一方面，刚刚成立的创业公司小米需要我做的事情浩如烟海，让人感到千头万绪。另一方面，我曾经在金山战斗过 16 年，经历过所有公司的高光和低谷时刻，对创始人和这家公司的深厚情感也不言而喻。于是回去还是不回去这个问题，在当时真正成了一个艰难的选择。

最后，出于对金山的热爱和对它命运的担忧，我还是义无反顾地选择了回归。在当时金山已经被市场边缘化、员工士气十分低迷的情况下，我开启了关停并转、包产到户、放水养鱼、腾笼换鸟、筑巢引凤的五步战略改革。可想而知，对于一家创立了 20 多年的传统通用软件企业，想要赶上移动互联的风口，拥抱崭新的商业模式，我没有奢望这个过程会很轻松。其中所有跌宕起伏的改革故事，都已经被记录在了这本书名为《生生不息》的传记里。

这是一个传统的公司如何摆脱路径依赖，改变自己既有基因的故事，也是一个关乎企业如何进化、实行管理变革的故事。

走过这 10 年的光阴，我欣慰地看到，金山已经实现了对自己过去的颠覆，它破茧而出，焕发出了勃勃生机，并且回归了主流市场。金山办公在移动端和云端服务着全球几亿用户，而金山云也为众多客户提供了底层技术支撑，成就了客户的事业。让我更为骄傲和自豪的是，虽然金山变革了自己的商业模式和运营方式，但是，回归产品、关注用户始终是金山没有改变的核心，我们永远都在思考怎么做出令客户尖叫的产品，这得益于一代又一代优秀的金山工程师技术立业文化的传承。

在对金山实施改革的过程中，我有了一个感悟。那就是过去的经验，尤其是失败的经验对未来会产生潜移默化的影响，带来巨大的帮助。

早年在金山，我曾在卓越网的融资问题上感受到过极大的挫败感，卖掉卓越网也是我不得已而为之的最大痛楚。从那时候起，对于复杂融资问题的研究成了我很长时间一直都在坚持的事情，从 2004 年开始，我就立志把所有有关风险投资的环节都搞通搞懂，而这样的经验对我后来创立小米以及为金山引入风险投资有着巨大的帮助。再比如在金山时期，我曾经深深感受到渠道之苦，因此在创建小米初期，我决定提升流通效率，公司自建电商平台，设计出了一套"硬件 + 软件 + 互联网"的商业模式，帮助了小米在早期获得成功。最重要的一点是，金山曾经在软件时代非常成功，但是在互联网崛起的时间错过了很多重要的发展机遇，这也是让我痛定思痛，一直在考虑趋势和创业关系的缘起。而这种思考，对小米和金山两家公司后来的发展都至关重要。

在不改变就等于沉沦的时代，很多个人和企业都在面临着变革和转型的问题。如同迪士尼的前任 CEO（首席执行官）罗伯特·艾格所说的那样："科技的发展终究会淘汰老旧的商业模式。你可选择哀怨伤害，尽一切努力维持现状。或者，你也可以拿出比你的竞争对手更胜一筹的高涨热情和创意，努力理解和接受新的格局。"

当很多人谈到变革或者转型时会感到本能的恐惧，或者害怕遭遇失败，我想以《生生不息》这本书里陈述的一些切身经验来告诉大家，其实，一个人或者一家企业的成功从来都不是线性的，没有谁会永远一帆风顺，但是，很多成功都是从既往的失败经验中得到的明示和启发。昨天的失败可以照亮今天的道路，今天的伤痕也将会成为明日的勋章。

30 年来，金山就是这样一家一直在路上的公司，我们已经意识到了，失败可能是我们的一笔宝贵财富，而一成不变才是企业经营最大的风险，从今以后，金山依然将用这种无畏失败的精神主动拥抱变化。而我们，愿意用最大的坦诚和既往的故事，和所有的中国企业通过这本书共勉。

小米集团董事长、金山集团董事长

其实生发出写下《生生不息》这个故事的想法，甚至比我动笔写《一往无前》这本书还要早。还记得那一天是 2009 年 11 月 2 日，因为要撰写小米公司的传记，我到小米科技园第一次去采访雷军先生。没有想到，见面的第一句话，雷军就对我说："写完小米公司的传记，你可以考虑再写一写金山！"当时，《一往无前》的第一稿还没有任何雏形，就这样，在小米的商业传记还一字未有的情况下，我和雷军有了一个写下金山这 10 年的约定。当时我感受到的，是金山这家公司在雷军心中的分量。

正好，那一天的采访是从 2007 年雷军离开金山的故事开始聊的。在长达两个小时的时间里，一幕幕的金山往事在办公室里像电影镜头一样缓缓铺陈开来。在一场波澜壮阔的口述历史中，雷军几乎泪目。这时我才知道，当年离开金山，对雷军来说是一个充满离愁别绪的故事，其中的挣扎感和复杂程度远非外人可以感知。

当时，作为一家经历过软件时代最辉煌时期的公司，金山在新的产业周期来临之际面对何去何从的问题，错过了互联网发展最蓬勃的时期，这家企业一度偏离了行业的主流轨道，而这引发了当时只有30多岁的雷军的深度思考。当雷军看到他无法再带领这家他为之战斗了16年的公司走得更远时，离开就成了唯一的选择。后来我发现，这可能是雷军生命中最痛苦的一段时光。

然而，正是这种痛苦，为后来的金山以及今天的小米在无形中积蓄了巨大的力量；这种痛苦，成就了一个青年创业者的凤凰涅槃。

我在写完了《一往无前》，又完成了《生生不息》的写作后，才真正明白，这段看似是雷军生命中一段空白的时光，这个被他自己戏称为"一事无成"的阶段，其实正是他生命中一段最重要的承上启下的时光。在他终于脱离了一线管理者的身份成为一名天使投资人后，对于产业趋势的观察和对战略的复盘思考就成了他的日常工作。

在这段"蛰伏"的时光里，雷军见证了一批他参与投资的创业企业是如何以惊人的速度野蛮生长的，他系统地观察了移动互联网早期的商业模式、公司治理、资本的参与方式和公司创始人对创业机会的把握，一颗再次躬身入局的火种在他内心开始慢慢点燃，与此同时，一套成熟的、系统的、关于雷军的商业方法论也慢慢成形了。

这一切的一切，造就了金山这个令所有人都感到惊艳的"逆袭故事"。《生生不息》讲述的，就是雷军在2011年回归金山后，如何带领一家传统公司抓住时代趋势进行企业转型的故事。掀开这个故事的面纱，我发现，整个过程波澜壮阔，它甚至可能比小米的故事还要惊心动魄和充满质感。如果说小米是一个新的创业公司拔地而起、激流勇进，整个团队从零开始的学霸式创业的故事，那么雷军回归金山并再造金山的过程，则更像是一个带领旧部打破窠臼、破茧重生的故事。这是一个跌宕起伏、充满悬念、终究冲破至暗时刻的故事，这是一个刷新了系统的创业者带领着自己热爱的公司走出"创新者的窘境"的故事。

因为有太多的不确定性和诸多波折，金山这个故事更加充满了戏剧性和张力，而它也为所有希望进行转型的中国企业提供了一种样本和借鉴意义。

在金山转型的故事中，我总结了几个关键所在。其中最关键的一点，是金山的创始合伙人们找到了一个最合适的人选，首先解决了团队之间的信任问题。在雷军回归之前，有一段时间金山正处于内部纷争不断、业务一盘散沙的状态，而这造成了很多内部意见的不统一，公司战略的执行也充满了摇摆。找到一个能够凝聚大家的信任、重建内部信心的人对于企业转型至关重要。可以说，这就是《生生不息》开篇的故事。2011年5月，雷军已经创建了小米，压力很大，做出回归金山的决定并非易事。因此，张旋龙和求伯君力争雷军回归金山的故事一波三折，就像一个精彩纷呈的剧目，几个人为此付出的努力和克服的困难都不言而喻。在雷军选择回归后，他不但解决了金山高管之间的信任问题，在金山的董事会层面，股东们也变得更容易沟通。可以说，这为之后雷军发起金山的"五步战略改革"的顺利推进埋下了伏笔。在企业转型的故事中，找正确的人，似乎总比做正确的事先行一步。

金山在正式推进企业转型之前重新规划了企业的文化和愿景。经过梳理，雷军和金山管理层把"志存高远，脚踏实地"作为企业的价值观并在内部不断做着沟通。如果说金山十多年前的愿景是让每一台电脑上都装上WPS①，让民族软件发扬光大，那么金山今天的愿景则显得更加落地和与时俱进。在我采访金山的大半年里，我强烈感受到了一点，那就是炽热的企业文化和员工的使命感多年以来都贯穿在这家公司的内部，在很长时间里，正是这种炽热的文化支持着金山走过了至暗时刻。在雷军回归金山之后，除了战略层面的变革，他花了大量的时间和员工做价值观方面的沟通，愿意花精力加强团队建设。雷军深知，一家公司的战略和方向可以改变，但是使命、价值观和愿景一定要保持稳定。文化的巩固和重建，是一家企业进行改革之前关键的一步。

在这个金山的转型故事中，雷军发起的"五步战略改革"是一场场非常经典的企业转型之战。在实施战略改革之前，雷军率

---

① WPS 是由金山软件股份有限公司自主研发的文字处理系统。——编者注

先完成了公司治理结构的改变。作为一名在一线冲锋陷阵多年的青年创业者，雷军深知，一家企业要成功，必须拥有相对平顺的公司治理结构，而首先要解决的问题就是股权分配的问题，建立起公司管理层股权激励，这是解决管理层和股东分歧的一味良药。通过艰难的"关停并转"和"包产到户"策略执行，雷军完美地解决了金山集团之前存在的权、责、利不明晰的问题。当一个集团一分为三时，各个子公司的管理层都开始为各自聚焦的业务发力，运营效率也得到了急速提升。而管理层持股则最大限度地激发了管理层的主观能动性，激活了整个组织的能量。

在解决了金山的公司治理结构问题后，战略再造就成了重中之重，这也是《生生不息》整本书中最重要的一段描述。在金山错过了互联网最蓬勃发展的时代后，雷军为金山制定了非常完整的移动互联网战略，推动几家公司进行了向移动互联网的转型。这也是这家公司进行转型的过程中最值得品味的部分，这个过程不仅仅有赖于雷军此前积累的商业视野，也得益于雷军之前在天使投资领域积累的声誉和人脉。当雷军开始用"产业 + 资本"的方式再造金山时，风险对创新创业的驱动力已经表现得淋漓尽致。

在用雷军总结出来的"专注、极致、口碑、快"的移动互联网方法论进行战略再造后，几家公司都发生了脱胎换骨的变化。最显著的例子也许就是金山办公，在 WPS 开始走向移动端后，它的发展是爆发性的。可以说，金山办公今天的规模和发展速度，就连金山办公的管理层也感到十分惊讶。在遵从了整个行业的规律和趋势之后，曾经最传统的金山办公，也变成了一家与时俱进的公司。而最关键的一点是，企业一旦实现了成功转型的第一步，如何快速应对迅速变化的市场，就成为它的"肌肉记忆"。随着金山办公管理层的成长和成熟，金山办公自然而然地将其战略从移动办公转向"云"，至此，金山办公的管理者并不是简单地继承了雷军的转型路径，而是把转型的方法内化到了企业管理中。

金山云的成立和发展也体现了雷军的商业思维的进阶。经营和管理不同，现代管理学之父彼得·德鲁克说，"管理是正确地做事，经营是做正确的事"，而经济学家指出，管理的目标是提高效率，经营是面对市场和不断变化的商业环境做出选择。如果说在金山时代，雷军早就学会了做一个有条不紊的企业管理者，那么在雷军 2011 年正式回归金山之后，他已经进阶成为一个完全的经营战略制定者。在他的主导下，金山 2012 年成立了第四家子公司——金山云，而这也是一次为科技企业打造"增量"的商业思维的经典体现。如果在传统时代，大家比的是企业规模，是存量，那么在移动互联网时代，一家企业只有拥有未来的增量，才可能赢得未来。而云，正是一个具有无限增量和想象空间的赛道。当很多人还认为进军云产业是一场无比大胆的冒险时，金山云从成立到今天的表现，已经给予了很多人一份相当令人感到惊艳的成绩单。这个案例已经可以清晰地表明，从 2011 年开始，雷军已经摆脱了精细管理的标签，成功地成为一个大局的操盘手。

可以说，金山转型的故事很难一言以蔽之。因为这个故事实在是细节丰富、枝丫庞多。但是对一个写作者来说，我这一次写作的过程经常充满了感叹。我逐渐意识到，金山转型这个故事之所以从来没有被公众过多关注，是因为它是一个与小米的出生和成长相生相伴的故事。因为小米的故事太过辉煌灿烂，所以这个厚重而低调的故事没有被过多挖掘和展现出来。而这一次把它完整地写出来，我感受到它其实同样有着无可比拟的价值。它可以给那些处在至暗时刻的企业和企业家提供一束光亮，也可以为同样希望改变和转型的中国企业提供一种启迪和示范。甚至，它可以让那些同样希望基业长青的企业产生一些思考和共勉。

　　7个月，我写完了这个充满了层次和质感的故事。这是一次非常努力和真诚的呈现，它拥有商业故事里你能预想到的所有元素：残酷血腥的竞争、艰难的改革和转型、商业战略从无到有的落地、并购团队之间痛苦地进行整合。从这个故事背后，我们可以看到的是，一家跨越周期的企业如何在新经济的时代抛去沉疴，在一个全新的战略的带领下焕发出自己光彩的全过程。

第一部分
困　　局

第一章

十字路口："像恐龙一样消失"
——
传统公司之困

把公司卖掉？

2011 年 5 月中旬，北京城阳光明媚，位于海淀区中关村银谷大厦 8 层一家创业公司的办公室里，一个高个儿青年挎起一个简单的黑色尼龙双肩包走出了 807 室的玻璃门，准备再次奔赴位于海淀区小营西路 33 号的一座办公大楼，去和中关村的两位重要人物开会。

在他身后，他的公司看上去和许多中关村的新公司一样，正处于初创阶段，挂在前台的标识由公司名字的中文和拼音上下组合设计而成，呈现在一块橙色的板材上，显得非常醒目。办公区已经略微有些拥挤，400 平方米的空间看起来人头攒动。工位上，一些年轻的程序员正在肩并肩地进行着热烈的讨论。

十几分钟之后，这位青年快步走进了一座办公大楼里一间摆放着几组黑色皮沙发的办公室。在这个房间里，一幅巨大的水墨山水画挂在了一张原木色办公桌后面的墙上，而绿色植物布满了整个空间。两位"老大哥"已经在那里等他一会儿了。

三人没有过多寒暄，各自坐下，相识多年的他们很多时候都对见面交谈的话题充满默契。年轻的创业者觉得，今天的话题他也可以猜得八九不离十。算一算，他们之间相识至今，已经有 20 年的时间了，他们一起经历了很多商业决策中的艰难时刻，彼此之间了解太深。

两个等待青年创业者的人中，一位身材不高，皮肤黝黑，看起来有些文质彬彬，戴着一副黑边眼镜；另一位则身材高大，长着一张国字脸，两只耳朵紧紧贴在脸旁，显得硕大而狭长，也许是早年醉心于程序写作的原因，他的头发有些稀疏。他们中的一位是多年沉浮商海，在改革开放初期就投身科技创投领域，在"两通两海"时代就开始在中关村打拼翻滚，创立了一家从一出生就被寄予厚望的企业的香港企业家张旋龙；另一位则是被千万程序员视为偶像和榜样，曾经只身一人关在深圳一家酒店里写出 10 万行代码，被人们称为"WPS 之父"的求伯君。而坐在他们对面的青年，是从 22 岁起就加入张旋龙和求伯君创办的公司，从程序员一直做到合伙人，在长达 16 年的创业历程中亲自带领各项业务穿越火线，从一名二十几岁的年轻人一路成长为中关村明星企业家的雷军。

也许是刚刚在天使投资领域"休息"了三年多的时间，并且终于选定了自己未来方向的原因，此时的雷军表情坚定，看上去身轻如燕，对新的机会跃跃欲试。他身高 1.8 米，身材匀称，梳着偏分头，右侧脸颊上一个浅浅的酒窝若隐若现，就算不说话时，他好像也保持着一种若有若无的笑意。出生于1969年的雷军此时42岁，平时总喜欢穿着一身休闲装，尤其是自投资凡客诚品以来，他总是穿着这家新创立的电子商务公司出品的黑色T恤和深蓝色牛仔裤，这让他保持着一种工程师的气质，看上去比实际年龄更加年轻。今天，在听张旋龙和求伯君两位老大哥讲话时，他和平时一样目光如炬，好像每分钟都要对交谈的内容解码运算。

今天，张旋龙和求伯君再次把雷军叫到金山大厦，还是为了那家让他们三个人的名字密不可分的公司而来，这家公司，就是20世纪80年代靠文字处理软件起家，有着异常悠久历史又历经数次转型的金山软件。尽管在雷军离开金山三年多的时间里，三人还经常在金山的董事会上见面，但是，张旋龙和求伯君知道，今天的这场谈话异常关键，它可能将决定金山未来十几年甚至几十年的命运。

没有什么特别的开场，求伯君沉吟了一下，然后对雷军说："如果你这次真的回不来了，那我们最终还有一个解决方案，就是把公司整体打包出售。具体的方案你看看合不合适？"

"卖掉？"

"嗯！"

雷军一时间有点儿失神，半天没有说出话来，办公室里陷入了良久的沉默。尽管在离开金山三年多的时间里，一直有一些金山的老员工会因为业务问题向他紧急求助，作为公司董事，他也在金山的董事会上分析过一些业务面临的不利局面，批评过那些他当 CEO 期间都从来没有批评过的人，但是出售——这是雷军从来没有预想过的一种解决方案。这是这么多年来第一次，张旋龙和求伯君带给他的谈话如此石破天惊。

卖公司的滋味雷军一点儿都不陌生。2004 年他在亲手卖掉自己创建的卓越网后那种撕心裂肺的心情，让他有半个月的时间几乎茶饭不思，在长达半年的时间里他不联系那里的同事。雷军知道，如果这次卖掉金山的方案真的启动了，那么他的难受程度可能会是那时的成百上千倍。从 1999 年成立到 2004 年卖掉，卓越网运营了大约 5 年的时间，但当它被卖掉时雷军已经感受到了那种如同卖儿卖女一样的生死诀别的心情。而在金山，他打拼了 16 年，在这么长的时间里，他每天亲临一线，几度帮助公司在困境里摸索转型，多次在公司董事会的质疑声中做出艰难的决定，在商业对手微软和盗版软件多年的合围中左突右支。可以说，这段经历就是一段蜕变成长的青春，卖掉金山就相当于把他生命中的一部分夷为平地。在听到张旋龙和求伯君的这个出售建议后，雷军的第一反应是——这怎么可能是真的？

其实这段时间以来，张旋龙和求伯君经常会在不同的地点约见雷军，三人每次面谈的时间都超过了两个小时。他们的目的只有一个，那就是竭力劝说三年多前离开金山的雷军在危局之下重返金山。在新的产业更迭的周期里，金山集团的各项业务正在面临从 1988 年成立以来的最大危机。几个季度以来，西山居工作室的网络游戏业绩持续下滑，《金山毒霸》软件依然在 PC（个人计算机）端遭遇前所未有的凶狠狙击，公司内部气氛非常动荡，员工的信心降到了冰点，人力资源部办理离职的同事络绎不绝。在产业大环境中，旧世界的秩序已经被打破，而金山还没有掌握新世界的游戏规则。在这样的节点上，如果再没有强有力的施救措施，也许这家公司最终会走向穷途末路。历史上，一家公司因为没有跟上快速变化的时代而出现系统性风险，最终走向灰飞烟灭的结局并不是危言耸听。

很显然，在雷军离开金山之后，寻找一个新领袖来接班的计划已经失败。而此时，作为金山创始人的张旋龙和求伯君知道，想要救公司于水火之中，求助对金山各项业务都了然于胸且令员工十分信服的雷军，是最好也是唯一的选择。

这样的请求却让雷军左右为难，尽管他现在还是金山的副董事长，并且持有金山大约10%的股份，也和金山有着强烈的情感连接，但是就在一年多之前，他已经启动了自己的创业计划，不但几位新的合伙人已经陆续选定，A轮4 100万美元的融资也已经到位，而一款历经磨难的产品，马上就要在三个月之后面向市场，目前他手上的问题还千头万绪。

可以说，这几乎是雷军最不可能回归金山的时刻了。目前这个正在紧锣密鼓进行的创业计划是雷军思考酝酿了两年时间才开始付诸行动的，他的决心不言而喻。尤其是他知道，创业就是跳悬崖，每一次创业都是一次生死未卜的豪赌，他好不容易才克服了巨大的恐惧。另外，这次创业被他视为人生中一次重要的"成人礼"，在某种程度上，他认为能够实现自己操盘才是他对过去的完全告别，是他通往某种精神自由的开始。如果此时回归金山，不仅和他的人生规划完全冲突，也让他没有办法向几位合伙人交代。在这种情况下，他选择了婉拒。但是今天，这个出售公司的方案一经抛出，除了让雷军感到震惊，也让他第一次意识到，金山这家让他付出全部青春的公司，可能真的已经濒临绝境。

一时间，雷军的头脑里热血奔涌，他坐在这间办公室里，在金山打拼的一幕幕闪回在脑海。他在想，金山在陷入步履沉重、挣扎求生的状态之前，也曾拥有过多么光芒四射的时光！

青山常在，绿水长流

1991 年 11 月 4 日，第一次在一个计算机展览会上见到"WPS 之父"求伯君的雷军只有 22 岁。当时高大英俊的求伯君身穿一件黑色的呢子大衣从展台前面走过，那个光彩照人的形象至今让雷军印象深刻。在那个展览会上，雷军将一张只印着自己名字和寻呼机号码的名片递给了求伯君，而求伯君递给雷军的名片上赫然印着几个字——"香港金山副总裁"。

"我当时有点儿被震到了。"雷军说。

雷军也是程序员出身，当时刚从武汉大学计算机系 1987 级软件二班毕业。作为一名年轻而活跃的极客，他对于 WPS 和求伯君这样充满英雄主义色彩的故事充满了天然的迷恋。在遇到香港金山总裁张旋龙之后，24 岁的程序员求伯君在其鼓励之下开始了一款文字处理软件的创作。其间他三次肝病发作，医生多次警告，他却把电脑搬进了病房。400多天过去，1989年9月，拥有122 000行的WPS 1.0在深圳蔡屋围酒店501房间横空出世，它填补了中国文字处理软件的空白。

在这个中国软件产业的个人英雄主义时代，当程序员凭借一己之力做出一款软件时，其就可以把名字镶嵌其中。因此，作为中国首个文字处理软件的作者，求伯君的名字每天都会在电脑屏幕启动的时刻出现，这"性感"的瞬间激发了很多年轻人的斗志，也让求伯君成了一代程序员心目中的传奇。

WPS这个故事里的技术情结和极客光芒感染了白衣飘飘时代的雷军。这个故事和他大学期间读过的一本书《硅谷之火》散发的气质颇为一致。曾经，正在上大二的雷军偶然在武汉大学图书馆读完这本书之后，在操场上走了一圈又一圈，一颗关于未来理想的种子被悄然埋下。在操场上，他回想着这本书里记录的个人计算机革命的一幕幕浮沉往事，内心的愿景被激发了出来。那一天，雷军第一次看到了史蒂夫·乔布斯、比尔·盖茨、斯蒂芬·沃兹尼亚克的名字。而正是这些名字，成了在那个转折的时代开拓未来的先锋。

雷军和金山的故事在那个时间点一拍即合。在受到求伯君和张旋龙的邀请后，1992年，雷军离开体制加盟了他们的公司，成为金山的第6号员工。从此，张旋龙、求伯君和雷军三个人的名字就这样被紧密地联结在了一起。

对于软件产业在硅谷的崛起雷军并不陌生，《硅谷之火》里完整地记录了从微机在硅谷出现到程序语言的发展，再到软件诞生的过程，"历史已经验证，随着时间的推移，人们购买软件就如同购买计算机本身一样正常，由于软件的经营比硬件更容易启动，而且更容易赢利，销售软件正在成为一项规模庞大的经营活动"①。而这个时期的金山其实也正在受到时代的眷顾。

1988 年，邓小平提出"科学技术是第一生产力"②，中国软件科技的地位从此被提高到一个历史新高度。同年 5 月，中关村科技园成为我国第一家高科技园区。6 月，香港联想开业。12 月，在海淀南路一间 9 平方米的房间里，诞生了王文京和苏启强创办的用友财务软件服务社，这是中关村创办的第一家私营企业。1989 年，张旋龙的家族企业香港金山开始通过方正集团在中国推广求伯君开发的 WPS，张旋龙和求伯君从那时起开始了长期的合作。很快，WPS 风靡全国，出现在全国各种电脑学习班和大大小小的打印社里，书店里计算机类的书架上也摆满了《WPS 教程》和《WPS 使用指南》。在 1990 年这一年，WPS 卖出了 3 万套，销售额达到了 6 600 万元，这让 WPS 占领了中文文字处理软件领域 90% 以上的市场份额。可以说，雷军成长的年代和他的理想曲线非常幸运地一致，他刚刚大学毕业，就赶上了中国的"硅谷之火"开始熊熊燃烧的时代。

早期的金山故事，就是一群技术理想主义者在一起度过一段

---

① 弗赖伯格，斯韦因.硅谷之火：人与计算机的未来［M］.张华伟编译.北京：中国华侨出版社，2014.

② 这是邓小平于 1988 年 9 月 5 日会见捷克斯洛伐克总统胡萨克时的谈话中提出的重要论断，参见 www.xinhuanet.com/politics/kxjssdyscl/。

阳光灿烂日子的故事。1992 年 8 月 15 日，雷军牵头成立了金山北京研发部，主要负责规划金山未来 3~5 年的产品。他在报纸上只刊登了一句招聘广告语，就吸引了 10 名顶尖程序高手加入金山。那句广告语是雷军自己想出来的——"求伯君的今天就是我们的明天"，一语戳中诸多年轻程序员内心的渴望。

心无旁骛做研发的时光是一段诗意盎然的日子，雷军描述那种生活就像是在自己的王国里巡行。当时大家挤在北京海淀区四季青的一个四合院里工作，院子里有花草树木，其中有很多柿子树。到了秋天，大大小小的橘红色柿子像灯笼一样挂在树枝上，特别好看。大家的心情也非常轻松。雷军说："这样的日子就是天堂，电脑里的世界很大，编程人活在自己想象的王国里，你可以想象到程序里细微到每一个字节、每一个比特位的东西。"那时候的雷军已经显现出了精力极其旺盛的特质，几乎每三个晚上就可以有一个通宵不睡。

其实从那个时候起，这批年轻人的愿望就非常强烈，把 WPS 软件装进每一台电脑成了每个金山人淳朴的梦想。因为有了这个共同目标，大家工作起来也激情四射。当这家公司充满了自我驱动的精神时，它就奠定了金山文化的精神底色。尽管那时的金山只是一家婴儿公司，但它对自己的未来有着充满野心的构想，那就是——让 WPS 这款承载着民族自信的软件名扬四海。

在这样的氛围之下，金山走过了风调雨顺的两年，但是商业竞争的血雨腥风从来不会缺席。20 世纪 90 年代初，中国的软件市场急剧扩大，Oracle（甲骨文公司）、IBM（国际商用机器公司）、

Sybase（赛贝斯公司）和微软纷纷将自己的分支机构落在了中国，准备在这个市场攻城略地。1994年，25岁的雷军成为金山北京公司总经理，完成了从程序员到管理者的转型，而金山和国际巨头微软的激烈竞争也正是从这个时候起拉开帷幕的。在中国的通用软件开始走向落寞之际，求伯君和雷军却在一段漫长的岁月里，被迫开启了一段以"负隅顽抗"为主题的持久战争。这是雷军的生命中第一次感受到商业世界里的生死存亡。

1995年，金山迎来了史上的第一场败绩。为了迎战微软Office（办公软件），金山的研发工程师花三年时间开发出了《盘古组件》，但在发布时遭遇了滑铁卢，半年时间只卖出去2 000套。这是一款Windows（视窗操作系统）之下集文字处理、电子表格、电子词典功能于一体的办公软件，耗费了金山大量的研发资金，但是程序员的偏执和错误的市场判断，让金山离用户越来越远。《盘古组件》虽然在Windows之下操作，但是它和DOS（磁盘操作系统）时代的WPS一样，只能模拟显示和模拟打印，而这时候的微软Word（文字处理软件）已经拥有"所见即所得"的功能了。产品设计的问题导致了金山用户的流失。记者们在报道这个新闻时，使用了一个颇为残忍的标题——《盘古，没能开天地》。

就在这一年，英特尔在全球发布了奔腾CPU（中央处理器），而微软也发布了Windows 95——一种用光盘发行的操作系统，这推动了光驱的流行。这两大划时代的技术发展，不但促进了家用电脑的大规模普及，客观上也促进了盗版软件的繁荣。从此，

WPS 不仅要面对微软这个巨头的围追堵截，也要开始饱受盗版软件侵权的困扰。

"前有微软，后有盗版"成了 WPS 在很长一段时间内的处境。

1996 年是金山发展历史中具有转折意义的一年。那一年，微软主动上门和金山接洽，希望金山 WPS 和微软可以格式共享，让 WPS 和 Word 在相互兼容的情况下都能打开以对方软件格式存储的文件。当时秉持着技术大同理想主义的金山程序员们并不认为 WPS 的格式是多大的秘密，很快就接受了这个提议。于是，微软与金山签署了一份协议——双方都通过自己的软件中间层 RTF（富文本格式）来读取对方的文件，这个举措后来被证明是一个致命的错误。因为这一纸协议，微软的 Windows 后来迅速终结了 DOS，而与 Windows 绑定的 Word 也顺便终结了称霸 DOS 时代的 WPS。随着微软 Windows 95 的发布，WPS 用户被大批量地转移到了微软 Word 之下，在与微软的竞争中，金山溃败。

"一夜之间，金山丢盔弃甲！"雷军这样形容后来的局面。

在这段最困难的时期里，很多因理想而集结起来的金山程序员选择了出走，最后团队中只剩下了 20 多人，金山账上也只剩下一两百万元，后来连工资都发不出来。公司没有了现金流，即便去银行贷款也拿不出多少可以抵押的东西。32 岁的求伯君在一夜之间长出了很多白发，而雷军的个人理想也从憧憬走向幻灭。他痛苦不堪地对朋友说："这一年我失去了理想。"在这段时间里，雷军休息了半年，情绪坠入了谷底，常常泡在论坛里消磨时间，甚至一度想离开金山。

可以说，理解 1996 年的求伯君和雷军对于理解金山这家公司具有至关重要的意义。就像一个人在逆境时的选择很能代表他内心深处的想法一样，一家公司在最困难的时候选择的道路也反映了它最真实的信念。当要不要继续做 WPS 这款产品的问题被提上议事日程并被再三讨论时，求伯君和雷军经过反复思考，还是下定决心把 WPS 继续做下去，同时开辟新的战场，以便帮助 WPS 持久地对抗微软 Word，雷军把这种策略比喻成战争时代的游击战。可以说，在这段最艰难困苦的日子里，最终还是这家公司从一开始就构建的"产业报国"的梦想帮助它做出了最后的抉择。

1996 年，雷军实现了作为商业管理者的第一次思维进阶，正是在这一年，27 岁的他第一次开始参与一家公司的"战略设计"，从此金山开始了多元化的尝试，进入了"以战养战"的阶段。这一年，当 WPS 97 尚在襁褓之中时，金山高调推出了《中关村启示录》《剑侠情缘》《金山影霸》《电脑入门》等产品。前两款是单机版的电脑游戏，后两款是工具软件。另外，在雷军的规划之下，一款叫作《金山词霸》的产品也在紧锣密鼓地酝酿之中，事实证明，这款产品后来成了继 WPS 之后金山的第二款战略级产品。

在后来的岁月里，金山的各条业务线几经调整，慢慢形成了 WPS、金山词霸、游戏业务、金山毒霸等几大业务并行发展的格局。而步履维艰的 WPS，后来因赢得了北京市政府采购的订单而终于得以在一个相对平稳的状态中慢慢发展。可以说，1997年之后的金山总算逃离了"生死线"，可以相对从容地发展了。从那时起，雷军在每天如同"拼刺刀"一般的商业竞争中逐渐意识到了市场的重要性，他学习并策划了很多当时开创先河的营销活动，掌握了引爆市场的法则。

1998年，在联想完成对金山450万美元的注资之后，雷军出任了金山总经理，负责整个公司的管理、研发、产品销售以及市场战略规划。

非常有意思的是，金山重组后搬到了中关村黄庄附近的翠宫饭店。在翠宫饭店对面向东300米的地方，矗立着一座叫作"西格玛"的大厦，而这正是微软中国的所在地。两座大厦相向而立，被人们赋予了很多隐喻。人们说，金山希望能够在微软的瞩目地盘之外建立一个让微软感到难受的标志。而对金山来说，这样的隐喻其实意义更加深刻，如果一家民营企业在发展过程中，需要在激烈的商战里长久地扛起一面民族的旗帜和持续地承托起人们对国产崛起的希望，那么这既是一种荣耀，也可能成为某种精神重负。

就在金山长期沉浸在和微软巨头抗争的过程中，全球科技产业更新换代的大潮已经悄然来临。1997年之后，中国互联网的热潮就像一首壮丽恢宏的交响乐，每天都在弹奏狂野的旋律。到2000年，安装了奔腾3、奔腾4处理器的电脑走入千家万户，中国的上网用户已经达到了890万人，比三年前有了高达14倍的增长。而这一年，新浪、网易、搜狐三大门户网站先后在美国纳斯达克上市，这些公司雄心勃勃的创始人也以时代新锐的面貌屡屡成为媒体关注的话题。在新兴的公司不断诞生的同时，互联网也革命性地改变了人们的生活，这些后起之秀因为没有任何负担，规模很快轻松超越了金山。

当新的科技浪潮来临时，企业的商业模式也开始发生截然不同的变化。当软件企业还在通过传统渠道出售产品或者向企业用户售卖授权时，互联网的商业模式正在被逐渐探索出来，很快，一种新的赢利模式——积累用户量，商业转化，一直到最终赢利，将会对传统的赢利模式进行颠覆。2002 年，多家互联网公司已经通过发展 SP（增值业务）创收，这成了一些互联网公司的主要收入来源。尽管 SP 行业竞争激烈、乱象丛生，但是这个业务被很多业内人士视为早期的移动互联网。搜狐、网易、新浪都在这一年迎来了自己的单季度首次赢利，这标志着互联网的商业模式已经趋于成熟，互联网公司自身初步具备了造血功能。

2003 年，一场席卷全国的"非典"让人们认识了刚刚上线的淘宝。2004 年，腾讯在香港上市，市值达到 72 亿港元。而2005 年上市的百度，已经隐约显露出了巨头的影子，在纳斯达克上市首日股价涨幅达到了 353.85%，市值高达 39.58 亿美元。可以说，从那时起，经历了一场互联网泡沫的中国互联网公司，再次出海上市的圆梦之旅已经开启。

对产业模式还相当传统的金山来说，一直在业务一线没日没夜疯狂工作的雷军不可能忽略扑面而来的趋势。其实，金山在从软件时代向互联网时代摸索过渡的整个过程，也就是

1998—2007年，正是雷军作为一名跨越周期的年轻企业管理者逐渐觉醒和顿悟的过程。

金山是一家建立在软件魔力信仰之上的公司，而雷军从《硅谷之火》时代开始就是这种信仰坚定的支持者。为了让WPS这款软件更好地适者生存，金山甚至还在互联网已经明显崛起的2002年做出了一个令人不可思议的决定——为了让WPS用户更好地使用这款产品，金山将花费账上所有的现金（3 500万元），将WPS的代码推翻重写，以便和微软的产品完全兼容。雷军后来说，这在当时是一个天文数字。

其实回看金山的整个历史，扛起民族软件大旗，守护WPS的理想是一个贯穿始终的主题。但是终于，雷军意识到了传统软件企业自我变革的必要性。看到一家家互联网企业在短短几年的时间里轻盈地拔地而起，他感受到了金山模式的落后和沉重。他在描述这种感觉时说："最痛苦的是当遭遇如同潮水一般的退货时，你守着一大堆过期的产品，在店面里看到污浊破损的包装，还不知道怎么处理。再看看互联网企业，它们太轻松了，系统每天早上升级，不用生产，不用发货，甚至不用推广，连广告都不用打，因为客户就在自家的网上。"

当雷军意识到一家公司如果不能与时俱进就会走向毁灭时，他在公司内部讲话时提醒大家："传统软件会像恐龙一样消失，金山要尽快互联网化，每晚一天，我们都在不停地丧失着资源和优势！"

其实，金山很早就开始在互联网方面进行转型和探索了。但是，像这样一家在中关村已经行走了十几年的老牌科技公司，很多基础设施、管理机制以及体系建设，都天生符合它自己的成长路径。新业务要发展，老业务也要保持生存，一家公司要实现从软件时代到互联网时代的跨越，肯定会戴着很多旧世界的枷锁，这样戴着镣铐跳舞一般的转型，就是克里斯坦森博士眼里那种典型的创新者的窘境。

其实在 1998 年，金山的董事会就开始研究互联网方向了，转型的思考最早可以追溯到这一年。1999 年，雷军在金山成立了一个互联网部门，最初的方向是下载站，后来转向了电子商务。同年，在金山开始谋求上市之后，董事会为了让公司更符合未来上市的规划和需求，决定将互联网部门分拆出来单立，这个独立的 B2C（企业对顾客）网站就是后来被众多网民熟知的卓越网。为了这项业务，金山的股东和投资者 5 年来投入六七百万美元。

2000 年 5 月，卓越网正式上线。对于这项面向未来的业务，雷军和以前一样鸡血满满，投入了无比的热情和精力，每天一起床，他就打开电脑查看卓越网的链接，核对每一条广告是否正确，检查的精度达到了每个像素。最后连卓越网出售的每一本书，他都要提前翻看一下，看看是否真的值得向读者推荐。每天晚上 12 点，他都会准时和高管们开个电话会议，核对当天的库存情况。可以说，卓越网承载了金山向互联网方向转型的巨大期望。

然而，当时中国的电子信息水平还不是很高，卓越网烧钱的速度大大超过了预期，而当卓越网产生融资的想法时，又赶上了全球互联网泡沫破灭的前夜，它的整个生命周期都处在全球风险投资行业撤离互联网的过程之中。可以说，卓越网是一个非常卓越的想法，但是它有些生不逢时。无奈之下，2004年8月，卓越网以7 500万美元的价格被出售给了亚马逊。尽管这次出售让雷军和股东得到了丰厚的财务回报，但真实的情况是，它让雷军内心受伤不浅。对雷军来说，卖掉卓越网意味着一次重大机遇的丧失和一次商业理想的破灭，卖掉卓越网就如同卖掉了自己的儿女一样，撕心裂肺。

2003年下半年，金山另一条互联网的转型之路也在审慎思考之后正式启动了。这一次，雷军选择的阵地是风险和难度都比较大的网络游戏。雷军给这次转型起了一个名字——"X-mission"，这个名字来自汤姆·克鲁斯主演的系列动作电影《碟中谍》中"不可能的任务"。如同以往任何一场战役一样，雷军这一次又身先士卒地冲在了最前线，还规定所有的高管都要开始接触网络游戏。他在金山多年的伙伴邹涛后来回忆道："那段时间为了研究网络游戏，雷军每天12点下了班就从21楼下到19楼找我。我们找一个靠窗的座位打开电脑就开始玩游戏，一直玩到凌晨3点，那段时间是我盖着西服睡在公司地板上最多的时候。对于网络游戏的理念、设计、玩法、动画，我们经常会一直讨论到天亮。"

在那个阶段，金山也把向互联网转型的消息公布给了媒体，它对外界宣布，金山将全面转型为以互联网服务为主的互联网服务提供商，并将在三年内投入两亿元全面打造金山研究院的基础上，另投 5 000 万元再造三大游戏工作室，豪赌以网络游戏为主的数字娱乐市场。在雷军的计划里，开发 5 款网络游戏，只要成功一款就行。

2004—2007 年，随着网络游戏的不断开发和战略的逐步成功，金山如同长征一样的上市之旅终于完成了。很难想象，从最初的上市计划到 2007 年，金山竟然在这条路上苦苦挣扎了 8 年之久。

其实从 2000 年开始，金山就希望登陆当时传言要开设的国内二板市场，但是在等待良久之后，中小企业翘首以盼的国内二板市场的设立仍然没有确切的时间。金山只能转向国内主板市场，但是国内主板市场的门槛很高，上市需要三年的保荐期，还要连续三年赢利，耗费的时间让上市看上去遥遥无期。金山只能寄希望于美国的纳斯达克市场，然而，2003 年网络游戏大潮已经来临，金山准备在美国纳斯达克市场上市的计划与金山开拓新业务两者存在矛盾，雷军只能放弃了财务的方向，选择全力突破网络游戏。2006 年，经过董事会的反复讨论，雷军终于说服股东支持了他的想法——调整好公司发展的节奏和步伐，暂停上市，改上市为私募。当年，金山获得了由新加坡政府直接投资基金（GIC）牵头、总额为 7 200 万美元的投资。其他的投资者包括英特尔和新宏远创基金。

2007 年 10 月 9 日，金山软件终于登陆香港主板市场。珠海到香港一个小时的路程，金山却走了 19 年之久。在上市之前，雷军到香港、新加坡市、伦敦、纽约参加路演。高密度的行程安排，再加上投资者的尖锐盘问，让参与者都感到极度疲惫。38岁的雷军奔走在异国他乡的路上，几乎要流下眼泪——旁人也许很难体会这16年中他所经受的风雨和艰辛。

《梦想金山》里这样记录金山的上市：与腾讯、盛大上市的万众瞩目相比，金山的上市似乎让人感到有些安静，甚至可以说是不起眼。从2000年的雄心万丈上A股，到后来登陆美国纳斯达克未果，再到今天终于敲定在香港上市，金山8年的上市路，就像一个完整的章回故事，而故事最初的主人公经历最为曲折。

在完成这场漫长旅程的过程中，外人很难注意到雷军的变化。那一段时间，雷军变得沉默寡言，整个人瘦了一大圈。在香港交易所的那张和创始人的合影中，他的西装显得比他的人整整大了一号。在兑现了跟随他多年的员工们的上市期许之后，他已经疲惫不堪。跌宕起伏的商战和多灾多难的突围，正面战场的冲突和独辟蹊径的艰难，这些经历如同一场场暴风骤雨，改变了一个壮志未酬的少年。此时，雷军成熟而清醒，显而易见，整个世界正在向前奔跑，互联网最终会改变世界，一家企业最终成功，其实依靠的更多的还是趋势。看到金山的创新动力正在逐渐衰减，他却无法带领金山走向心之所向的地方，这成了一种异常清醒的折磨。当雷军看到金山已经与"伟大"这个梦想渐行渐远时，也许保留股东身份选择离开，只是或早或晚的事情。

2007年12月，雷军离开金山对很多员工来说是个令人震惊的消息。很多人在听到之后都表示不敢相信，一些员工还跑到雷军的办公室大哭了一场。而雷军在这场离开中也并不容易，光是一封写给全体员工的信，他就字斟句酌打磨了三个晚上。"青山常在，绿水长流，祝福金山的未来会更好。"他在信里这样写道。对他来说，金山其实就是他的前半生，是一段激情燃烧的岁月，是一个少年到一个青年成长的全部，是罗大佑的那首歌曲——《光阴的故事》。流水它带走了光阴的故事，改变了一个人，就在那多愁善感而初次等待的青春。

雷军后来说，离开金山去做天使投资，也许就不会对任何一家公司用情太深。

可想而知，在 2011 年 5 月的这个上午，当听到张旋龙和求伯君提出的出售金山的方案时，雷军内心涌起的感受有多复杂。无论从哪个角度来看，他都很难割断这家公司和他生命的联系。现在，金山的业务岌岌可危，如果任凭它的业绩这样失速下滑下去，也许金山距离消失在中国科技互联网版图之上的结局就不远了。历史上一些公司在技术改朝换代的革命中折戟沉沙的例子屡见不鲜。比如人们最容易想起的例子就是柯达，当公众已经看到数码技术的发展趋势时，柯达尽管已经拥有了先进的技术，但是其管理层对趋势依然视而不见，而这样的短视最终导致了巨头的消失。此时，作为金山的两个最大股东的张旋龙和求伯君，为金山谋求出路是一种求生的本能。

那一天，开完这个内容让人有些震惊的会议，雷军走回了自己的创业公司的所在地银谷大厦，走到 8 层前台时他已经百感交集。这是几个月来雷军第一次认真思考回到金山重掌大局的可能性。然而，一边是一家自己新创立的公司，等待他的是每天不计其数的工作。而另一边，是拥有超过 2 000 名员工，正在以泰坦尼克号沉没的速度急速下沉的金山，一个人要同时做"开创"和"挽救"这两件事，谈何容易？

此时此刻，在他眼前挂起的新公司标识依然是崭新锃亮的，一块硕大的橙色板材上，两个几乎撑满整个背景的白色大字分外显眼，上面用奇特的字体写着——小米。

创小米：无界，一定是未来的趋势

其实很难有人知道 2007 年刚刚离开金山的雷军的状态。说不清有多少次，他是单曲循环听着吴奇隆的《一路顺风》这首歌睡去的。他也没有想到，离开这家公司就像告别一段旧日恋情一样。那种千言万语在心头却最终陷入沉默的心情成为一种日常。他的生活发生了翻天覆地的改变，整个世界好像都沉寂了下来，他每天都可以睡到自然醒。但是，对一个过去 16 年每天都在业务一线冲锋陷阵的人来说，安静成了一种莫大的折磨。另外，曾经每天都关注他的媒体在一夜之间仿佛消失了，随之而来的，是一种他从未体验过的落寞。

2020 年，雷军在一次接受采访时说，自己在快 40 岁时的某一天早上醒来，突然感觉"一事无成"，其实指的就是这段时间。

在这段过渡期里，雷军经常背着背包、拿着手杖出去徒步，有很多个夜晚在迪厅和酒吧度过，做各种以前他没有做过的事情。很多人都见过雷军在商业决策中极其理性的样子，即便是市场上已经"刺刀见红",他也很少表露出情绪和压力。但是,在离开金山的这段日子里,他的感性短暂地爆发了。其实,他的内心也有着摇滚青年的那一面。

2007年,38岁的雷军远非"一事无成",在离开金山后他依然是金山的主要股东,同时也保留了金山副董事长的职位。另外,出售卓越网给他带来了同龄人难以企及的财富,让他早早实现了财务自由。而比这些都重要的是,他的商业洞见一直没有停止增长。

雷军目睹了产业大潮从软件时代到互联网时代的过渡,感受到了金山在一路抗争路上的步履维艰,他开始理解,其实很长时间以来,金山都是在盐碱地里种庄稼,虽然勤奋,但总是在逆风飞行,一家企业只有跟上趋势,才能立于不败之地。这也是后来著名的"风口论"形成的思考过程。

其实从2004年年底开始,雷军就开始在自己看好的领域里出手做一些天使投资了,例如拉卡拉就是他投资的第一个项目。从那时起,他就喜欢跟一些投资界的年轻人打交道,和他们一起讨论资本对产业的助推力量。比如当晨兴资本的投资经理刘芹来到北京时,雷军会让自己的司机去接他,然后两个人兴致勃勃地讨论行业趋势直到深更半夜。有时候,雷军会对金山的一些战略做痛定思痛的复盘,也会谈起卓越网在融资时遭遇的种种困境,这成为他立志要把所有的投融资环节全部搞通、搞懂的一个重要原因。后来,刘芹在完全不懂刹车、完全不会控制平衡的情况下,被雷军带到了一条满是障碍的"野雪道"上,开始了他的滑雪生涯。在刘芹的这场滑雪"首秀"里，他摔了50多个跟头，耳边不断传来雷军的高声呐喊："不要怕……往下冲……转弯！"可以说，这段滑雪时光滋养了两个年轻天使投资人的友谊，也让刘芹看到了雷军性格里极具冒险精神的那一面。后来，滑雪场上的友谊延续到了天使投资的实际操作领域，两人在移动互联网、电商、社交媒体崛起的大背景下，一起投资了UCWeb（UC浏览器）、YY（欢聚时代）、拉卡拉等十多个案子，其中不少都获得了数倍的回报。在这股天使投资的热潮里，雷军看到了大量的创业者和他们的事业生死与共的决心，内心的火种被再次点燃了。

在雷军离开金山的2007年，大洋彼岸发生的两件大事带给了他极大的震撼，苹果手机和安卓系统在这一年先后发布，它们彻底改变了手机行业的游戏规则。人们用多点触控屏一气呵成地在屏幕上控制滚动列表时，像是感受到了新的魔法一样兴奋不已。而程序开发者的狂欢也随即到来，当众多开发者争先恐后地进入了iOS（苹果公司开发的移动操作系统）和安卓的开发者平台时，移动领域的革命已经若隐若现。一些敏感的科技工作者判断，未来5~10年，所有带CPU的产品都会开始无界化的进程，也就是说，未来PC端的程序都将可以直接放到手机端使用，而10年之后，趋势会使电子产品智能化。这意味着，在互联网革命之后，一个新的时代——移动互联网时代的大幕正在暗处慢慢拉开。

雷军也正是从那个时候开始变成一个狂热的手机爱好者的。他会第一时间购买所有厂商出品的手机，体验不同的操作系统带来的不同使用感受。有时候和同行一起在路边吃个马兰拉面的时间里，他也会两眼放光地从随身背着的黑色尼龙双肩包里取出好几部手机，兴致勃勃地告诉别人："这部是 iPhone（苹果手机），这部是 HTC（宏达），这个是 Google G1（谷歌 G1）！"

那一年，他买过 20 部第一代苹果手机送人，然后告诉身边的朋友："你得去这个新大陆里体会体会。"其实从那个时候开始，雷军的商业思维已经发生了质的飞跃，在和朋友谈话的时候，他不再愁眉不展地回顾过去，而总是眉飞色舞地抛出一个问题：5年、10 年之后，中国市场的决定性力量是什么？

从 2007 年开始，雷军给自己立了一个规矩，他不再使用电脑，所有的操作都在手机上完成。在当时运营商无法提供很高的带宽速度时，手机上网并不能带来特别美好的体验。但是雷军相信，随着时间的推移，"无界"一定是未来的趋势。

随着时间的推移，离开金山的"情伤"渐渐成了过去时，雷军在两年多的天使投资人生涯中，反思和复盘了自己过去的成功与失败，此时，他对趋势的理解已经超越了过去数年的积累。2009 年下半年，在积蓄了一年多的能量之后，他感觉到，自己再次下场创业的时机终于到来了。

2010 年 4 月，在海淀区中关村的银谷大厦 807 室里，雷军带领着他的一个小团队在喝光了一锅小米粥之后，正式开启了再次创业的旅程。他给这家新成立的公司起了一个很接地气的名字——小米。在很多人眼中，这次创业是一个非常胆大妄为的想法。当同时代的创业公司都希望在移动端抢夺流量入口时，他希望再造一个全新的移动端，然后为其赋予最易用的软件系统，最后将这一产品在互联网平台上出售，形成"硬件＋软件＋互联网"的"铁人三项"商业闭环模式。这个商业模式的潜台词其实是一个非常庞大的商业愿景，小米希望通过互联网对流通渠道进行改革，从而改变中国的制造业，让每个人都可以享受科技带来的美好生活。而进军手机制造业，也成了雷军创业生涯中最大胆的一个壮举。

可以说，在2010—2011年这创业第一年的过程中，雷军逐渐意识到了创建这个商业模式实属勇气可嘉。在这一年中，他遇到了很多困难，其中一个困难是他以前从来没有想到过的。那就是当一个新的手机品牌希望躬身入局时，制造业上下游的供应链体系都会对此抱有深刻的怀疑。因此，不被供应商认可，连一个螺丝钉的供应商也不愿意接小米的订单，这一度成为关乎这家公司生死存亡的问题。在这一年里，雷军多次亲自飞到台湾地区，和诸多供应商一一见面沟通，以便争取他们的理解。2011年3月，在日本发生海啸仅仅两周之后，他冒着核辐射的危险亲赴位于大阪的夏普总部，和屏幕供应商亲自沟通交流。在当时飞往日本的航班上，除了小米的三名创始人，别无他人。

当张旋龙和求伯君2011年5月再次邀请雷军回归金山时，雷军其实刚刚从夏普手中拿到第一批两个月的屏幕委托生产合同，整个小米手机的供应链也还在艰难跑通的过程中。而小米手机1当时还只是一张设计图纸，离它走下英华达公司的生产线还有好几个月的时间。可以说，用"焦头烂额"来形容这段时间的雷军毫不为过。

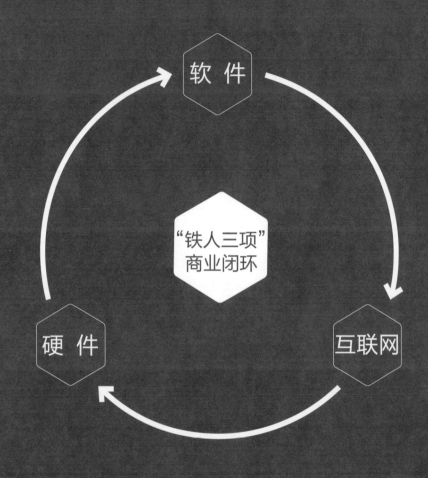

金山困局：渐入低谷——传统公司的路径依赖

产业的变革正在风起云涌，在像雷军这样的创业者纷纷入局移动互联网的这两年，离开雷军的金山却逐渐陷入了前所未有的困境。

公司研究者吉姆·柯林斯发现，很多企业在精力充沛的领袖离开之后，常常面临着如何维持动力的困境，这种现象后来被定义为"后英明领袖期停顿"现象。对离开雷军的金山来说，这种现象的出现毫不意外。雷军在业务一线期间，他的风格是身先士卒，尽力帮助每个团队解决具体问题，打造了一种兄弟抱团打天下的文化。在主导各项业务时，他不但在宏观上目标非常明确，在微观上也经常会给人一种"细致到可怕"的感觉。因为对业务抓得很紧，人们很容易从心理上产生很强的依赖性，"安全感"是很多人对于雷军的一种感受。在金山多年的员工王欣说："只要是他在那里，你就会觉得那是我们的最后一堵墙，反正我们搞不定，回头一看老大肯定可以搞定，看到他在，大家会很安心。"后来，很多老员工形容雷军离开金山的那几年的感受是——整个公司失去了灵魂。

更为重要的是，此时的金山已经成了一家上市公司，受到了每季度都要交出一份财务报表的压力，这让金山对于打破自己的收入模型产生了巨大的压力。在行业趋势瞬息万变的时代，金山却迟迟没有下定变革的决心。当一家公司没有清晰的战略规划时，所有的业务就是按照正常上市公司的流程来推进。很多金山员工对当时的印象是，今年这个业务我们有 1 亿元的收入，明年就设一个 1.2 亿元的目标。这样的经营方式导致金山依然以传统软件公司而非互联网公司的思维前进，缺乏长线思维。这就和所有那些恐惧变革的企业一样，自身一旦陷入"路径依赖"，危机就在不远处了。

从 2010 年开始，在惯性的作用下前进了两年的金山就遇到了业务发展的问题。在 2009 年这一年，金山的网络游戏业务因新游戏上线之后收入未达预期而遭遇了重创。另一块创造收入的主营业务《金山毒霸》，也因遭遇了有史以来最强劲的竞争对手而流失了用户。人们感到，金山成了《基业长青》里所说的那种失去了自我革新理想的步履沉重、业务不振、产品陈腐的公司。2010 年第一季度的财务报表已经清晰地反映出金山的困境——尽管金山软件总体营收达到了 2.457 亿元，但是这个数字比上一个季度下降了 18%，其中网络游戏的营业收入下降了 19%，月付费用户减少了 18%，而软件营收业务的总营收是8 223 万元，比上一季度下降了 15%。

在公司业绩大幅下滑的同时，激烈的公司内部争斗和让人心绪不宁的人事动荡也相伴而来。在那段时期，员工出走成了一种常态。

从网络游戏版块来看，它从金山软件上市之初就一直是金山最重要的现金奶牛。在金山软件 2007 年成功登陆香港资本市场时，网络游戏业务就已经占到了公司总收入的接近 70%。在雷军离开金山的两年后，网络游戏的收入其实一直都在顺利增长，到 2009 年第四季度收入达到了顶峰。然而，当西山居内部一款酝酿良久的大型网络游戏《剑网 3》（全称《剑侠情缘网络版叁》）在 2009 年上线时，收入却没有达到预期，这款让人们寄予厚望的产品没有起到接续网络游戏收入的作用。

这是西山居遭遇的一个挫折，《剑网 3》当时的失败让公司内部士气降到了谷底，也几乎让这支年轻的团队分崩离析。时任这款游戏的主策划郭炜炜是一名年轻的海归，在回忆这段时光时他说："那时候在公司待着都会觉得很丢脸，天天乘电梯都是低着头的。见到领导也是疾行而过。"当团队成员看到一款他们研发了 5 年时间的产品并没有得到想要的结果时，很多人都失望地选择了离职。在那段时间里，《剑网 3》的团队成员从 120 人流失到只剩 50 多人，连天性乐观的郭炜炜也第一次感觉到"每天和员工谈离职谈到了情绪崩溃"。

这段时期几乎是西山居历史上最动荡的一段时期。除了业务出现了问题，高管的更迭也让公司出现了严重的分裂。2009 年 6 月，金山游戏的负责人邹涛在一次总裁室会议之前主动对求伯君提出了一个请求，他希望未来能够专注于游戏的研发工作，集中力量把西山居的业务做好，至于游戏运营和市场以及其他工作室的业务，最好能由另一个公司高管接手。一个月后，盛大系的一名高管空降到了金山，接管了网络游戏的运营体系，没有想到，这个变动造成了游戏运营团队的混乱。金山毕竟是一家文化属性非常强的公司，大家习惯了温文尔雅的相处方式，而强势的管理让公司一直很和谐的氛围遭到了破坏，邹涛正是在那段时间从北京搬到珠海定居的。一位在北京运营团队工作的员工回忆："在高管空降的那段时间里，10个总监就被换掉了8个。"

事实证明，高管的更迭并没有给金山的网络游戏带来更好的运营效果。为了让《剑网3》这款产品触及更多的玩家，北京的运营团队当时提出让《剑网3》进行一个月免费运营的策略。结果让《剑网3》的状况雪上加霜，郭炜炜说："一个月的免费做完，第二个月的数据就掉得一塌糊涂了。"《剑网3》天天在死亡线上挣扎。

2010年上半年，西山居的员工在北京和珠海的割裂中感受到越来越多的混乱。随着时间的推移，很多知名的游戏制作人在这个时候选择了从金山出走。曾经为公司创造最高收入的《剑网1》(即《剑侠情缘》)团队几乎是以集体出走的方式来抵抗这场公司的内部混乱。

在游戏业务已经人心涣散的同时，金山的另一大主营业务——应用软件，则遭遇了更加残酷的竞争。因为它们的竞争对手不仅有已经在逐渐推行免费杀毒的客户端软件360，还有杀毒界风雨欲来的全面免费的趋势。如何迎战这种趋势，金山人陷入了史无前例的进退两难之中。

其实自从2006年7月360公司联手杀毒厂商卡巴斯基推出《360安全卫士》这款产品之后，金山的研发人员就意识到了它潜在的巨大威胁。《360安全卫士》是正版免费的杀毒软件，免费期限半年，这样的策略如同平地惊雷，彻底颠覆了应用软件一直在市场上收费的习惯，也让360的用户在最初的几个月就呈现出了几何级数的爆发增长。金山的员工说，整个行业都没有想到突然会有这样的黑天鹅出现，它改变了行业的规则。

毋庸置疑，市场的新动向引发了公司内部激烈的讨论。2001年入职金山软件，后来一直做到《金山毒霸》研发部总经理的陈睿回忆道："免费杀毒软件出来以后，公司内部就一直有两个观点。第一派就是像我这样的主战派，我们认为杀毒软件早晚都会免费，金山也应该尽快做出这样的转型。第二派就是主和派，这一派认为杀毒软件不可能永远免费，这是一个很好的生意，但如果真的免费了，那利润从何而来呢？"

令人惊讶的是，金山在这样"免费"和"收费"的讨论中，竟然踌躇、纠结了三年之久。在很多员工的记忆中，公司召开的类似的讨论会已经不计其数，但最终还是没有一个革命性的结论。这当中的逻辑很好理解，对一家每个季度都要进行收入考核的公司来说，每年抹去将近两亿元的现金收入，这无异于流血牺牲。

到2009年年初，连出现在金山董事会上的雷军也对迟迟没有任何行动的葛珂进行了严厉的批评。葛珂是1999年就进入金山的老员工，长得高大儒雅的他，一路跟随雷军在金山转战了多个业务战场，也曾经在WPS争取政府采购订单的过程中表现出了坚韧能打的品格。可以说，在这么长的时间里，他从来没有见过雷军发火。开完这次董事会后，雷军忍不住把葛珂叫到了一边："别再和我说什么转型做企业安全了，现在市场上这么多的机会你们都抓不住！"在葛珂的印象里，雷军一向是一个很少表露出失去耐心这种情绪的人，这一次，他真的急了！

葛珂面对雷军的批评充满了委屈:"免费我们从来不害怕。金山很早就提出过 WPS 的个人业务全面免费。但是对 2010 年的金山来说,WPS 业务看不到机会,《金山词霸》逐渐没落,网络游戏的收入忽高忽低,而《金山毒霸》业务是公司收入的一个重要支撑。当上市公司每个季度都在进行考核时,公司的管理层对收入肯定是有要求的。"

对于这段回忆,当时负责《金山毒霸》技术研发的陈勇更加深刻地看待这个问题:"其实,这里面最难处理的核心问题还是人。当传统软件商业模式的核心是收费时,金山基于收费已经形成了一个传统的营销、渠道和经销商体系,那样一个体系,几乎是整个公司最高的执行部门。如果要实行免费,其本质就是要瓦解整个传统体系。革自己的命,一般人都做不到。"

金山在免不免费上的犹豫不决让一些优秀的技术人员感觉看不到希望和前景,他们选择了离开公司。在《金山毒霸》工作长达 7 年的陈睿正是在这个时间选择离职创业的,他后来做了一家叫作贝壳的公司,由金山进行了投资,选择的方向是云查杀。离开这个决定他其实思考了很久,但最终还是决定不再犹豫。他不希望以《金山毒霸》最终在市场上消失作为他职业生涯的终点。他后来说:"我觉得这艘船马上就要沉了,我现在什么事都做不了,但这个时候我如果乘救生艇自救了,以后就还有可能带人杀回来。"

2010 年 5 月,曾经叱咤风云的金山,走到了一个非常特别的时间点。虽然还不像 1996 年即将走向破产时那样悲惨,但它在气质上已经接近了那一年风雨飘摇的苹果公司，人们这样形容当时的苹果公司："它已经沦为了一家无足轻重、似乎即将被遗忘的过气公司了。"而当时金山的员工也有着一样的心态，看着整个互联网行业风起云涌，他们感觉这一切都和金山没有关系了。"人们的心态失衡了。"葛珂说。

为了应对正在攻城略地的竞争对手，金山软件在2009年单独成立了一项叫作《金山网盾》的互联网业务，它的模式是免费的，金山希望这项业务能和360公司的《360安全卫士》抗衡。而这个业务的负责人，就是曾经担任《金山毒霸》技术负责人的陈勇。为了这款产品，陈勇带领着上百号程序员尝试用一种全新的理念来解决杀毒问题，当传统杀毒软件还在占用很多的系统资源时,《金山网盾》尝试用一个极小的白名单库去做白名单的匹配，一些没有办法识别的文件被实时送到服务器去检测，更多地依靠后台快速的响应能力。这款产品上线后，获得了意想不到的成功，在半年的时间里日活跃用户就涨到了1 000万。

没有想到，刚刚喝完小米粥不久的雷军，接到了陈勇的电话。电话刚一接通，他就听到了一个略带哭腔的声音说："雷总，金山现在正在面对狂风暴雨。"

第二章

雷军回归："去探险、去俘获"
——
企业家的首要特质

深水炸弹：3Q 大战——还原真相

2010 年 5 月，某一天的凌晨时刻，刚刚创业的雷军在忙了一整天后正要准备休息。忽然，他的手机响了起来，拿起手机一看，来电显示的人名是陈勇，这是他在金山时期的老部下。

此时雷军已经离开金山两年多时间了，尽管他会不定期地参加一下金山的董事会，金山的员工也会偶尔来找他聊聊天，但是这个点给他打电话的人几乎没有。他接起了电话，听到的是几乎带着哭腔的一句话："雷总，金山现在正在面对狂风暴雨。"

"怎么了？慢慢说。"

"我们做的《金山网盾》遭遇了意想不到的竞争，360 现在在桌面上忽然弹了一个框，提示用户《360 安全卫士》和《金山网盾》不兼容，60 秒以后《金山网盾》就从用户界面消失了。

雷总，你说，我都做了这么多年杀毒软件了，从来没有见过这样的事情。"

那一天可能是陈勇人生中第一次那么不知所措。他从来没有想到会遭遇到如此有冲击力的竞争。其实，在那个互联网崛起的时代，各家公司为了争抢桌面入口的流量，有时候使用一点儿"技巧"来吸引用户的现象并不罕见，偶尔大家也会"擦枪走火"。但是这一次，竞争对手直接终结了一个客户端的启动进程。竞争对手以这种意想不到的方式把《金山网盾》从客户电脑里清除的方法，如同一颗深水炸弹，在金山内部引爆了。在陈勇看来，此时的金山正处在暴风雨的中央。

雷军此时已经离开金山两年多的时间了，自己的创业公司也刚刚成立，但是他依然耐心地听陈勇讲述了整件事情的来龙去脉。沉默了一会儿，他用那种久违的、给人带来安全感的声音说："第一，这件事情肯定有问题，这不是正常的商业竞争。第二，虽然我也已经创业了，但是这件事情我不会坐视不管。

这样的回答给了陈勇巨大的慰藉，他后来回想起打完这一通电话的感受："被冲击得七零八落的内心世界好像重新回血了。"

对很多金山人来说，雷军尽管离开了两年多时间，但他依然是金山人的精神领袖。这其实也是在情势最危急的情况下，陈勇的第一反应是要把电话打给雷军的原因。在打完这个电话的第二天，陈勇就从珠海迅速飞到了北京，和雷军当面讲述了金山和

360打这场仗的来龙去脉。①

　　其实，《金山网盾》的诞生寄托了金山在杀毒方面的互联网使命。众所周知，金山是一个和微软同时代的软件公司，很长时间以来，外界给金山的定位也是传统的软件公司，而《金山毒霸》的销售收入在很长一段时间支撑了网络游戏的研发和金山其他业务的发展。在2010年这个时间点，《金山毒霸》是市场上第二名的杀毒软件，第一名是《瑞星杀毒软件》。因此，追赶《瑞星杀毒软件》曾经是《金山毒霸》很长一段时间的目标。可以说，360的出现让很多杀毒软件公司感到错愕，人们共同好奇的一件事情是：免费之后它未来的商业模式是什么？

　　对于2006年7月冲出来的《360安全卫士》，金山认为，必须由一款同样诞生于互联网的产品来对抗这家具有狼性的公司。这款产品就是以白名单为特征的云查杀软件——《金山网

---

① 2010年5月21日中午，金山发表"360安全卫士在升级或者重新安装新版过程中，诱使用户强行卸载金山网盾"的声明，在声明中金山表示，经金山毒霸安全实验室确认，《360安全卫士》卸载《金山网盾》的手法系病毒木马破坏手法，直接结束《金山网盾》的进程，删除《金山网盾》的服务和启动项，令《金山网盾》完全失效。而经金山毒霸安全实验室实际测试，两个软件完全可以在系统共存。360公司于2010年5月21日做出了回应，宣称《金山网盾》存在干扰《360安全卫士》网页防火墙运行等多项问题，因此"360安全中心决定，从即日起放弃与金山网盾兼容共存的努力"。2011年5月11日，北京市第一中级人民法院做出公开宣判：360对金山网盾商品信誉诋毁及强行卸载等行为构成不正当竞争，法院判令360立即停止一切不正当竞争行为，公开做出声明消除影响并赔款30万元。2011年11月，就360起诉金山要求停止对《360安全卫士》的破坏等不正当竞争纠纷，北京市第一中级人民法院判决驳回360的全部诉讼请求。

盾》。可以说，《金山网盾》是完全按照互联网的打法在向前推进的，它依靠百度的用户搜索推荐以及口碑传播，仅用半年时间就做到了日活跃用户数量 1 000 万。

这样的成功让整个团队非常兴奋。因为这样的产品体现的是金山程序员骨子里的那种极度不服输，想顺应和拥抱新时代的精神。陈勇说，每次日活跃用户数量增添 100 万，他都让团队一起喝顿茅台酒庆祝一下。"100 万的时候喝的是 100 块的茅台，200 万的时候喝的是 200 块的茅台，到用户增长到 900 万的时候，我们就喝 900 块的茅台！"陈勇说。

可想而知，当一系列不兼容的手段在互联网世界出现的时候，金山员工的心情在如此残酷的商业竞争中遭遇了怎样的波动和颠覆。很多金山的员工分析，这看起来就像是一场"闪电战"，对方是一个"非常激进"的竞争对手。

在小米公司刚刚正式成立不久的 2010 年 5 月，雷军还是决定以力所能及的力量来帮助金山渡过这个安全业务的难关。当时他想到一个人，就是曾经担任《360 安全卫士》产品经理，后来和 360 的创始人周鸿祎有过一段"爱恨情仇"故事的傅盛。

雷军第一次见到傅盛是在 2008 年年底，当时雷军已经是一名知名的天使投资人了，和创业者天马行空地交谈想法是他常做的一件事情。当时刚刚从 360 出来的傅盛只有 30 岁，正在思考自己下一步的人生方向。在一个朋友的介绍下，他在柏彦大厦的咖啡厅见到了仰慕已久的雷军。那次见面让傅盛印象极为深刻，当时的雷军左手拿了一本很厚的传记《梦想金山》，右手拿着一个小本儿和一支笔，一边和他交谈一边记笔记。这让傅盛非常惊讶："本来觉得对面坐着的是我的偶像，没有想到偶像和自己聊天的时候还会做笔记。"最后，雷军在把《梦想金山》递给他时半开玩笑地说："书里可能不能教你怎么成功，但至少可以告诉你金山是如何做得不那么成功的。"两人最后都开怀一笑。

在离开 360 时傅盛签署了 18 个月的竞业禁止协议，他后来成立了可牛影像，最初选择的创业方向是图片处理软件。在金融危机极为严峻的 2008 年，融资变成了一件极为困难的事情，但傅盛依然选择了创业。他对雷军说："自己的积蓄还有十几万，还有一辆汽车，大不了把汽车卖了。"当时的他在东三环一个极其简陋的三居室里开始创业，给几个做开发的程序员每人每月发 1 000 元的工资，他和一起创业的合伙人徐鸣不拿工资，另外还找了一个阿姨帮他们做饭。雷军见过很多创业者，但是像傅盛这样执着的并不多。很多人都是如果投资人投我，我就创业，如果没人投就接着上班。出于对傅盛这样的创业精神的极度欣赏，雷军给可牛影像投资了 100 万元，和经纬创投一起成了傅盛的天使投资人。

傅盛在回顾自己这段时期执着创业的选择时，用了"不安全感的驱使"几个字来解释自己的动因。傅盛是 1978 年出生的，身高 1.78 米，圆圆的脸上总是戴着一副金边的近视眼镜。虽然曾是 360 的明星产品经理，但是他自称背景从来没有什么光环。在傅盛大学毕业的前后，他的父亲正好赶上了国企改革的下岗潮，他支持父亲趁这个机会"出来闯一闯"，但父亲对他说，你还没长大，所以自己不能离开"体制"。这样的成长经历在一定程度上塑造了后来的傅盛。尽管傅盛内心总是充斥着一种不安全感，但是他不想成为像父母那一代人那样"没有独立意识"的人。选择创业，也是他决定在真实的市场上试练，磨炼自己的武功，让自己活得更安全的一种方式。

傅盛的可牛影像做了一年多，日下载量已经达到 10 万，一年下来也积累了几百万的用户量，但是他依然认为，这个数字相当不理想。毕竟，在 360 做安全的时候，他见识过一个客户端在没有任何推广的情况下就可以在 PC 端达到 50% 覆盖率的过程，那种烽火燎原的态势让他感觉到了做图片处理的局限。在这个时候，他想到了在创立可牛影像之初就来找过他的金山前员工——陈睿。

陈睿和傅盛同一年分别从金山和 360 离职，这一年他们都是 30 岁，出来创业的时候同样壮志凌云，他们认为，自己只是年轻了一点儿，不成功是不可能的，只是创业成功的速度可能会比其他人稍微慢一点儿。后来他们两个人都承认，当时的想法有些幼稚，出来做了一年之后，他们都被现实毒打了。

陈睿在最初创建贝壳的时候主动找过傅盛，希望他们能够一起干安全。但傅盛当时对陈睿的说法是，自己已经有一个合伙人徐鸣了，言下之意是自己已经"订婚"了。于是，陈睿在 2008 年创建了贝壳公司，做了一款云查杀软件。一年下来，这款软件的日活跃用户数量做到了 140 万，不仅完成了和股东的业绩对赌，而且这在外界看起来也成绩尚可。但是，他的内心感受和傅盛何其相似，折腾了一年只做成这样，他感觉"无颜见江东父老"。

他后来说："创业和想象的完全不一样。在创业一年之后，我们的内心已经无比谦逊。"

2010 年的某一天，陈睿要带着他团队的 20 多个员工在昌平做一次团建。出发之前，他打开电脑准备收发一下邮件，发现傅盛的 QQ 头像正在右下角闪烁，点击之后，陈睿看到了傅盛扔在那里的一句留言："你说我们合起来一起做安全怎么样？我们都是这个行业里最厉害的人，一起做肯定能做得更大！"陈睿当时心里一惊，心想："怎么这么严肃的一件事用 QQ 就说了。"后来他明白，这就是傅盛的风格。

此时，傅盛 18 个月的竞业禁止协议已经到期。

在几位创始人对很多事情的看法高度一致的情况下，傅盛的可牛影像和陈睿的贝壳公司决定合并，方向是他们曾经无比熟悉的网络安全。在法律程序还没有最终走完时，陈睿已经果断地把团队所有的成员都带到了傅盛的办公室里办公。

当然，对于这次合并，傅盛也征求了他的天使投资人雷军的意见。雷军表示，非常支持两个团队合并。

当时间来到 2010 年 5 月下旬，《金山网盾》遭遇意想不到的竞争，陈勇直接在深夜把电话打给了雷军，并且告诉他，金山正在面对狂风暴雨。在《金山网盾》的用户量正在极速下降的时刻，雷军提议，要不然把金山集团的安全业务分拆出来，与傅盛和陈睿的公司进行合并，让这几位具有"无产阶级革命精神"、在全国范围内做安全业务最优秀的年轻人带领着金山去参加这场竞争。

在这个时间点，张旋龙和求伯君第一次发起了雷军回来掌管《金山毒霸》业务的提议。但是此时，小米公司刚刚成立两个月，雷军只能选择拒绝。不过，他答应两位金山创始人，一定帮助金山做好这次业务调整，把他的一些思路落实下来。

2010年7月，金山启动了和可牛的谈判。

这是雷军第一次试图把金山的一部分业务分拆出来，和外部的团队进行整合，然后成立一家单独的公司。可以说，这当中错综复杂的因素超乎想象。如何让可牛原来的天使投资人满意？如何让创始团队和金山的员工尽量得到符合自身的利益？雷军如何处理自己在可牛投资的原始股份？如何让这场并购做到公正？另外，两个团队在合并之后，两家公司的管理层如何进行权力分配？总之，这里面的每一个问题都不容易，涉及的是一场又一场艰难的谈话。

最终，在大家共同的努力之下，经过和傅盛12轮的沟通之后，所有的细节终于尘埃落定。雷军按照2008年投入可牛时的价格出让了全部股份，金山软件赋予傅盛、原来的投资者以及新公司的管理团队一共35%的公司股份，傅盛成为新公司的CEO。这个方案从做出来到最后落地实现，依然花了整整三个月时间。

在这次谈判过程中，金山原来的高管团队显示出了意想不到的支持。当时金山安全的CEO王欣就是和360对抗战中的主战派，她知道这场合并关系到金山安全业务的生死存亡，因此她举双手表示赞成。有一次，雷军、傅盛和她在金山的食堂里一起吃了一顿饭，她听出了当时傅盛和雷军还处在"讨价还价"的阶段，就对傅盛说："你可以想一想，我们合并之后将会产生多大的合力。"当晚回家后，王欣就收到了雷军的一条短信："今天你讲得非常好！"

两家公司合并之后，王欣出任了金山网络的首席运营官一职。对于这个安排，雷军之前特意和她通了一个很长的电话。对此，快言快语的王欣表示："我没有意见。我是强执行的一个人，构建组织和带人是我的强项，谁当老大我都可以辅佐。我愿意去做二把手！"而当初号称乘坐救生艇出走自救的陈睿，在几经波折之后终于实现了当初的预言——带着人又杀回来了。

没有想到，就在金山和可牛的协议框架刚刚签署后一两个月的时间，在傅盛刚刚举家搬到珠海定居之后，中国互联网历史上最著名的那场战役——"3Q 大战"就轰轰烈烈地爆发了。这场激烈汹涌的战争背后，其实是金山网络和360之间一场激烈的技术对抗，而这段惊心动魄的历史金山从来没有详细地公开披露过。

翻开这场经典"攻防战"的历史，很多当事人回忆起来都做出了这样的评价——令人震惊！

飞往香港，决定回归

可能很少有人知道，2010 年 10 月，在中国互联网历史上爆发的那场史无前例的"3Q 大战"，不仅仅是腾讯和360两家公司之间的相互角力，而是有三家中国互联网公司的身影矗立其中。

那第三家公司，就是刚刚独立不久的金山网络。

"3Q 大战"被誉为"互联网的第一次世界大战"，其本质上是腾讯和 360 之间的一场兼容之战。2010 年 10 月，腾讯推出了《QQ 电脑管家》，这款软件涵盖了云查杀、漏洞修补、安全防护等功能，和《360 安全卫士》能做的事情非常相似。腾讯凭借着 QQ 庞大的用户群对两款软件进行了捆绑安装，360 认为《QQ 电脑管家》这样的做法直接威胁到了《360 安全卫士》的市场地位。

当时的 360 只是一家不大的公司，安全几乎是它唯一的业务。面对这样生存还是死亡的问题，它集结了公司的全部力量来反抗腾讯。很快，双方进行了一轮又一轮的公关攻防战，不惜使用弹窗的方式进行激烈的相互指责。10 月 29 日，360 推出了《扣扣保镖》这枚核弹武器，这款软件使用技术手段去掉了 QQ 上的广告收入，并宣布保护 QQ 用户的安全。这一软件在发布后 72 个小时内的下载量超过了 2 000 万，直接威胁到了腾讯的收入来源。《扣扣保镖》的诞生被马化腾称为"腾讯历史上遭遇的最大危机"，从那个时间开始，腾讯发誓要和 360 抗击到底。

到了此时，"3Q 大战"已经急速升温。

不为外界所知的是，刚刚分拆成功的金山网络正是在这个时间点介入这场前所未有的互联网大战的。为了抵抗 360 的攻击，腾讯火速邀请了安全领域的外部力量来对公司进行技术支持，金山就是其中最重要的一支力量。雷军对此有着非常魔幻色彩的记忆。2011 年 11 月 3 日那一天，他和傅盛一起从北京飞往深圳，准备去和风暴中心的马化腾会合。飞机刚刚落地，雷军打开手机，一条新闻映入了眼帘，腾讯刚刚宣布了"二选一"的决定。就在那一天，腾讯宣布将在装有360软件的电脑上停止运行QQ，用户必须卸载360软件才能正常使用QQ，腾讯称这是"一个非常艰难的决定"，而铺天盖地的舆论瞬间席卷了中国互联网。

傅盛一直在金山网络内部笑称自己能够"夜观天象"。他总是说，掐指一算腾讯和360之间必有一战。没有想到的是，这场战争来得比他想象的还要早一些。

此时的金山网络自然而然地选择了全力支持腾讯。腾讯当时的强项是做应用软件，底层的对抗技术还比较薄弱。这时候金山派出精兵强将对其进行增援，为腾讯提供强大的技术分析能力，支持这家公司完成了这场跌宕起伏的技术对抗。傅盛的合伙人徐鸣当时带领着金山网络的十几名精兵强将从珠海坐着大巴到了深圳，他们租用了普通居民楼里的两间房子，在腾讯对面驻扎了十多天的时间。陈睿也对这场战争终生难忘，他当时在腾讯的一个会议室里度过了七天七夜，是这场对抗大战的当事人之一。那段时间他发烧了，白天去医院输完液，马上就要回到腾讯干活。"当时我们和腾讯的伙伴们一起做了技术对抗的模块，我们用各种各样的方法检测360的程序，360用各种各样的方法隐藏自己。在两三天的时间里，我们两边的程序不断升级。当时的腾讯内部同仇敌忾，没有一个业务部门还关注自己的收入，好像已经做好了就算公司倒闭，也要和对方争个你死我活的准备。"

在金山一些技术人员的记忆里，这是一场非常经典的对抗战，两边都是中国最优秀的安全公司里最优秀的技术人员，大家使出了穷尽能力的技术储备。按照陈睿当时的说法，"两边都抱着必死的决心"。

在腾讯和360进行"二选一"大战的时候，《金山毒霸》成了受益者之一。在金山和可牛合并之前，陈勇刚刚带领他的团队做好了一款容量大概只需10兆的杀毒软件，是白名单杀毒的新版，用陈勇的话说："它比市面上同类软件要好一个数量级！"在腾讯"二选一"为用户提供新的杀毒解决方案的时候，新版的《金山毒霸》就成了一个重要的补充。在"3Q大战"之前，《金山毒霸》只有700万的日活跃用户，通过"3Q大战"一役，腾讯通过它强大的推送能力，让《金山毒霸》的用户量急剧增加到4 000万，这为独立之后的金山网络注入了一针强心剂。"这时候你才知道，什么叫互联网的尽头是腾讯，那一次腾讯给我们带来的安装量是我不敢相信的数字。"陈睿回忆道。

在"3Q大战"的后期，腾讯带给《金山毒霸》的安装量每天都是以百万级别计算的。而最关键的一点是，在此期间，《金山毒霸》完成了向免费转型的重要过渡。其实，陈睿回到金山网络两个月的时间都在没日没夜地做一件重要的事情，那就是将《金山毒霸》的订阅模式改成会员模式，这是《金山毒霸》从收费走向免费的一个中间状态。在"3Q大战"这段用户量急速上涨的时间，会员制的改变终于赶上了这个重要的历史节点。它让用户一方面有机会接触到《金山毒霸》，另一方面接受了这款软件的模式——普通用户免费，会员享受增值服务。而之前《金山毒霸》已经存续的付费用户，直接转为会员。

事实证明，在这场中国互联网历史上波澜壮阔的大战中，金山和腾讯两家公司结下了深厚的友谊，两家公司自身也都发生了深刻的改变。腾讯在"3Q大战"之后进行了深刻的反思，从此之后它的心态变得更加开放，用战略投资的方式连接了更多的企业。金山网络则加速了向免费的转型，完成了一个软件企业向互联网公司的转型。而来自腾讯的帮助，更显现在金山网络未来的发展之中。

在"3Q大战"刚刚结束的2010年11月10日，金山安全联合可牛正式对外宣布，两家公司正式合并，合并后的新公司更名为金山网络。求伯君和雷军均为新公司的董事会成员。新公司由金山集团、经纬创投和管理团队共同持股。就在这次合并发布会上，金山网络新的战略被正式发布，它的名字叫作"FREE"。傅盛解释，"FREE"在英文里不仅是免费的意思，还表示自由。

守护信仰：与资本对决——终究还是要回来

在雷军帮助金山网络进行完一场繁杂无比的分拆与合并，又陪伴金山经历了载入史册的"3Q大战"之后，2010年11月，金山的游戏业务再次出现了令人头疼的问题。此时，西山居工作室内部的动荡正在持续加剧，2010年5月，一个传言已经在公司传得沸沸扬扬，人们说，西山居工作室的负责人邹涛已经准备带领着一支队伍离职了，甚至有人传言，邹涛已经注册了自己的公司。

如果这个传言是真的，那么这将会对金山的业务造成重大的打击。西山居工作室的收入当时占据了金山整个游戏板块收入的90%以上，其他的工作室规模很小，有的甚至还在亏损。从整个盘子来看，游戏板块一直是金山重要的收入来源，领导层和团队稳定的重要性不言而喻。可想而知，邹涛即将出走的消息最后惊动了金山的创始人张旋龙和求伯君。在这个关键时刻，张旋龙和求伯君希望雷军亲自出马，去和邹涛进行一场面对面的交谈。

那一天从北京飞珠海的行程十分夸张，因为珠海一直下着大暴雨，飞机只能先降落在海口，之后又从海口飞到了深圳，在过了不知道多长时间之后，飞机才再度从深圳起飞飞往珠海。雷军说，感觉自己好像一个晚上都是在飞机上度过的。

邹涛可以说是雷军最亲密的战友之一了，因为两人从非常年轻的时候就在金山一起战斗，一起经历了一场接一场战役，甚至可以说，他们几乎是一起在这家公司成长的。2003年之前，邹涛是《金山词霸》的研发负责人，2003年年底，他被调到珠海接管了网络游戏，那段时间正是金山向互联网转型的关键时期。他至今都记得雷军提出决战网络游戏时的那种号召力。"他让我们所有人起立，然后合唱军歌，说我们是一头来自荒漠的雄狮，然后放出了三军仪仗队的照片，那是我在金山这么多年里唯一一次在开会的时候流下了眼泪。"邹涛说。

可以说，如果不是真的感觉心灰意冷，和雷军一起经历了这么多年起起伏伏的邹涛是绝不会萌生去意的。但是此时的邹涛，已经不是萌生去意那么简单了，他已经做好了最后的打算，那就是卖掉自己在金山所有的股票然后出去单干，离开已是箭在弦上的事情。

其实，邹涛思考离开这件事情已经不是一天两天的时间了，从 2009 年 6 月开始，曾经一直幻想着雷军有一天能够回到金山的邹涛感到了希望的破灭。在这之前，从 2008 年到 2009 年 6 月这段时间，他几乎每个月都要在全国各地的游戏工作室走一圈，几乎天天都在出差，工作起来焦头烂额，家庭生活也一塌糊涂。此时，他产生了一种苦苦支撑之感，感觉这已经不是他想要的生活。在后来将近一年的时间里，网络游戏板块遭遇了诸多动荡，尽管珠海的游戏研发团队保留得还算完整，但是北京的团队基本上已经损失殆尽，其中离开的很多人都曾经是邹涛的手下。

可以说，这是邹涛人生里最迷茫的一个阶段了。从 2003 年金山开始做网络游戏以来，他已经习惯了雷军指哪儿他打哪儿，团队也从 30 人一路增长到了 600 人，但是在雷军离开之后，他经历了很长一段时间的"心理断奶期"，在没有人指明战略方向的情况下，他有时候会产生一种十分无助的感觉。最让他头疼的是，整个公司的激励制度都存在着严重的问题。当员工拿不到市场价格的激励时，邹涛最担心的竟然是某款游戏某一天忽然大获成功。因为一旦一款游戏成功了，他手下的很多研发人员马上就会被竞争对手以高薪挖走。而每一次发生这样的事儿，他都会心痛不已。

2010年5月，金山的几个创始人同时飞过来和邹涛面谈的这一天，邹涛已经对离开这件事做了长达几个月的心理建设，在这之前，他身心俱疲，看了很多有关"长征"的书来寻找力量，其中包括斯诺的《红星照耀中国》和金一南的《苦难辉煌》。

在珠海面谈的那天晚上，邹涛对雷军说："我觉得你还是得回来，你不回来牵头，还是一盘散沙，我留下来就是苟延残喘。你要是不回来，我还不如出去干一票再说。"除此之外，邹涛也对几个创始人谈到了游戏板块面临的严重的激励不足的问题。当整个行业都在对运营极佳的游戏团队进行高额激励时，西山居员工的奖金却少得可怜。按照当时西山居制作人王屹的说法，当时行业的激励都遵循着一定的标准，西山居的研发一部在2008年做到了3.6亿~3.7亿元的流水，而最后王屹只拿到了8万元的奖金，这个情况和整个行业相比简直天差地别。

珠海之行结束后，金山内部让雷军回归金山的呼声其实已经不绝于耳，尤其是已经合并到金山网络的傅盛，对于雷军回归的要求格外强烈。金山和可牛的合并是在雷军的主导下进行的，作为一个金山的"新人"，傅盛对于在金山董事会寻找到强有力的依靠有着强烈的渴望。他多次找到雷军，希望他能够做出承诺，回到金山"坐镇"。邹涛承认，珠海之行的言论多少有点儿"逼"的意思，他知道，雷军和张旋龙、求伯君毕竟有着多年的深厚感情，而雷军在金山干的那么多年，也是他自己的青春。

从 2010 年下半年开始，坊间开始有了一些关于雷军要回归金山的传言和猜测，但是彼时，雷军一直秉持着对小米合伙人和投资人负责的态度，明确表示了拒绝。在他的能力范围之内，他希望尽量帮助这家他深有感情的公司进行一些改革，但是董事长这个职位对一个刚刚创业的人来说，还是一个过于沉重的担子。

在各种呼声中，时间来到了一年后的这个上午，张旋龙和求伯君向雷军抛出了那个可能的出售方案。求伯君对雷军说："这个投资人我已经聊过了，你也去聊一下吧！"雷军手里拿着这个投资人的联系方式，陷入了复杂的情绪之中。

当时的小米刚刚起步，他遇到的艰难困苦其实远非常人所能想象。雷军在想，如果这个潜在的投资人能够和他一样，热爱金山，好好运营各项业务，给金山一个更好的未来，卖掉也许不妨是一个对所有人来说更好的方案。他决定亲自飞到香港，听一听这个潜在的买家怎么说。

2011 年 6 月的一天，雷军登上了一班飞往香港的飞机。香港，这是一个他并不陌生的地方。正是经过了 8 年的艰苦奋斗，他才把金山变成了一家香港上市公司，4 年前，他在香港交易所敲钟的场景还历历在目。

和投资人的交谈结果让雷军非常失望，只交谈了半个小时，雷军就已经知道，这名投资人完全是按照财务投资的角度来思考这次收购的。投资人的计划是，用自己手上的 1 亿美元，加上借来的 4 亿~5 亿美元来购买估值 4 亿~5 亿美元的金山。全资购买金山之后，他先用金山账上的现金把债务还清，之后再把金山的各个板块拆出来进行出售。其中关于金山网络的想法是，也许可以将其出售给竞争对手360。

走出投资人的办公室，雷军内心的情绪有点儿悲怆。他忽然明白，这样的收购不过是一场资本的游戏，而金山只是这个游戏中的标的物。所有的行为均是为了套现获利，里面的情感成分为零。在那一瞬间，雷军忽然明白了，其实求伯君根本就不想卖掉金山，他让自己来香港只是一种激将法。作为WPS的缔造者，求伯君对金山的感情同样一往情深，一路见证了这家公司20多年的砥砺前行，他怎么舍得让金山最终落得被出售的命运？只是他希望敦促雷军通过亲自考察明白一件事情，如果他不回来，金山就可能遇到这种最坏的处境——从历史中消失，所有的奋斗都将变成一段虚无的时光。以求伯君对雷军的了解，他相信，只有雷军和投资人进行过一次直接的交谈，当雷军能直观地看到金山将可能被当成一种不良资产那样被处置时，才能激发出雷军回归的最大动能。

在那一刻，雷军知道，他已经没有任何选择的余地。出于一种近乎本能的责任和情感，他决定接下这个无比艰巨的任务——回归金山担任董事长，重新操盘这家公司的大局，尽管他现在已经有了他毕生都将为之奋斗的事业——小米。在那一个瞬间，他感觉压力已经风雨欲来。他知道，未来几年，风险和不确定性，将是他势必要面对的东西。

在经济学家眼中，企业家需要具备的首要特质就是勇于承担风险和不确定的探险精神。企业家拉丁语动词的含义就是"去发现、去看、去认识和去俘获"。在做出决定的那一刻，除了对风险和不确定的认定，雷军深藏在骨子里的那种热爱冒险的精神也浮出了水面。

去探险、去俘获，也许是他内心的一种潜台词。

回归依然是一个综合的决定，雷军很快去征求了小米6位联合创始人的意见，最先表示支持的是黎万强。黎万强曾经是《金山词霸》的负责人，也是雷军的老部下。他太理解金山人对于雷军这束"曙光"的渴望了。从本心来讲，他也希望金山能够拥有峰回路转的好运。黎万强对雷军说："与其每次都花两个小时谈回不回去的问题，还不如用这个时间去帮金山管管业务。"雷军则对他的合伙人们说，一定保证留足够的工作时间给小米，另外，他回去接管金山，将不拿一分钱的报酬。

"曾经年少爱追梦，一心只想往前飞，行遍千山和万水，一路走来不能回。蓦然回首情已远，身不由己在天边，才明白爱恨情仇，最伤最痛是后悔。"这是雷军特别喜欢的一首歌曲。在离开金山时，雷军曾经无比落寞地悄然吟唱这些歌词。对于金山，尽管他几乎花了两年的时间才终结这场如梦似幻的青春往事，但是，今天，在走遍内心的千山万水之后，他终究还是要回来，救这家公司于水火之中。这像是一种逃不开的宿命。

"如果你不曾心碎，你不会懂得我伤悲。"

在经历了这些浮沉往事之后，此刻雷军的内心深处，更像对待一个生命个体一样看待金山这家公司，他充满了懂得，也充满了慈悲。

　　商业世界不仅仅有冰冷、竞争和对资本的追逐，也有这样充满了悲壮和温情的故事，对于金山这家从未放弃自己商业愿景的公司，雷军的回归，将是一个关于守护信仰的故事。

自我驱动
精神底色

员工的自我驱动精神会成就一家公司的
精神底色。

困难
选择
信念

一家公司在最困难的时候选择的道路反映了它最真实的信念。

互联网商业的经营模式
积累用户量—商业转化—赢利

逆风飞行→乘势而起

长线思维
跨越周期
拥抱时代

时代浪潮之下，传统企业要勇于自我变革，打破枷锁，摆脱"路径依赖"，才能建立长线思维，跨越周期，顺应和拥抱新时代。

风险
不确定性
热爱冒险

在经济学家眼中，企业家需要具备的首要特质就是勇于承担风险和不确定的探险精神。

在做出决定的那一刻，除了对风险和不确定的认定，企业家热爱冒险的精神也会浮出水面。

责任
情感
回归本心

出于一种近乎本能的责任和情感，他决定接下这个无比艰巨的任务——回归金山担任董事长，重新操盘这家公司的大局。

去探险、
去俘获

企业家拉丁语动词的含义就是"去发现、
去看、去认识和去俘获"。

第二部分
破　　局

第三章

进军移动互联网："战略就是这样"
——
选准赛道，跨越周期

再造金山，难度不小：大刀阔斧——雷军的五步战略改革

2011 年 7 月 7 日晚上 7 点 7 分，雷军在微博上上传了一张照片，在夕阳的余晖中，他和张旋龙、求伯君并肩站在位于北京上地的金山软件大厦之前。就在拍摄这张照片的两个小时前，金山董事长求伯君宣布，正式从金山退休。时隔三年半之后，雷军重新回到了金山，担任董事长。

这样一张照片，定格了这个对金山和雷军都十分重要的历史时刻。

而这样一则消息，也激起了互联网圈里一个不小的涟漪。当人们并不清楚这个故事的来龙去脉时，便无从知晓当事人跌宕起伏的心路历程和面对选择时的情感浓度，因此很难理解雷军的选择。在一些人眼中，雷军在这短短两三年的时间里已经转型成了一名如同硅谷罗恩·康韦那样的"超级天使投资人"，虽然他的

投资步伐并不是最快的，但一直非常精准。一直到 2011 年，他投资了超过 20 家创业公司，其中 18 家都拿到了下一轮风险投资，总融资额超过了 10 亿美元，其中 3 家公司的估值已经超过 10 亿美元。

"很少失手。"这是人们对于雷军做天使投资的一种评价。

当人们看到雷军的兴趣和专长都已经转向互联网时，很难再将他和步履沉重的金山联系在一起。人们说："金山的现状是，不仅办公软件、网络游戏、安全软件都需要彻底改造，新的赢利项目也要不断挖掘。改造一个已经成形的、有特殊气质的企业，肯定不如创办一个新的企业来得更加轻松。"一名在当时影响力颇大的互联网资深评论者也发出了"不看好"的声音："20 年前求伯君和雷军做搭档时都没能壮大金山，20 年后又如何呢？这是战术级的变化，没涉及战略，不会改变大的格局。"

这样的言论多少代表了很多圈里人的想法——这个时代想要再造金山，难度不小。

就在雷军宣布回归的当天，金山的股价出现了上涨，但很快又自由落体式地回落到每股 2.7 港元，纵使当时金山账上还有近 20 亿元人民币的现金。当公司的现金储备和它的市值基本一致时，这就意味着这家公司没有给股东创造任何价值。

当人们对雷军这个"费力不讨好"的选择感到不解时，殊不知，此时的他还没有向外界抛出那个酝酿已久的"疯狂的小米"创业计划。人们没有想到的是，在做出承诺要改造金山这家已经成形的、有特殊气质的公司的同时，雷军自己的创业公司的第一代产品——小米手机1，也即将横空出世了。这个计划之所以被人们称为"疯狂"，是因为小米要打造的产品的竞争对手是诺基亚和摩托罗拉这类在当时还风光无限的巨头公司，同时，深圳华强北还有上亿只山寨手机也在攻城略地。

天使投资人童世豪迄今还对和雷军第一次谈起"小米手机"这个时刻记忆犹新。"在前半个小时我几乎处于震惊的状态。历史上还没有任何一家公司是从零开始把手机做成功的。iPhone 是因为有了 iMac（苹果电脑）、iPod（苹果播放器）才杀入手机市场的，摩托罗拉是有了其他业务之后才加入新业务的。从零开始做手机，这个想法真的很疯狂！"童世豪是雷军多年的好友和投资伙伴，他出于对雷军过往经历的深刻了解，才选择相信了小米的商业模式，即便如此，他依然没能成功在小米第一轮融资时在启明内部引入这个项目。在很多天使投资人眼里，没有案例和数据能够支撑雷军的小米生态体系，就连大名鼎鼎的谷歌，也没能验证用互联网生产和销售手机这个模式。因此，在最初争取资本的时候，大多都是和雷军一起投过很多项目的朋友选择了相信他。

就在雷军宣布回归金山的这个炎热夏天，中关村银谷大厦的一间小小办公室已经被几个产品经理和美术设计师占用了，它的门上被贴上了一张 A4 打印纸，上面是用黑色马克笔书写的三个大字——"疯人院"。在这间办公室里，一份上百页的 PPT（演示文稿）资料正在紧张地制作之中，雷军每天都在和几个年轻人讨论他想要的图片在 PPT 里呈现的效果，以便在一个月之后揭开这款神秘产品的面纱。在长达一个月的时间里，雷军充分发挥了他在金山做 WPS 文字处理排版的经验，他对 PPT 上每一页的字体、大小、标点符号都有着独特的要求，其认真和苛刻程度经常刷新几个产品经理的认知。

2011 年 7 月，就在雷军宣布回归金山之际，小米这家低调运行一年多的创业公司已经到了必须走向前台的时刻。此刻，小米已经于 2010 年年底拿到了来自晨兴资本、启明和 IDG（美国国际数据集团）总计 4 100 万美元的 A 轮融资，投资者对它的估值已经达到了 2.5 亿美元。但在此之前，雷军不希望自己再度创业的消息在媒体上曝光，一是为了保护公司的商业秘密，二是为了让自己的心态放得更平和一些。现在，为了对公众和投资人表明自己同时运营新公司和管理金山这家老公司的决心，他必须对自己的计划做一个清晰无误的说明。

2011 年 7 月 12 日，在北京后海举办的一场媒体沟通会上，雷军第一次披露了自己已经再度创业的消息。利用这个机会，他向公众和投资人表明，他将同时担任金山的董事长和操盘小米的大局，这两者并不矛盾。

这个消息如同平地惊雷，让人们再度陷入了一片惊叹之中，除了对雷军能否同时操盘两家公司进行热烈讨论外，人们还对小米这个充满野心的商业模式产生了浓厚的兴趣。这是第一次有一家中国的科技公司宣布，要同时涉足硬件、软件和互联网三个行业，这显示出了其前所未有的跨界雄心。可以想见，人们对这个充满风险的模式马上表示出了深刻的怀疑，最乐观的观察者也只给出了小米手机 5 万 ~10 万部的销售预期。

小米的未来还生死未卜，金山的问题更是显而易见。从这个时间点上看，雷军似乎是在个人的职业生涯中做出了非常激进的选择。其实，只有了解他的人才能看懂这些庞大布局背后是经过深思熟虑的。经过十几年的江湖征战，雷军自身的阅历、他对于管理一家公司的认知、他身处的中国市场经济的成熟度以及 1996 年以来的中国风险投资行业都已经发生了翻天覆地的变化。从 1988 年成立的金山到 2010 年成立的小米，民营经济从最开始的参与者已经变成中国经济最有活力的组成部分。现在的企业家创业，已经无须像陈春先和柳传志那一代企业家一样，在迈入市场时要跨越重重障碍，也无须和整个环境进行对抗。2011 年创业和投资的整个生态系统，已经比他在金山和创建卓越网时成熟得多，此时，随着中国创业热潮的发展，"天使"已经越来越多地出现在了创业者的周围，逐渐成为一种常态化的投资行为。

身处创投圈、看似休养生息了三年多的雷军，其实恰恰是在那段时间拥有了认知飞跃的机会。那段时间，他完整地见证了互联网创业的全过程，也体会到了风险投资家如何用一种通用的方法扶植一批批创业公司迅速成长。和以前在金山时总是事无巨细、沉陷管理细节的工作状态不同，这三年多他更多的是思考方向、看大势以及体会资本对创业者如何进行资源的加持。他感受更多的是，资本如何对社会的优质资源进行再次分配，而这种资源在经过优化配置后又如何去创造社会价值。通过这种方法论，风险投资可以同时支持数家公司"野蛮生长"，他自己在这三年多也同时实践了超过 20 家公司。通过三年多沉浸式地陪伴、辅导创业公司，此时的雷军对金山过去存在的问题有了更加刻骨铭心的理解，也对未来如何做创业者有了更深刻的认知。他知道：

首先，畸形的股权结构不可能产生好的公司。股权设计是决定一家公司未来走向最关键的因素，也是现代企业治理中的一个核心问题。在任何一家创业公司，天使投资人的贡献不可能大于创业者，因此，给予创业者最多的股权是一件天经地义的事情。如果天使投资人占有的股权比重过大，那么公司内部必然会形成相对扭曲的治理结构和决策机制，最后导致公司很难做大。因此，以后他要创建和扶植一家企业，设计合理的股权结构将是放在首位的事情。

其次，互联网创业只看增量不看存量。对于这一点，雷军在一次又一次亲身经历的案例中感受到了移动互联网惊人的增长模式。2005 年 5 月，雷军投资了一家叫作多玩的公司。后来，这家公司拓展了语音直播业务，改名为 YY。到 2008 年年初，YY 的用户已经达到了 30 万人同时在线，仅仅两年之后，YY 的用户数已经超过了 1 亿。在两年的时间里，这家公司的增长率是823.1%。在这个过程中，雷军亲眼见证了移动互联网公司的规模是如何以每年 100% 的增长率增长的。在传统的业务里，当人们习惯性地看到存量、想保住存量时，互联网公司里看到的全是增量。雷军说："只有当一个公司增量很大时，风险投资家才会因为看中公司未来的价值折现给予今天的创业者。因此，在创立一家公司时，忘掉过去，着眼未来的增量是一件非常重要的事情。"

当雷军在外界看似"无用"地休息了三年多时，他用自己在风投领域浸润的经验，让自己的认知领先了这个时代。在他逐渐对"产业＋投资"这套模式渐渐熟悉后，他已经知道如何很好地将产业资源导入自身的创业项目，也知道"聚焦"和"踩对时代脉搏"对于一家成熟企业的重要性。在过去几年管理创业公司的过程中，他参透了一家公司在当下破局的路径。

拥有了内在能力的提升和看到了外部环境的改变，雷军站在了一个历史交会处，内心写满了对解决小米和金山两家公司不同方法论的分析。

对小米来说，它没有历史包袱，可以通过迅速抓住机遇来把握市场的大潮。在智能手机换机潮即将来临之际，只要小米能够做出令人尖叫和有市场竞争力的产品，就能在已经饱和的市场上撕开一道口子，站到自己应在的位置上。在移动互联时代，小米拥有抢占趋势先机的机遇。他只要聚拢风险投资的资源，然后给创业者创建合理的股权激励，并把业务的增量进行精准定位，就可以从零到一建立起一家新的公司。

对金山来说，它在互联网大潮风起云涌的时代执迷于自己的旧业务，没有跟上时代的步伐，被后来的阿里巴巴、腾讯和百度反超，成为人们眼中没落的贵族。但是，当外界只看到金山存在的问题时，雷军清晰地知道这家公司依然保有的一些优势。第一，尽管在市场极度竞争的这几年，金山的营销人才已经流失了将近1/3，但是金山依然保留着一支很强大的技术团队。这是因为求伯君本身就是程序员出身，他知道如何寻找和培养优秀的工程师，这对金山来说就是一座金矿。第二，金山在20世纪90年代获得过很大的成功，所以金山人在骨子里还保留着理想和好胜心，虽然公司现在士气低迷，但是斗志依然存在。第三，尽管金山没有任何一项业务处于绝对的优势，但它有几项核心业务还是处于市场第三的位置，算是拥有资源优势。第四，由于金山在1996年曾经有过差点儿关门的惨痛经历，在市场上的泡沫汹涌而至的时候，它还是奉行着稳健经营的策略，几乎从来不进行盲目的投资，因此金山的账上还有不少现金，足以作为金山未来东山再起的资本。雷军知道，金山现在有人才，也有业务，同时还有一定的现金流。对这样一家公司来说，最重要的事情就是要用现代的公司治理结构进行改造，让这家公司勇于扔掉那些沉重的包袱，然后大胆进行面向未来的改革，争取早日拿到移动互联网的船票。

其实，在同意回归金山担任董事长的那一时刻，雷军已经在内心想好了解金山这道题的方法。

到了2011年7月这个阶段，对金山进行改造的各项前提条件已经准备就绪，此时，雷军已经拥有了年轻时曾经非常渴望却从未得到的东西，那就是对于金山的主导权，这和雷军在接手金山之前引进的战略投资者以及股东们对投票权的转让息息相关。

在雷军正式回归金山之际，他为金山引入了一个非常强有力的战略合作伙伴——腾讯。金山和腾讯的结盟与他们在"3Q大战"期间有过紧密的同盟关系密不可分。在"3Q大战"之后，腾讯便与金山在安全业务上展开了各种合作，还联合发布了《QQ 电脑管家》与《金山毒霸》等客户端产品，正是双方在网络安全领域的合作，为腾讯战略入股金山做足了铺垫。在雷军答应执掌金山后，求伯君出售了 9.79% 的股权，张旋龙出售了 5.88% 的股权，两位创始人都将出售的股权转让给了腾讯。本次交易过后，腾讯以 15.68% 的股权成为金山的第一大股东。随后，张旋龙和求伯君、雷军签署了协议，张、求二人将自己出手之后保留股权的法律效力全权委托给了雷军，让雷军间接控制的金山股份达到了 22.89%，雷军从此成为金山的第一控制人。

自此，腾讯的战略入股加上雷军的实际操盘，完成了金山进行改革的前提。有了这一切，雷军就可以放手去进行这场"勇敢者的游戏"了。

金山的高管们对于雷军的回归表现出了前所未有的欢欣鼓舞。一直在 WPS 事业部做政府业务的肖玢用激动来形容自己的心情："当时集团的人已经越来越少了，大家聚在一起吃饭时，感觉是一会儿看不到这个了，一会儿又看不到那个了，桌边的人越来越少。"而雷军在回归金山的全员大会上喊了一句："WPS 的员工，请你们站起来！好久不见了，让我看看你们！"大家在会场上齐刷刷站起来招手的那一瞬间，忽然感觉内心流动起了希望。

雷军回归之后连续召开了管理干部会和全员动员会，一种久违的向上的气场重新弥漫在了这家曾经陷入迷茫的公司。在一段时间里，"我们要坚持做一家正直的公司"是雷军在会上反复对金山员工说的话。

基于金山在过去几年遭遇的异常残酷的市场竞争，一些员工正在经历自我怀疑的时刻，而这正体现了重塑文化的必要性。和许多企业家一样，雷军认为文化是一家企业的灵魂，它塑造和维系着员工的幸福感，也超越了市场激励和层层的管理制度。其实一家有使命的公司，最后都是用一种共同的准则和价值观来塑造个人行为的，这是因为文化产生的生命力要长于任何一个个体的寿命。

在这段时间里，为了让员工坚信自己多年以来坚持的理想主义的正确性，雷军不厌其烦地对大家进行着一轮又一轮的心理疏导和士气鼓舞。在经过了和金山高管们的一系列讨论之后，他抛出了"志存高远，脚踏实地"的企业使命和目标。对于处在低迷情绪中的人们，雷军希望用这8个字告诉他们，金山未来依然会用技术立业的方式来提升人们的生活水平，用科技造福和改善人们的生活。虽然我们远大的目标没有改变，但是金山人不会再像过去那样，用一种抗争和呐喊的方式去追逐理想，而是会用一种更加落地和逐步推进的方法，将理想一点一滴地落到实处。

可以说，雷军的回归减轻了许多人的焦虑，也解决了一个企业在进行重大转型之前首先要解决的问题——重新凝结起整个团队对这家企业的信念。

另外，作为董事长回来，雷军内心知道，经过过去几年在投资界的积累沉淀，他和过去相比已经大不相同了，自己的管理风格将发生截然不同的变化。2007年以前，他时时刻刻都在担忧金山的生存问题，不得不将时间和精力放到具体业务上，而投资让他学会了在管理中放下。以前，每一次在金山开会，他都拿着一个小本子，上面记着时间、地点、人物，关键信息下划上加粗的下划线。为了鼓励 WPS 员工的士气，他还让行政部门买过一个分贝仪，让大家周一早会的时候大喊"Yes，WPS"（是的，WPS），看看谁喊的分贝最高。现在他已经明白，一个企业的领导人最关键的是制定战略和打法，然后站在风口上领导公司"快速占领，颠覆传统"。这几年他经手的很多创业公司都是这样在市场上实现从零到一的。对于金山，他也将像看待一家创业公司那样，赋予它野心和动力，但是在业务管理上，现实和经验都决定了他此时必须更加粗放。

雷军此时接手金山的业务其实有着一些天然的优势。比如，他对金山的几块业务非常熟悉，只要听几句汇报他就知道问题大体出在了哪里。比如，金山现在的核心管理团队依然是和他一起打过很多场硬仗的葛珂和邹涛，他们之间的信任度很高，无须额外磨合。因此现在管理金山，雷军已经无须像以前那样事必躬亲了。邹涛也同样看到了这一点，在一次全体干部会上，他对雷军说："其实你回来给我们指明一个方向就行，我们的执行力都是超强的，再说这点儿活在这里都存续这么多年了，我们已经干得贼熟，不需要你再当劳模了。"

盘点过公司现有的业务，面对逐渐回血的员工士气，雷军心中逐渐有了解决金山问题的方案。可以想见，公司进行这样规模的大改造，会涉及业务方向调整、战略的改变、组织机构变革、激励方式的制定等诸多方面。在一次核心高管的全体会议上，他用一张简单的白纸，写下了他对金山的改造计划。

1. 关停并转。聚焦 WPS、网络游戏和《金山毒霸》三大核心业务，退出所有无关业务。

2. 包产到户。把事业部子公司化，授权子公司管理层直接决策，并制订管理层持股计划，同时积极引进外部投资者，鼓励子公司在合适时机单独上市。

3. 放水养鱼。着眼公司的长期发展，放下短期的业绩压力，坚定推动公司全面转型移动互联网。

4. 腾笼换鸟。在聚焦主业后，用腾出的资源重新布局未来 10 年的新业务，All in Cloud。

5. 筑巢引凤。人才是把企业做好的根本，"内部提拔＋外部引进"，把团队建设当作头等大事来抓。

从这个时刻开始，雷军要用这"五步战略改革"来实施对金山这家公司的基因再造。人们知道，变革从此成了金山这家公司的关键词。

纵观历史，拯救一家走入困境的公司并非什么新的故事，历史上很多伟大的公司都经历过挣扎求生的阶段。迪士尼在 1939 年遭遇过严重的资金周转困难，被迫公开上市。波音公司在 20 世纪 70 年代初遭遇过巨大的困境，裁员达到 6 万多人。索尼创业头 5 年推出的产品一再失败。福特汽车在 20 世纪 80 年代初出现过美国企业历史上最大的年度亏损，3 年内共亏损了 33 亿美元。苹果公司的谷底则发生在 1996 年，后来，乔布斯回归，凭借着 iPod、iPhone 和 iPad（苹果平板电脑）三驾马车又将苹果带回了全球市值最高公司的宝座。雷军在想，如果这些企业都经历过长久低迷之后的复活，那么状况没有那么差的金山应该同样可以。

其实，他的野心不止于此，他希望，有朝一日，金山能重新回到主流公司的行列。

"关停并转"，"包产到户"：一场关于信心的博弈

当雷军下定决心以创业公司的方式再造金山时，他知道，能够在一个市场上快速崛起的公司都具备一个鲜明的特点，那就是——单点突破，迅速突围。纵观金山当下的业务，数量竟然已经多到数不清了。一个金山的老员工这样描述当时开会时的"盛况"："有时候我去开一个干部大会，发现总裁室里已经有几十个人了，好多人我都不认识。他们发言的时候我也不关心，因为他们的业务我根本不懂。"

除了WPS、游戏和安全三大主营业务，金山的细分业务越做越多，究其原因还是公司内部的业绩考核制度使然。在金山成为一家上市公司以后，KPI（关键绩效指标）的考核越来越严格。当一个部门的负责人觉得今年的业绩有可能完不成时，就会新立一些项目，以保证自己的收入能够尽力达标。这样循环往复之下，公司的业务越做越多，整个公司的向心力却越来越小。

另外，当公司的几大业务收入不均衡时，收入丰厚的业务部门经常需要去"补贴"甚至"养活"那些收入微薄的部门，"集团划拨"是过去金山的管理层经常听到的一个词语，这导致了身

在不同业务线的员工在心态上经常产生一种"失衡"的感觉。

比如，在网络游戏逐渐成为金山的现金奶牛以后，在珠海西山居门口停着的几辆闪闪发亮的宝马已经成为公司内部的一个著名"典故"。雷军离开金山之前，曾经要求《剑侠世界》三个月将收入达到3 000万元以上，而王屹带领的游戏研发一部只用不到三个月的时间就达到了这个目标，同时在线人数也做到了高达10万。尽管雷军后来离开了金山，但是他依然遵守了自己的承诺——掏了200万元给这个团队发了7辆宝马车作为奖励。尽管在西山居内部收获的现金奖励并不理想，但王屹还是感觉："这几辆车不在大家的预期之内！"

2009年，这些年轻人提到了自己人生中的第一辆宝马车。

当几辆崭新锃亮的汽车停在办公大楼的门口时，人们经常会看到这些车的主人将它们缓缓开来或者疾驰而去，这对其他业务线的员工造成了一些隐秘的心理冲击。尤其是对身处WPS业务线的员工来说，他们往往对这一幕很难保持完全的淡定。在金山内部，做WPS业务的员工很多依然抱有从早年继承来的理想主义，有一种想让WPS在市场上去"赢"的野心，工作起来兢兢业业，但是在收入方面，这块业务利润很低，团队基本上是只够养活自己。从整个集团来讲，这是一个比较贫穷的部门，大家的工资也没有竞争力。西山居员工获得这样的奖励，让WPS的员工感到可望而不可即，一种羡慕的情绪经常在空气里暗暗流动。有时候集团给大家分车位、分楼层，WPS的员工也会想：会不会因为我们的业绩不够好而分到不好的位置？

WPS 政府业务的高管肖玢表达过一种复杂的心绪："WPS 的人其实很多都是有情结的，大家坚守在这儿是因为热爱。我封闭在这里面感觉不深，但是团队里的一些研发人员看到以后真的受到了很大的刺激，他们认为这是集团对西山居一种业务能力上的认可。而我没能让大家拿到很多奖金，是一件很丢脸的事情。"

可以说，很长一段时间以来，金山集团内部都是以事业部的方式来运作的。各个业务线千差万别，员工内部得到的激励也不尽相同，大家的心态有着天壤之别。利润微薄的业务线会觉得自己所在的平台天然没有优势，不但工作辛苦，得到的奖金也是全集团最低的。而利润丰厚的业务线会觉得自己在供养着集团的其他业务，是一个"养家者"的角色，有施救者的心态，同时，他们也觉得自己的收入本该可以更高。

对于这样的问题，雷军知道，只有把金山改造成创业公司，让各个业务线彻底分开，形成完全独立的子公司，再让子公司的核心管理层持有股份，成为公司的股东和合伙人，才可能真正激发这些业务的活力。在互联网时代，雇佣制度已经无法建立高度的信任与合作关系，而合伙人制度将成为创业公司的主流模式。当每家子公司的权、责、利都很明晰时，公司的股东也只需要对自己公司的业绩负责，再也不会出现管理层因为激励的差异在集团里左顾右盼，内心感到不平衡的情景。这就是"包产到户"的核心。

另外，公司将事业部子公司化之后，将为未来子公司在资本层面的运作留下足够的空间。对企业而言，如果不能上市，那么它的价值是非常有限的。因为只有不断融资，公司的价值才会在资本市场上显现；只有企业上市，管理层的收益才会兑现，为社会创造的价值也会因资本的助力而不断加大。

雷军将金山的这次从事业部到子公司的改制定义为"包产到户"，这引自中国历史上那个著名的改革实践。而这样的生产机制改革，一度对中国国民经济的发展起到了巨大的推动作用。当释放活力的巨大势能被历史一次又一次地验证时，雷军对于金山的这次内部改革也寄予了类似的希望，他希望大家也用一种朴素的求生勇气来实现一种由内而外的思想变革。当然，这条路并不平坦，其实和真正的"包产到户"一样，凡是涉及重大的变革，人们的观念和体制的约束都需要去突破，伴随的风险也必须去面对。

另外，进行这场改制对金山来说不仅仅是一场解放生产力、发展生产力的改革，也体现了雷军在管理思维上要"放权"的进阶。在"包产到户"最终落实完成之后，公司的拆分将大大降低他作为董事长的管理难度。因为子公司形成之后，他就可以实现权力的下放，这样不但释放了自己的时间，也可以"让听得到枪响的人去一线亲自指挥"。

当雷军开始用"天使"的方法管理金山时，业务的关停并转和管理层持股计划势必将同时进行。可以说，关停并转是落实"包产到户"的第一步——先将每个子公司的资产厘清，确立公司的主营业务，再把无关的业务彻底剥离。管理层持股可以理解为"包产到户"的第二步——赋予子公司管理层相应的股份，高管在用现金购买一定比例的股份后，实现了当家做主，也将自身的利益和公司的前途做了强捆绑。未来公司如果做好了，个人就会得到分红。一旦公司上市，员工就会得到丰厚的回报。但是如果公司经营不善，高管持有的子公司的股票价值就会折损。

在这两项工作进行的过程中，几家公司的结构会发生比较重要的变化。按照雷军的要求，这几家公司从顶层设计开始就要符合未来上市公司的结构标准。现在他在思考如何管理一家公司的时候，习惯性地把公司资本路线的问题想在前面。为此，金山在 2012 年请来了一名曾经操盘过多家公司并购的 CFO（首席财务官）吴育强，为分拆后的子公司打造完整独立的架构体系，为未来独立上市铺平道路。在内部宣讲时，雷军告诉大家："这是 VC（风险投资）的标准做法。"

尽管对于公司架构的设定给大家留下了十足的想象空间，但是走到实际操作环节，大家发现，"关停并转"和"管理层持股"这两项工作都不容易。就"关停并转"来说，雷军在开会时会和大家分析："当健康的业务和不健康的业务总在一起运营时，不健康的业务很容易拖累健康的业务，最后形成一筐'烂苹果'。而关停并转的核心就是把完好的'苹果'从'苹果筐'里挑出来，再把烂掉的'苹果'处理掉，避免'坏苹果'污染'好苹果'。"而在实际操作过程中，管理层发现，决定扔掉哪些"坏苹果"并不困难，这项工作最难的其实是如何处理业务中的"人"的问题。可以想见，这里面的爱恨情仇都很强烈，如何平滑过渡对于任何一个企业都不容易。对于"管理层持股"的问题，其关键之处，就是如何让管理层相信制度设定者的诚意，让他们理解这里面的运作方式，能够心悦诚服地接受股份购买方案，并且生成对企业的责任感。

雷军在回归金山担任董事长之前，其实已经帮助金山的安全业务与网络游戏业务完成了繁复的分拆和重组工作。西山居的管理层持股工作也已经于 2011 年 1 月最终完成。2011 年 8 月之后，雷军剩下的工作就是将 WPS 这个核心业务继续从集团里分拆出来，将《金山词霸》业务纳入其中，使其成为一家以办公业务为主的子公司。

可以想象的是，当一家公司开始进行这样大开大合的变革时，很多员工都会感到不适，在利益反复权衡的过程中，有人选择了留下，也有人选择了离开。事实上，一年前进行的西山居关停并转和管理层持股已经证明，改革的过程必将充满阵痛。

"这是一场关于信心的博弈。"人们说。

西山居一名叫作孟岩的资深美术主管是整个金山网络游戏业务"关停并转"的亲历者。2010 年年底，除了西山居工作室，金山的网络游戏业务还在全国各地设有 5 家网络游戏工作室。事实证明，这些工作室消耗了金山大量的投资，但是后来它们的业绩都不太好，关掉一些持续烧钱且无法产生收益的项目成了金山网络游戏业务的当务之急。就这样，邹涛派孟岩去经手网络游戏工作室的"关停"事项。

孟岩于 2003 年入职西山居工作室，他是坐在一条"苦干100 天"的横幅之下开始工作的，当时的西山居刚刚开始决战网络游戏。在《剑网3》于2004年开始策划时，他率先在网络游戏行业进行了3D（三维）动画的尝试，这意味着"自己做决策，自己做渲染，自己做特效"。可以说，孟岩的资历足以让他对几家工作室的真实水平做出客观的判断。2010年年底，当孟岩被派到各地对金山的几家工作室进行考察并对人员进行评估时，他明白，其实这就是对排名较后的工作室进行淘汰，不是一个"讨喜"的工作。

"当时也没有人告诉我具体的做法是什么，我就按照珠海平台的标准，基于每个人的分工给他们打上一个标签，然后开始分别找大家谈话，最后我给所有人做了一个排序，人力资源部会根据这个排序和所有人安排对谈，排名较后的员工将会面临淘汰。"孟岩说。

"关停"的整个过程充满了戏剧性。孟岩以前和这些工作室的员工是平级的，大家也没有接触过。在和他们谈话的时候，孟岩总是会遇到一些令人"拍案惊奇"的对话："在有些工作室中，大家的水平参差不齐。我看了一下他们的作品，确实有些烂到不能忍。我问一个人对自己的职业规划是什么，他挠了挠头说，要不然特效吧。我很惊讶，（因为）这和他现在做的事情不一样呀，他说，那要不然就拼接吧。真的就是这么一个状态。"

后来，一家工作室的老大打电话给孟岩，为一名资深的制作人求情："他虽然活干得很乱，但真的是为项目着想，我们有什么样的需求，他就能解决什么样的问题，现在他年纪大了，能不能考虑一下不优化他？"这让孟岩哭笑不得。后来，这家工作室的老大接到消息，其实不仅仅是这名制作人，他的整个团队都被关停了。

网络游戏板块的"关停并转"过程虽然推进得很快，但是总体上还算平稳。让孟岩记忆犹新的是，一家工作室的优化工作刚刚完成，他就登上了知乎。一个人发了帖子："一个长得很黑的哥们儿从珠海带了几个人过来，和我们挨个儿面谈了一遍，然后人力就通知让我们离职了。"对于这件事，孟岩唯一的感觉是庆幸，他后来半开玩笑地说："幸好他们只是对我长得黑印象深刻。"

一些前景不错的游戏被并入西山居，另一些前景不明朗的业务则以金山投资入股的方式完成关停并转。对于一些工作室，金山后来投资了几百万元成为这些工作室的股东，这样一来，这些业务将从集团内部剥离自行发展，这是当时一些工作室的创始人更为接受的一种退出方式。在网络游戏业务的关停并转顺利完成后，六家工作室中的两家被完全关闭，剩下的一些业务和人员全部入了西山居。自此，整个金山就剩下了西山居一家网络游戏公司。

2010年年底，西山居开始了管理层持股的过程。而这个工作是所有改制工作中最艰难、最考验人心的部分。在这个过程中，雷军说服了董事会，成为整个方案的顶层设计者。按照设计，金山集团将对西山居的业务进行整体估值，西山居40名核心管理人员可以以公允的价格购买其中20%的股份，而购买这20%的股份，管理层也不用付出全部的现金，40人只需支付股份对应金额 20% 的现金，另外 80% 可以向集团借款。按照这个协议，借款将由公司未来每年的分红来归还。

但是，当时这笔绝对数值并不小的资金依然让西山居的很多管理人员陷入了对自身的"灵魂拷问"之中。按照西山居当时约 1 亿美元的估值，20% 的 20%，核心管理层一共需要缴纳约 400 万美元购买股份。40 名西山居的核心管理人员每人要付出 5 万～40 万美元不等的现金。对绝大多数人来说，这依然并不是一笔小数，掏出这样的真金白银要经过审慎的思考。尤其现实的是，当时西山居的业务情况让一些人感到信心不足。尽管在 2010 年年底，西山居工作室每年还能有近 1 亿元人民币的利润，但是因为之前激励不到位的情况，人员流失已经非常严重。从业务角度来说，《剑网 3》尚处在突围之中，而其他产品的收入每年都在以 20% 的比例递减。一些核心管理人员经过测算认为，除非西山居再出现一款爆款游戏，他们才可能在未来还清这些贷款。

"这是一个很微妙的心理过程！"这次管理层持股计划的实际操作者之一龚道军后来回顾道："其实你把它叫赌博也不为过。我们就坐在一个办公室里一起抽烟，抽完了写写画画圈定了 40 人的大名单。那个时候最焦虑的应该是邹涛，他需要给别人建立信心，更要给自己建立信心。当时感觉局面很复杂，各种各样的选择都摆在面前。"

其实，当时《剑网 3》的团队有很多员工都处在一种相对萎靡的状态，亲历过这款游戏上线后的出师不利，游戏的策划之一胡翌回忆道："人在失去信心的时候容易进入焦虑状态，在焦虑的状态下其实很难进行理性的分析。""进行管理层持股计划的同时，公司会进行一个组织结构大调整，把研发的三个部门拆掉，然后将公司调整成平台化的运营模式，形成研发中心、美术中心、质量中心这样的组织结构。我觉得这需要很长的时间来梳理。但是当时大家感觉公司并没有时间和资源来做这件事。"也有一些员工在思想上过不了这一关："本身就是我们的团队创造出的价值，为什么我们还要背负这么多的债务，去购买自己创造出来的东西？"另外，也有人认为，管理层持股计划从理性上讲是一个正确的决定，但是从感情上讲，在内部很动荡、大家压力很大的情况下，很难有人想去借款做这样一件事情。

为了让这次管理层持股计划进行得更为顺畅，也为了鼓励大家积极参与，网络游戏业务的负责人邹涛最终做出了一个大胆的决定：他和西山居的CTO（首席技术官）陈飞舟一起承担起了西山居管理收购的那80%的债务，其他高管只需要付购买股份所需的20%的20%，对于一些暂时拿不出那么多现金的高管，他提出可以用无息借款的方式借钱给大家，让管理层先拿下股份再说，这样做可以最大限度地减轻大家的心理负担，同时加快管理层持股计划进行的速度。

"无息借款主要就是为了稳定军心。"邹涛说，"尽管现在西山居还没什么爆品，但是要前进先得保证队伍不能散。"在一场接一场的管理层持股的大讨论中，邹涛一次一次给大家灌输着这样的观点："做好业务，大家才能利益最大化，通过管理层持股计划，你已经成为企业的主人。"

后来，邹涛用每股两块多的价格卖掉了 1 000 万股金山集团的股票，他将现金拿出来出借给希望参与管理层持股计划的高管。而在圈定的 40 人大名单中，有 26 人最终选择了相信。对于一些摇摆不定的管理者，邹涛最后做出了承诺，公司将为他们保留三年股份，以后他们随时想参与就参与。后来有个别管理者就选择了这种方式。

可以说，西山居的管理层持股计划其实是在一种非常动荡的氛围中完成的。在这个过程中，西山居的首席运营官湛振阳选择了离职创业。而一些不想参与管理层持股的高管也在此刻选择了离开，这让留守的一些队友感觉有些伤感，"毕竟，在西山居一起奋斗很多年的志同道合的同事，在那个时候分开了"。

湛振阳是邹涛多年的好友，邹涛对他的离去其实感到百般惋惜。在人们的记忆里，湛振阳跟着邹涛一路走来做过很多产品。那时候他和邹涛一宿一宿地通宵熬夜，在《春秋 Q 传》几次遭遇难产之后，他和邹涛去成都一待就是一年，两人最终挽救了这款产品。后来，他又做了《封神 2》《剑侠世界》《剑网 3》的游戏运营工作，为了公司，搬家都搬了四五次。在得知湛振阳的决定后，邹涛找雷军商量，让西山居投资 500 万元，支持湛振阳创业，还在一家叫作金悦轩的酒楼摆了几桌酒给湛振阳的团队开了欢送会。当年院线正在上映一部叫作《不见不散 2》的电影，在这个欢送会上，邹涛就把"不见不散"几个字做成了一个横幅，他对大家说："买卖不在情谊在，离开了大家还是好朋友。"据说，那天的欢送会气氛还是非常伤感的。其实，对于管理层持股大家做出的最终决定，不仅仅像是一道选 A 还是选 B 的简单选择题，更像是人们对自己人生道路的选择。

尽管经历了改革过程中必然的喧嚣，但关停并转和管理层持股工作一旦完成，西山居就破茧而出，成为一家独立的子公司了。

在西山居和金山网络都陆续分拆之后，WPS 的独立进入一个更为顺其自然的过程。鉴于之前的经验，以及 WPS 相对简单的业务，这次的管理层持股计划进行得相对顺利。对于这场改革，办公业务负责人葛珂和 CTO 章庆元用了一个"让人人都开得起宝马"这样的简单比喻来给 WPS 的员工描绘未来的前景。因为宝马这个典故早已在金山内部耳熟能详，所以它成了一个异常容易理解的例子。负责 WPS 个人业务运营的姑娘毕晓存对这句话颇有印象，她后来说："当时大家能买得起 10 万元的车就很不错了。让人人都开得起宝马，这是一个了不起的理想。"负责政府业务的肖玢则对这段记忆非常感慨，她说："因为在进行管理层持股时没钱，我还哭了一鼻子。"

金山办公当时的公允估值为 2 250 万美元，按照 20% 再乘以 20% 的比例，集团的核心管理层一共需要支付 90 万美元来购买股份。肖玢因为比较资深，所以获得的股份比例较多，"凑钱"一时间成了她的老大难。为了凑足购买股份的 200 万元，肖玢人生第一次陷入了需要借钱的境地。当时办公业务的负责人葛珂和 CTO 章庆元在宣讲管理层持股计划时不断鼓励大家要有创业精神，很多时候创业就是卖房卖车。听到这句话，肖玢忽然鼻子一酸，流下了眼泪。她在想，自己一共只有两套房子，一套是以前在上海工作时上海政府分的，另一套是因为在北京租房租得实在太伤心一狠心才买下来的。现在谈起要创业，竟然还要把房子卖掉，她的心理防线一时间崩溃了。她记得自己后来还在葛珂的办公室里大哭了一场，她对葛珂说："我就那么一套小房子，你还让我卖掉，我上下班就一辆车，你也让我卖掉。你说我在金山兢兢业业工作了那么多年，算是奋斗了半辈子，怎么搞到现在开始卖房卖车？"

葛珂和肖玢在 WPS 争取政府订单的过程中配合了很多年，大家一起打过很多硬仗，也有过很多惊心动魄的共同经历，彼此之间特别熟悉。肖玢是 WPS 所有高管里年纪最大的一位，又长期负责最重要的大客户销售，葛珂说，他对肖玢在此时有一些最真实的情绪表露丝毫不感觉奇怪。

尽管在回忆这段往事时，肖玢觉得自己当年非常搞笑，但是确实，在她的印象里，WPS 的管理层持股是在"痛哭流涕"中完成的。后来，她和章庆元一起向求伯君借了 20 万元，用她的原话说："剩下的钱再去借就要看别人的脸色了。"这是她终生难忘的回忆。

2010—2011 年，金山原有的几大业务都陆陆续续完成了关停并转以及管理层持股的工作，这为几个子公司的各自突围奠定了坚实的基础。在几家公司进行分拆重组时，作为董事长的雷军坚持不在任何一家子公司占股，这样的设计大大增加了整体方案在董事会层面的说服力。

在完成一场场轰轰烈烈的分拆之后，为各家子公司制定新的打法就成了金山改革的下一步工作。而此刻，顺势而为和抓住下一个"机会之窗"，已经成为雷军商业思维里浑然天成的一部分。此时，一个令人兴奋的消息传来——2011 年 8 月 16 日发布的小米手机 1，一经发布就供不应求，小米的创业已经度过了最为凶险的阶段。

小米手机的诞生一方面说明了雷军的产品力，另一方面也充分证明了新趋势到来的强烈信号。其实就在 2011 年这一年，在全球移动通信的市场上，移动端的出货量已经进入了迅速上升通道。在这一年，智能手机的出货量首次超过了 PC，而安卓手机的出货量达到了 2.38 亿部，暴涨了 244%。人们预测，三年之后，手机和 PC 的出货量差距将进一步拉大。在中国的移动端市场，苹果手机随着 iPhone 4 的放开销售，正在创造一场销售奇迹，而苹果的最大对手安卓也在中国拥有了众多的拥趸，摩托罗拉、HTC、酷派、中兴都开始高举安卓的旗帜。

在中国这个充满人口红利的市场上，移动互联网的创业公司正在如雨后春笋般成长，面对风口，很多的创业者正要御风前行，而这也成为滋养企业家精神的圣地。

对一个企业家来说，超强的预测能力、判断能力和管理能力是带领企业前行的必备能力。而雷军目前最重要的事情，就是将他生命中最重要的两家公司之一——金山，也迅速拉进移动互联网浪潮的滚滚洪流之中。

触达移动端："先做了再说"

在金山完成拆分之后，葛珂成为金山办公的 CEO，邹涛成为西山居游戏的 CEO，而傅盛是金山安全的 CEO。管理层持股计划完成之后，各家公司的业务都很聚焦，大家的状态也焕然一新。WPS 的高管肖玢形容："完成管理层持股之后，合伙人经常聚在一起开会，这个时候感觉还是和以前很不一样的，以前大家只是打一份工，现在自己成了公司的主人，像是另外一种人生的开始。"很多子公司的合伙人都开始积极思考公司未来的业务方向。用后来才到金山的人的话来说："没有想到，整个团队的欲望变得如此之强。"

在小米的事业刚刚起步，小米手机的供应链体系还未彻底理顺之际，雷军几乎处在人生中最忙碌的一个阶段。此时，为金山集团寻找一个 CEO 来辅助雷军对各家子公司进行日常管理成为一个重要的事项。可以说，在雷军回归的早期，雷军身边的朋友都对他提供了一些力所能及的帮助。比如雷军的好友王川，在雷军回归金山担任董事长的前后，他曾经帮助雷军在金山进行一段时间的内部访谈和调查摸底工作。而当金山集团急需一个能够"服众"的 CEO 时，小米的联合创始人林斌和黄江吉则为他推荐了一个合适的人选——来自微软的张宏江博士。

张宏江出生于 1960 年，看上去很有"科学家范儿"，平时，他戴着一副窄边眼镜，说起话来温文尔雅，语速不紧不慢。而一个超宽的额头成了他面部最具特征的部分。

张宏江是计算机视觉检索研究领域的"开山鼻祖",也是微软亚洲研究院的创始人之一。后来,他创立了集技术创新、产品开发、研究成果转换于一体的微软亚洲工程院。可以说,在微软期间,他已经晋升到了一个德高望重的位子,微软宽松的年度预算也可以让他做足够多他想做的事情。但在 2011 年这个中国移动互联网市场规模迅速扩大的前夜,由他一手带大的微软亚洲工程院已经步入了正轨,张宏江也开始对新的机会跃跃欲试。在 2011 年 6 月这个时间点,在微软亚洲研发集团担任 CTO 兼微软亚洲工程院院长的张宏江,其实并没想到自己会跳槽到像金山这样的中国老牌公司。他自己非常清楚,WPS 这个产品的年纪比微软 Office 都要大,而微软的规模比金山要大得多。

雷军第二次见到张宏江是在北京五洲大酒店的大堂咖啡吧里,当时,张宏江主动邀请雷军一起聊聊中国软件产业的现状。没有想到的是,当谈话到了最后一刻时,雷军话锋一转,对张宏江说:"要不然你来我们金山做 CEO 怎么样?"这个邀约让张宏江心里一震,他本能的反应是,金山的历史实在太长了,业务也十分繁杂,空降去做 CEO,实在是一件太有挑战的事儿,他干不了。

为了让张宏江放下思想包袱,雷军后来又找机会和他深入交谈了好几次。张宏江此时才知道,原来雷军来找他是因为林斌和黄江吉的推荐,并不是雷军的一时兴起。和每一次"筑巢引凤"一样,雷军表现得非常诚恳,他花了好几个小时的时间告诉张宏江自己离开金山又回到金山的来龙去脉,诉说自己与张旋龙和求伯君之间的革命友谊，同时也分析了金山的业务现状。他对张宏江说："其实金山也没有人们想象的那么复杂，就是微软的1%。而且，金山的三大业务目前都很清晰，管理层持股计划也基本快要完成了。另外，金山还有一笔宝贵的财富，那就是用24年的时间积累出来的技术、人才和文化。"

张宏江最终被雷军的诚意打动，答应了加盟金山。除了CEO这个职位确实具有一定的吸引力外，他清晰地意识到了某种历史机遇的浮现。作为一个技术至上的科学家，他的直觉和雷军完全一样，摆在他们面前的，是一个即将被移动互联网改变的时代，张宏江渴望中流击水，参与其中。他本人的成长经历也让他对"机遇"这个词格外有感，他后来对媒体说："我是大学毕业以后赶上中国的改革开放的，后来因为改革开放又有了出国深造的机会。我们这代人身上永远有理想主义的东西，也永远都有对机会的渴望。"当然，他也明确表示，如果雷军不是董事长，那他也不会来当CEO。

最终，张宏江博士于2011年10月24日来到了金山的上地办公室开始上班。当这个消息被公布时，媒体对于张宏江的变动还是无比唏嘘的，无论如何，从微软到金山，这是一个值得人们深思的变化。其实从那时候起，国际巨头的高管逐渐转移到中国互联网这个阵地来工作的现象就开始越来越普遍了，这和中国科技公司在本土市场迅速崛起的趋势非常吻合。

张宏江的到来，对于无比忙碌的雷军是一个好消息。懂技术、懂管理，并且"能服众"是雷军对于金山新CEO的期待，而张宏江符合了所有的要求。"能服众"在这里是一个重要的特质，集团 CEO 必须能很好地和三位行事风格完全不同又比他年轻很多的子公司 CEO 进行沟通，这对每一个空降的高管来说都是挑战。事实证明，三家子公司的 CEO 都对张宏江的技术背景和科学家身份表示了尊重。大家尊称张宏江为张博士，而傅盛有时候也会称呼张宏江博士为"科学家"。毕竟，三家子公司的 CEO 都在科技领域工作了很多年，知道学术力量对于科技发展的重要性。光是很高的学术地位这一点，就让张宏江拥有了天然的威信。

后来，雷军在员工大会上对大家说："整整三个月的时间，旋龙、求总、王川都在帮我说服宏江博士到金山来工作。他到的那一天，我的心情比过春节还快乐。我们现在把世界级的科学家请到了金山，从微软到金山，他被我评为了最具冒险精神的CEO。"

张宏江的到来意味着金山新领导班子的形成，他的到来正好赶上了 WPS 管理层持股的收尾工作。在金山内部进行磨合的这段时间让张宏江意识到，金山和他想象的不大一样，虽然金山的总体业务比他想象的还要小得多，但让人感到惊讶的是，"整个团队转变的欲望是如此之强"。另外，浓郁的工程师文化充斥在这家公司，一些在一线奋斗了十多年的工程师，现在满脑子想的还是怎样做研发、怎样做出新产品这件事。有时候，张宏江走在金山的走廊里，内心会突然涌起一种感觉——这家公司一触即燃。

每周，雷军至少会花一整天的时间来到金山的办公楼为公司制定大的方向。当金山的股东们还在猜测雷军在自己创业的同时会为金山花费多少精力时，张宏江作为和雷军在一线作战的人感受到了金山对于雷军的重要性。"金山这件事他是挂在心头的，我们的战略，我们的用人，我们的预算，他都要和我仔细过一遍。他并不是让我一个人没有原则地在那儿自己管。"张宏江说。

公司变革初期，其实很多员工和初来乍到的张宏江一样，都要重新适应这家公司。在子公司被拆分出去后，集团就慢慢变成了一个服务平台。此时文化再造成为一件重要的管理任务。在金山进行分拆后，子公司被赋予了更大的自主权。除了后勤保障、人力资源，三家子公司在研发、生产、营销、服务等业务层面都已经自成体系，因此很多审批决策权也被下放到了子公司，此时的集团更像一个服务部门。比如，子公司原来发布每一条广告都要通过集团审批，但是现在市场费用的审批决策权已经下放到了子公司，集团主要承担监管职能，负责为广告合同的签署提供建议。公司的组织机构进行了调整，管理方式必然随之发生改变。当一些集团平台的员工不能适应这样的变化，还带着我要管你的姿态对待子公司时，张宏江会对集团员工宣扬一种"帮忙不添乱"的原则，他对大家说："现在整个集团的平台就是一个服务部门，不是衙门，如果你不能给子公司提供有价值的服务，那就没有存在的必要了。"

另外，除了决策权的下放，如何激活子公司的积极性也是集团的一个重要工作。在 2011 年之前，金山实行的是强 KPI 管理制度，每一个业务负责人都会在年初收到一个写满 KPI 的小册子，公司还会要求每个负责人都在小册子上签字。但是此时，根据雷军"放水养鱼"的改革战略设定，公司不再强制自上而下地下发 KPI，而是由集团 CEO 和各个子公司的 CEO 协商运营目标。在这种改变下，公司将根据自己的实际情况提出战略目标和一些运营数字，在与集团董事会商讨之后共同决定。在这个过程中，张宏江需要进一步了解每一个子公司的风格，他经常和大家在非正式的场合交流，他说，当正式开会的时候，大家一定会有所保留，毕竟大家都抱着防御的心态。但是，如果大家可以私下里多交流交流，他就可以从更放松的谈话中知道真实的数据和子公司领导者的真实想法，大家也会越来越熟悉。在这个过程中，张宏江和几个年轻人建立了彼此尊重的氛围。他后来说："我比他们都大，大家都会彼此尊重，也不会限制自己。关键的一点是，大家都想做事情。"

在提交运营指标时，每一个子公司的 CEO 都表现出了截然不同的个性。比如邹涛说自己是一个"目标激进"型的管理者："我是那种能做 100 会提到 120 的个性。其实这也是为了激励自己和团队往前冲。对《剑网 3》这款游戏来说，游戏的制作人郭炜炜已经调整了两年时间，随着他一边调整，我也一边玩了两年，其实我对收入是很有信心的。那个时候，我就对董事会提出，西山居要实现 100% 的业务增长，很多西山居的股东都表示不敢相信，但我还是和董事会这么提的业务目标。事实证明，《剑网 3》确实连续两年都业绩大涨，2012 年、2013 年都实现了近100%的增长。"能够这样给自己设定目标，邹涛坦言也是由于与雷军和张宏江之间的信任。他说："雷总非常清楚我的个性。在金山其实有很多年我是完不成任务的，但业绩总体还是越来越好。"

当成熟的业务继续稳定增长时，对于新的业务，金山集团却有着完全不同的考核目标。基于"放水养鱼"的指导思想，金山将在新业务上为子公司消除利润的压力，将目标放得更为长远些。尤其是对WPS业务来说，雷军总是在内部强调，机会比收入重要，成长比利润重要。葛珂和WPS的研发负责人章庆元已经通过运营指标的设定感觉到了——"雷军一脚把我们踹进了移动互联网里"。他们发现，尽管WPS的业务正在蒸蒸日上，但是金山集团为金山办公设定的最重要的指标并不在PC的装机量上，而"移动的活跃度"才是关乎未来的一个战略性指标。金山办公的管理层感觉到，董事会对这个核心目标看得非常紧。

其实自雷军回归金山之后，推动子公司全面进行移动化的改革已经启动了。几乎就在雷军决定回归的那一刻，他就开始敦促葛珂和章庆元开发适用于手机的WPS。对于这个决定，金山办公的很多研发人员都表示难以理解，在他们的眼里，手机屏幕实在太小了，移动版WPS就算做了也不会产生大量的办公需求。虽然手机市场已经起来了一些，但是这个办公软件不会产生格局性的变化，就连他们在中国多年的竞争对手微软，也对于开发移动版这件事没有任何动作。在2011年之前，金山办公对于进军移动一直举棋不定，而此时已经是移动互联网坚定信仰者的雷军只对葛珂说了一句话："战略就是这样。"

在雷军看来，消费者的行为习惯一定会随着的时间的推移而改变。他对葛珂说："你们要是想不清楚，那就先做了再说。"

1999 年就进入金山的葛珂此时已经感觉到了雷军和过去的不同之处。过去，雷军拼死拼活地开会，做业务事必躬亲，对团队喜欢言传身教，而现在，雷军只是告诉他们一句简单的话，显得非常直接。

葛珂后来回忆说："你问我那个时间点想清楚了吗，我真的没有想清楚，我们的研发人员对我说，在手机 3.2 英寸 ① 的屏幕上做一个 WPS，只能是说把鼠标、键盘换成了触屏，要在 64 兆的手机内存里做开发，大家一讨论就觉得这是一件根本不可能做到的事儿。"

但 WPS 就是在这样的情况下开始移动端产品研发的，大家的思路是先做安卓版本，做好之后再开发 iOS 版本。金山办公将有限的几个精英组成一个移动端的开发团队，一点儿一点儿地摸索着办公软件在移动端的做法。这个时候要开发一个在手机上使用的办公软件，团队没有任何经验可以借鉴。但就是从这个时候开始，WPS 的团队有了一个非常明显的转变，那就是大家更习惯于用产品思维来思考问题了，产品经理在 WPS 团队逐渐成为一个重要的角色。

多年以来，为了做 WPS 这个千万级代码的产品，金山的研

---

① 1 英寸 =2.54 厘米。这里的 3.2 英寸是指手机屏幕发光部分对角线的长度。——编者注

发人员更多的是讨论怎样更好地控制和保证它的质量。尤其是有一段时间，为了让 WPS 和微软 Office 兼容，金山更多的思考是怎么和微软做得更加相像，这其实剥夺了研发人员对产品的思考空间。但是，当 WPS 要自己研发一款移动端的产品时，每一个产品细节都要被重新定义，这是考验 WPS 研发团队核心技术能力的时刻。研发带头人王冬说，从安卓时代起，WPS 开始有了产品文化。

这些做 WPS 的研发人员曾经都是 PC 版本的骨干，但是在从事移动业务时，他们彻底和 PC 业务脱离了关系。这种脱离表现在引擎的选择上。当时大家有两个选择，一个是将 PC 端的 Office 引擎直接用到安卓平台上，另一个则是开发新的引擎。选择前一种方法会大大降低研发成本，但是由于安卓设备的高度离散化，采用 C 语言（一种计算机程序设计语言）的 PC 端引擎会遇到很多兼容性问题，会拖慢整个团队的速度。于是研发人员选择从头开始，使用 Java（一种通用的计算机编程语言）写成专为安卓而用的新引擎，以保证产品能在移动互联网快速跑起来。

可以说，WPS 的移动版本没有使用任何外部技术或者开源技术，这保证了金山办公团队对这个产品的核心控制力。研发人员在细节上做了很多改善，当大家觉得长时间等待安装包下载是一个非常不好的体验时，研发团队采取了非常极致的做法，把 WPS 的容量做得非常小，这就让产品在用户体验方面经受住了考验。可以说，在这个过程中，产品经理和工程师以及测试小组经常会发生激烈的讨论。研发工程师往往是一批最资深的用户，他们喜欢对一些功能开发得非常深入，但是这往往会遭到产品经理的强烈反对。产品经理认为，普通用户使用产品的时间比较短，也不具备专业知识，因此产品的理念应该更简单易用。当产品经理和研发工程师争吵得比较严重的时候，团队领导就会让大家去线上看看数据比对，两种方案里哪种停留率高就使用哪种方案。这后来成了一种通用的方法——通过用户的实际反馈来验证谁的观点是正确的。

很多 WPS 产品团队的人都记得，WPS 首个移动版做得非常简陋。除了一个文件预览功能，几乎没有什么其他让人眼前一亮的特点，人们在手机上把文件打开之后也不能进行编辑。让整个团队感到惊讶的是，就是这样一款简单的产品，它的增长却是爆发式的。在 WPS 首个移动版发布的第一年，来自海外的用户量达到整体用户量的 30%。一些海外用户写下自己的评价，大家主动说起这个产品给他们的生活带来的便捷，这让大家非常惊讶。

"这个产品在 Google Play（谷歌公司经营开发的数字化应用发布平台）的下载量以及后来在整个移动端的预装量，最初几年是以每年 300% 左右的增长率爆炸式增长的，我们每天都是蒙的。那个时候我才知道，当一个大势来临的时候，你可以怎样迅猛发展。"葛珂说。他认为，WPS 被推进移动端这件事特别体现金山对移动互联网机会的把握。如果不是被一脚踹进了移动互联网大潮，那么公司当时可能还在花很长时间仔细思考怎么融资、怎么筹备资源，然后再在公司内部开启一轮讨价还价，等大家想清楚的时候，风口可能就错过了。

从 2011 年 6 月上线开始，WPS 的安卓版本初期保持了每周一次的更新频率，对比以前 PC 端的开发频率，这简直不可思议。对金山办公而言，做移动互联网不是开展另一项业务，它更像是另一次创业。

此时此刻，其实不仅仅是金山办公，金山其他子公司也奔跑在转型移动互联网的道路之上。西山居在 2011 年宣布了移动化战略，开始布局手机游戏。而金山网络也在国内竞争局面依然焦灼的情况下，一边发布像猎豹浏览器这样的新品，一边开始苦苦思索，怎样才能在一个新的战场上重新开始布局。

2011—2012 年，雷军一边带领着小米这家代表新势力的公司在中国市场上突飞猛进，一边成为金山的"移动互联网布道者"。凡是有和金山高管开会的机会，他都会用翔实的数据和最近的切身体会告诉大家趋势的力量。2012 年 2 月，在珠海举办 2011 年金山年会时，雷军用最放松的语言描述了小米手机 1 遭遇疯抢的"盛况"。

小米手机是 2011 年 8 月 16 日发布的，发布后的盛况超出了我们预期的 10 倍。在整个智能手机行业里，一个季度卖 10 万部就已经是天量了。现在大家看到了，小米手机每次几分钟就卖 10 万部，无数人在微博上骂我，雷军在玩饥饿营销，一周前我真的被骂惨了。我对小米负责供应链的人说，你能不能让我当一个不挨骂的人。现在，小米手机开放购买了，但是用户最长需要等两个月零 20 天才能拿到。

今天，我收到了中国联通 4 月的预付款。可能大家对这个还是没什么概念，你们知道 iPhone 4S 有多火吗？都是黄牛在排队，最后大家都打起来了。但其实，iPhone 4S 上市的百度指数和小米第三次开放预订的指数是一样的，也就是说，iPhone 4S 的热度和我们的热度是一样的。

保守来讲，我觉得小米的第一年能做到 50 亿元人民币的收入，如果不出意外的话，有机会突破 100 亿元人民币。如果实现这个目标的话，这将是全球最快完成 10 亿美元营业额的公司。当年谷歌用了 4 年半的时间达到这个规模，它们的速度已经是飞快的了，但今年，小米是最快的。经过我长达半年的长跑，我坚信我找到了一套方法能够帮助大家把企业做好，我又尝试了 20 多次的投资，一而再、再而三地证明了这套方法的正确性。我希望和大家一起分享里面的秘诀，其实非常非常简单，只有 7 个字："专注、极致、口碑、快。"这里面的每一个字都非常重要。

其实，在雷军回归金山之后，金山的每一场会议都像是一场移动互联网趋势分析大会。他会和大家反复讲述"互联网七字诀"中隐藏的奥秘，比如，"专注和极致"是产品目标，"快"是行动准则，而"口碑"是整个互联网思维的核心。他会用通俗易懂的案例让大家来理解这些简单的字面之后隐藏的深意。比如一年只做一款手机的 iPhone 是如何轻轻松松地击败一年出 100 款手机的诺基亚的，这就是专注的好处。而极致，就是达到自己能

上升的趋势，这反映了智能手机的爆炸式增长，而在这一领域，微软不仅没有领先，甚至连参与的机会都没有。由此，长期被视为蓝筹的微软股票，多年来一直处于低迷的状态。"大多数员工并不认为我们在朝着正确的方向前行，并对我们的创新能力提出了质疑！""微软病了，员工倦怠了，他们深感挫折。"

可以说，在产业更迭的过程中，跨越周期的企业遇到瓶颈，已经是一件不足为奇的事情。在中国市场上，在 PC 互联网时代超越微软曾经被很多金山人视为一件"无解"的事情，然而，对此时此刻的金山人来说，超越微软这个目标，似乎已经没有那么重要了。

资本运作：新经济时代的商业模式

曾经在卓越网的融资问题上遭受过一定挫折的雷军，其实从 2004 年开始，就对资本之于产业的助推作用有过强烈的感受。在资本遭遇寒冬时，卓越网未能融资成功，最终的结局是出售给了亚马逊。虽然股东们获得了巨额的回报，但出售的时刻就是这家企业创始人出局的时刻，这让雷军撕心裂肺难过了半年。后来，雷军在美国见过贝佐斯一面。一进门，贝佐斯的第一句话就是："对不起，我没能照顾好你的卓越网。"这一幕，潜藏了只有两个创业者才懂的千言万语。

从 2004 年开始做天使投资，一直到 2011 年成立小米，雷军做过几年专职的天使投资人，也再度开始创业。通过在投资圈的浸润和多年的实践观察，他对资本的理解已经比过去深刻得多。过去 10 年，中国互联网公司完成了原始积累，孵化出的独角兽公司层出不穷，而中国市场还存在着巨大的创新潜力。雷军知道，风险投资的本质是"用资本激励创新，用创新改变世界"。因此，在创立小米和重塑金山的过程中，如何善用资本的力量助力两家企业飞速成长，成为雷军为两家公司谋篇布局的重要部分。

从 2009 年开始，中国本土基金的规模开始大幅增长，投资数量远远超过了美元基金。也正是从这一年开始，本土创投机构纷纷崛起，开始和美元基金分庭抗礼。2010 年被视为中国移动互联网发展元年，雷军在创立小米之后，随即和他在金山融资时认识的好友许达来成立了一家叫作"顺为"的风险投资机构，意喻"顺势而为"。许达来曾经就职的新加坡政府投资公司 GIC，就是在 2006 年领投过金山的主权基金。

现在，雷军希望通过顺为帮助新生代的企业家在移动互联网时代进一步发展，同时也帮助雷系企业做一些上下游的投资布局。这个时期的雷军，已经理解了通过资本给企业建立护城河的妙处，也知道，如果想要一家企业在新的战略方向上迅速推进，资本是必不可少的助力因素。2011 年，顺为给当时估值 10 亿美元的小米投资了 3 000 万美元，后来，顺为也开始投资布局小米的生态链企业。2013 年，顺为开始对金山旗下的子公司进行投资。可以说，正是雷军曾经的天使投资人身份，让他把做企业和做投资两件事自然而然地结合在了一起。多年的经验让他可以判断自己旗下的企业什么时候最需要资金的加持。

2011 年对金山办公来说是一个丰收之年,它甚至取得了自1989 年 WPS 发布以来的最佳成绩。这是因为国务院办公厅自从2010 年 10 月以来开始大力推动政府机关软件的正版化①,金山 WPS 在政府采购上所获得的销售额增长了 200%。2011 年,金山办公软件年销售额首次过亿。雷军深知当年 WPS 在微软和盗版的挤压之下曾经过得多么窘迫,到了今天,这些利润对团队所有成员来说有多么来之不易。但是,在"放水养鱼"的指导方针之下,雷军要求公司将这些利润全部放弃。在开会时,他告诉大家:"这些利润我们全部放弃。我们现在要求的是移动数据的月对月成长,因为互联网就是按月成长的,大家以后不要再说按年成长这回事了,我们要按照互联网的方式高速推进。"

事实证明,这样的压力效果卓著。2012 年 12 月,金山单独发布了一份数据称,WPS 移动版用户量已达 3 000 万,到 2012年第三季度末,WPS Office 移动版连续 4 个季度的复合增长率超过了 176%,日新增用户达 19.5 万,约占全球安卓系统每日新增设备的 14.8%。葛珂说,WPS 的安卓版本用两年的时间做到了PC 版本 25 年才做到的事情,他体会到了风口的意义。

而对于这样一家正在风口疾驰的公司,雷军已经意识到了释放公司财务压力的重要性。以前,如果 WPS 业务亏损,企业就会从集团调拨一些资金给应用软件部门,但是现在大家已经"分灶"了,WPS 如果亏损,那些数字就会触目惊心地体现在账面

---

① 参见《国务院办公厅关于进一步做好政府机关使用正版软件工作的通知》(国办发〔2010〕47 号)。

上，这可能会让金山办公不敢加大投入，从而错失在市场上的机会。因此，给金山办公做一轮融资，在 WPS 的移动趋势上加一把火的时机已经到来。2013 年，雷军帮助葛珂做了一项非常重要的工作——给金山办公进行 A 轮融资。他对葛珂说："你要让账上有多到花不完的钱。"

金山办公的 CTO 章庆元对人生中第一次融资的经历记忆犹新。曾经，他和西装革履的葛珂走进一家知名投资机构的办公室接受投资人的"拷问"，他深刻的感觉是，原来整个世界的"当红辣子鸡"还是美图秀秀这样的 To C（对用户）类公司，投资机构的整面墙上都挂着它们投资的那些公司的照片。在和投资人交谈了一段时间后，那位投资人有些勉为其难地说："你们还是比较传统。"章庆元在想，WPS 已经在移动端飞奔了两年，这些机构还是没有扭转对于 WPS 的印象。

尽管有一些小小的挫折，但是整个融资过程依然非常顺利。这是因为雷军的"朋友圈"对这次融资起到了积极的作用。在投资者名单里，顺为的名字赫然在列。而其他投资者中很多都是和雷军熟识多年的朋友。2013 年 11 月，金山办公宣布，融资 5 000 万美元，由金山集团、晨兴资本、纪源资本、顺为联合投资。其中晨兴资本出资 2 000 万美元，纪源资本出资 1 000 万美元，顺为出资 500 万美元。

当时移动互联网刚刚起步，金山软件面对的是 PC 端转向移动端的大方向。不同的手机版本、操作系统、适配都是问题，因此，纪源资本花了很多时间来梳理金山办公产品的情况、功能以及 WPS 能不能和其他移动应用组成一条移动办公的护城河。在深入了解金山办公的产品之后，纪源资本做出了投资金山办公的决定。而晨兴资本的刘芹说，引入投资是为了协助葛珂在战略上、组织发展上抓住移动增量的机会。

顺为作为一家雷系公司，它对金山办公的资本加持对这家公司起到了稳定军心的作用。作为 2005 年就引入新加坡政府资金投资过金山集团的人，许达来在 8 年之后作为顺为的合伙人再一次参与了对金山办公的投资。在今后的日子里，人们会看到顺为对金山系的公司不断参与，在投资和业务层面，小米、金山、顺为逐渐形成了一个雷系生态，而这样的生态最终会产生什么样的化学反应，人们此刻还不得而知。

对雷军来说，除了让融资之后的金山办公敢打敢拼，没有后顾之忧外，帮助金山办公引入外部投资还有一个重要的作用，那就是让金山办公的战略决策更加市场化。雷军始终认为，金山办公的员工都是多年以来在同一家公司工作的，这样的好处是员工的忠诚度非常高，彼此深度信任，但有时这会导致员工思维向外扩展力度不够的问题。现在的小米正处在创业最水深火热的阶段，他很难有精力亲自盯着金山办公的业务，因此，他把投资机构里对市场最敏锐的一批人聚集过来，他们可以更好地指导金山办公的未来，让这些每天都在市场上看方向的人成为金山人的创业导师。

后来，金山办公对外宣布，融来的 5 000 万美元全部用于研发。可以说，随着业绩的增长和投资方的加持，此时的 WPS 真正摆脱了以前那种传统的、自给自足的生产方式，它更像一个在资本助力之下快速发展的创业企业了。至此，金山人终于可以看懂，雷军是把新经济时代的商业模式复刻到了金山，那就是——通过巨额融资占领市场，再通过市场占领取得流量变现，它帮助金山实现了商业模式的转型。而当年在微软和盗版夹击的厄运下生存的日子，已经恍如昨日。

在金山这份高管们集体撰写的商业计划书里，金山办公的三年业务发展目标非常清晰：第一，WPS 做到安卓版全球第一、PC 版全球第二；第二，在办公市场和微软 Office、谷歌三分天下；第三，拥有成熟的商业模式。

在葛珂带领着 WPS 业务在移动端不断发力的日子里，整个金山集团的子公司都在各自向前狂奔，其实到了 2013 年这个时间点，由傅盛带领的金山网络，因为在移动互联网领域成功实现了一些突围，已经成为其他子公司的榜样。号召各个子公司在集团内部学习金山网络的说法，成了一种常见的声音。

灵光乍现：一个新的可能性

其实，傅盛是在极其困难的情况下才突破了合并之后的重重困境并找到自己的方向的。

从 2010 年年底到 2011 年年底，和任何一家经历合并的公司一样，傅盛在可牛和金山两家公司合并后经历了一段比较痛苦的时光。金山一直以来有一种"兄弟抱团打天下"的文化，而这种文化对初来乍到的傅盛和徐鸣来说，冲击非常之大。因为傅盛的可牛团队原来就很小，而他合并的又是有着几百号人的金山安全业务，所以可牛与金山的合并是一个典型的"蛇吞象"式的并购。最开始，大家无法理解这个合并的必要性，有一些员工私下里表示："这些产品都是我们做的，就算战死也不愿意别人来接手。"可以想象，在这种情况下，新成立的公司会迎来一段几乎难以避免的动荡期。

傅盛在2010年年底刚搬到珠海定居时，就感受到了原来团队的抵触情绪。当然，这也和当时的一些业务决策息息相关。在"3Q大战"爆发之前，《金山网盾》的用户数基本就所剩无几了，在"3Q大战"结束以后，这个业务几乎已经被"打没了"。因此傅盛做出一个决定，将《金山网盾》业务直接关停，集中全部的力量来做《金山毒霸》。可以想见，这个决定引发了内部的强烈反弹，一些核心的研发人员为了《金山网盾》这个业务已经付出了两年多的时间，他们一直认为，《金山网盾》就是金山安全的未来和希望，而傅盛停掉他们的核心产品就是卸磨杀驴。一些中层找到了傅盛，很不客气地对他说："其实互联网在哪儿干都是一样的，为什么你觉得北京来的就会比我们强呢？"一些老员工在私下里讨论时认为，他们在金山已经工作了5年甚至10年以上的时间了，本来也是有机会像西山居的员工一样参加管理层持股计划的，但是没有想到，公司最后被一个外部团队接手了。

在那段时间里，徐鸣遭遇了有生以来第一次的抵抗。一些事情他想不明白："我们明明是来帮助公司渡过难关的，为什么有那么多人表示反对？"他说自己那段时间非常痛苦，正是在这段时间里，他第一次在网上看到了哈勃望远镜拍到的照片，从此开始通过仰望星空来寻找情绪的出口。

在那段时间里，不服气、害怕被边缘化、恐惧感、不公平感等问题集中爆发了。"有人说我在金山内部展开了清洗。"傅盛说。在这段祸不单行的日子里，外界也充满了各种真假难辨的噪声，竞争对手用了各种各样的方式在网络上描述着一个"傅盛是如何被老东家开除的"的故事，可以想象，这样颇具话题性的故事一旦通过内部邮件的方式传播到网上，就有了铺天盖地的态势。在互联网上，人们绘声绘色地讨论着傅盛如何变成一名叛将的过程。傅盛坦言这段时间比较痛苦，有时候静下来想一想，他觉得有点儿恐怖，他想到，如果以后自己的女儿在网络上一搜看到的全是这些，她认为自己的爸爸就是这样的人，他该怎么办。

在内部，金山安全的团队看上去一碰即散，而外界也毫无疑问地意识到了这家公司人心涣散。傅盛一到珠海，一些竞争对手的人力资源专员就入住了金山大楼对面的宾馆，他们不断地叫人过去"聊聊天"，据说开出的条件非常具有诱惑力，有的直接能给北京一套房子的首付。

曾经从金山出走，出去创建贝壳公司的陈睿，也亲身经历了回归后的这段艰难时光。在他再次以合伙人的身份回到金山后，他感受到的并不是一种老朋友们张开双臂似的欢迎，而是一种前所未有的隔阂。他发现："以前和我关系特别好的一批人，因为我空降回来了，反而感觉很陌生。就连和我关系最好的一个人，因为'陈睿要回来负责研发'这个传闻，和我的友谊也濒临破裂。"

原来金山人是有情绪的，陈睿恍然大悟。

从那一段时间开始，雷军在金山内部的各个会议上讲述他是如何认识傅盛的，以此鼓励团队之间的融合。有的时候，他也会和个别金山网络的核心高管打一通很长的电话进行深度沟通，做做他们的思想工作。

为了稳定人心，傅盛不断地在内部做着各种尝试，也在激励方案上做出了一些分配。尽管当时金山网络的估值不高，一股只相当于一块多的港币，一些高管觉得这些股票其实不过就是一堆废纸，但傅盛还是给很多骨干发了上百万股的股票，他鼓励大家："未来这些股票至少值 1 000 万元。"他说，一家公司能不能重新起来，其实主要还是看团队。所以大家应该拧成一股绳重新把这家公司干一遍，当作创业来干。

为了保住珠海的核心力量，傅盛和金山的老员工展开了一对一的长聊。有一次在饭桌上，他和陈勇喝了十几瓶啤酒，直接把自己喝到不省人事。在人心如此动荡的时刻，他对陈勇说："希望你还是能够留下来，帮我一起为金山打一个翻身仗。"后来陈勇知道，这是傅盛有史以来喝得最多的一次，他已经突破了自己的历史纪录。

在这之后，陈勇花了很多精力去处理两家公司在合并过程中的冲突，让研发团队的流失率保持在了一个不高的水平。陈勇说，如果当时的团队不主动选择合并，任凭双方的冲突这么发展下去，从珠海金山出走的人应该会更多，因为一般来说，蛇吞象式的合并很难成功。当时的金山人普遍认为，金山的研发实力强于可牛，瘦死的骆驼比马大。而陈睿认为，其实是金山当时危在旦夕的状态最终让所有人放下了成见，把挽救业务放在了第一的位置。大家心里知道，只有生存下来，这场改革才能成为一个故事。

在剧烈的调整进行之际，傅盛对公司的产品做了聚焦，基本上的定调就是——砸锅卖铁做毒霸。在这个时期，腾讯对金山网络的投资成了《金山毒霸》的生存底气。2011 年 7 月 7 日，金山网络接受了来自腾讯 2 000 万美元的战略注资，这个消息给合并后的金山网络带来了巨大的信心提振。大家知道，腾讯给金山网络带来的不仅仅是资金上的加持，其实更多的是资源上的助力。当《金山毒霸》能够在腾讯的平台上获得开放接口时，金山网络就可以借助腾讯的流量获得突飞猛进的增长。其实从"3Q 大战"之后，腾讯就开始对一些安全企业进行投资"加注"了，以便其在一定程度上能在安全这个领域进行市场话语权的平衡。陈睿说，腾讯的这笔注资其实是金山网络团队没有散掉的重要原因，因为大家看到了希望。

从 2012 年开始，《金山毒霸》拥有了一个新的名字——《金山毒霸猎豹版》，而猎豹浏览器其实就是在这样的情况下顺其自然地诞生的。当《金山毒霸》的用户量超过 3 000 万时，用导航模式创造收入成为流量变现的第一步。这一年，傅盛启用了给小米手机做第一代 MIUI（米柚）设计的 Rigo Design 工作室，让号称"大师"的设计师朱印帮助他设计猎豹浏览器的界面。傅盛还为浏览器选择了一款黑色的皮肤，让它看起来和其他浏览器不那么同质化。

可以说，2011—2012 年，是傅盛带着金山网络忙着生存的一年。自从 PC 端的收入开始稳住之后，雷军就经常和傅盛说同样的一句话："你现在要开始想想，你在移动端的策略是什么？"而这样的问题总是让傅盛一时语塞。

其实，傅盛也一直试图在移动端进行突围，但是他逐渐意识到了一个问题，这场仗比 PC 端要难打得多。在一段时间内，无论是傅盛、徐鸣还是陈睿，都在公司的战略层面陷入了长久的迷茫之中。因为他们清晰地意识到了一个残酷的现实，那就是，即便金山网络有了腾讯的资源加持，他们现在也打不过《360 安全卫士》，这和进入市场的时机有关。当 360 在免费杀毒领域已经成功占领了人们的心智时，第一名会和第二名拉开很大的距离。而在移动端，《QQ 医生管家》和《360 手机助手》两大巨头长期把控着手机卫士前两名的位置，这让金山一时间很难拥有自己的一席之地。

在很长一段时间里，傅盛和团队其实一直都在苦苦思索金山网络下一步的策略是什么，可是大家讨论了很长时间也没有明确的方向。那段时间，傅盛一方面天天盯着来自《金山毒霸》和猎豹浏览器的收入，另一方面让陈睿去做几款小游戏"养家"，但是，大家只要一开战略会就很苦恼。在移动端，小米的性价比模式确实非常具有杀伤力，但金山网络自己的产品本身就是免费的，这时候还能有什么更好的策略呢?

时间就这样不知不觉来到了 2012 年的夏天。这一年,金山网络受邀去美国参加一个叫作 MWC(世界移动通信大会)的安全会议展,这一次,金山网络的 5 个副总裁将一同飞往美国。在飞往硅谷的国际航班上,傅盛和陈睿坐在一起再次讨论起了公司的战略问题。陈睿对傅盛说:"我们现在就是一个小破公司,能力有限,《金山毒霸》虽然让我们活下来了,但是我们很难打过360,因为时间点已经不存在了。浏览器这个产品我本来觉得不应该做,但是现在做也就做了,我觉得我们不能再草率地做第三个决定了。凭我们现在的实力,就只有一次出牌的机会了,如果第三次再出错牌,我们恐怕就完了。"

在这一次飞行时间长达 13 个小时的航班上,傅盛和陈睿达成了一个共识,金山网络如果再做业务,一定是在《金山毒霸》和手机卫士以外的领域做一个新的东西出来。不管怎么样,大家以后要沿着"Think Different"(非同凡想)和"Think Big"(野心勃勃)的思路去发展。在这场长谈里,两个人甚至天马行空地思考到要不要进入内容、动漫产业等问题,甚至想到了去学习迪士尼做文化。

那一次的美国之行给傅盛、徐鸣和陈睿都留下了极为深刻的印象。当时大家都处在一种创业的状态,连易拉宝都是傅盛穿着西装自己扛到 MWC 会场的,他说:"打车太贵,咱们还是走到地铁站吧。"整个过程都显得有点儿狼狈,开完会之后,5 个副总裁也是住在黑人社区一家每晚 50 美元的小酒店里。傅盛对那个酒店至今都有深刻的印象："酒店的电梯就和电影《泰坦尼克号》里的一样，有一个铁门需要用手拉开，然后你会听到'砰'的一声。到了酒店房间里面你打开窗户，隔壁的人在电视里放的什么歌你都可以听到。"

在开完会的夜晚，5个副总裁买了几瓶啤酒坐在路边一起聊天，聊天的内容依然离不开公司的战略，在国内市场如此焦灼的情况下，大家都有点儿找不到方向，内心的痛苦可想而知。那天晚上，大家的一个主要的话题就是，怎么才能让自己不那么痛苦。而这个话题总是无疾而终。在谈话间，大家顺势谈了一下初次来到硅谷的感受，在5个副总裁中，有4个人都是第一次来到美国，大家对看到的一切都印象深刻。偶尔，大家也会打开当地的手机App（应用程序）商店，看看什么样的应用在美国最受欢迎。最后大家发现，排名最靠前的居然是几个个人作者。傅盛忽然想到，如果个人作者依靠单打独斗都能在美国市场做出这样的成绩，那为什么金山不行。

也许是喝多了借着酒劲的原因，傅盛对大家说："也许国际化是一个好的机会。"于是，几个副总裁七嘴八舌地展开了讨论。语言不通，文化不同，如此大的隔阂，中国公司在越南、印度也许行，但在美国，这件事真的很难。

不得不说，尽管大家当时毫无思想准备，但是这对于金山网络是一个灵光乍现的时刻。在那个时间点，大家忽然感觉在冥冥中发现了一个新的可能性。对在国内几乎没有太好出路的金山网络来说，海外也许是一个破局的机会。陈睿当时在金山网络负责游戏业务，他清楚地知道，他们的对手360就连做游戏收入也是很高的，因为它可以通过页面游戏带量。让金山走出环境逼仄的国内市场，也许就是一线生机。

金山网络出走海外的故事就是以这个时间为起点的，但是它依然经过了复杂的决策流程。在2013年3月中旬，雷军正在北京参加全国两会，马化腾正好也在。傅盛找到两位金山网络的大股东一起商量公司的战略。傅盛说："金山网络去打海外市场，本来是想通过直接购买当地成熟产品的方式，但是经过了几个月的努力之后，那个产品没有谈下来，现在我觉得，我们自己做也能做起来。"

尽管当时"走出去"还没有成熟的赢利模式，但是两位投资人都同意了傅盛的想法。雷军对傅盛说："我觉得这个模式未来应该很有前景，要做你就做到50亿美元的规模。"

2013年，傅盛开始带领他的团队全力以赴地奔向海外市场。这段时期，为了保持低调，傅盛从未在任何一次公开演讲时提到过金山网络正在进行的海外战略，百度上一条与此有关的消息都找不到。那段时间，关于傅盛是不是一个"叛将"的讨论还是一如既往的热烈，它成了媒体记者们津津乐道的话题。依然有一些记者喜欢在采访傅盛时问出同样的问题："金山网络是不是巨头之间相互制衡的一颗棋子？你们是不是腾讯的马前卒？"而傅盛对这些提问总是尽量做出礼貌性的回答。

很快，金山网络的海外业务就要起飞了。谁也没有想到，金山网络后来成了几家子公司里最先崛起的那一个。

云：一个崭新的赛道

2011年下半年，在金山的三家子公司分拆得差不多之际，雷军一直在思考一个问题，那就是在整理金山既有业务的同时，能否再为金山开辟出一个面向未来的业务，他希望新的业务可以在移动互联时代更具有广泛性，让金山在未来10年的竞争中真正脱颖而出，这是雷军对于"再造金山"这件事情思考最多的一点。而这意味着金山必须进入一个全新的赛道，勇于承担一些不确定的风险。在金山的董事会经过多轮内部讨论之后，雷军看到了一个方向，那就是——云。

当时张宏江刚刚加入金山不久，作为微软出来的科学家，他知道微软的高管其实从2007年就开始讨论云了。而雷军早年做卓越网，一直对亚马逊的云战略非常关注，他也目睹了阿里云如何在中国进行最初的布局。尽管在当时中国互联网界的讨论中，并不是每一个巨头都想清楚了云的未来，但是在金山这段时期的内部讨论中，大家都认识到，其实云的未来就是移动互联网的基础设施建设，相当于日常生活中的煤、水、电、气、热。当移动互联网发展到一定阶段时，云将成为每一家互联网企业甚至传统企业必须使用的一项服务，而这个趋势从云业务在美国的发展路径就可以推断出来。

云业务在美国最初发轫于亚马逊。一直以来，亚马逊作为一家零售商面临着季节性的问题。在美国每年的销售旺季11月和12月，亚马逊的流量和收入都会大幅飙升，但是在销售旺季结束之后，公司购买的大量服务器往往就会被闲置起来，而这造成了极其严重的成本浪费。在 2000—2003 年全球互联网泡沫时期，亚马逊为了高昂的服务器成本每年都要烧掉大约 10 亿美元的资金，这几乎要将亚马逊带入破产的困境。到了 2006 年，贝佐斯开始思考，既然亚马逊每年有 46 周的时间服务器都是过剩的，那为什么不能把它们租给其他公司呢？这就是亚马逊推出存储服务的开始，也是云服务的前身。

亚马逊公司的传记《一网打尽：贝佐斯与亚马逊时代》记载："2006 年 3 月，亚马逊推出了简单存储服务，允许其他网站和开发商在亚马逊的服务器上存储计算机文件，如照片、文件或视频游戏玩家个人资料。这个服务起初孤零零的，有点被大家忽视了——就像一段未完工的围墙。上线一个月之后，服务中断了9 个小时，但外界几乎没有人注意。几个月后，弹性计算云推出了公开测试版，允许开发者在亚马逊的服务器上运行自己的程序。亚马逊在美国东海岸向顾客开放了第一批服务器，结果开发商们飞快地涌了进来。"[①]

后来，这个服务被亚马逊命名为 AWS（Amazon Web Services，亚马逊云科技服务），亚马逊因此成为全球第一家推出云服务的厂商。事实证明，这演变成了一种全新的商业模式。

美国作家布拉德·斯通在《一网打尽：贝佐斯与亚马逊时代》里阐述了贝佐斯自己对云服务的想法："AWS 能立刻吸引创

---

① 布拉德·斯通 . 一网打尽：贝佐斯与亚马逊时代［M］. 李晶，李静译 . 北京：中信出版社，2004.

业公司的部分原因是它的商业模式。贝佐斯将网络服务视为电力事业一样的东西——允许客户只支付给他们使用费，且可以随时增加或者减少他们的消费。"我所知道的最好的比喻就是电网，"贝佐斯说，"假设你回到100年前的过去，如果你想使用电，你必须建立自己的小发电厂，而许多工厂确实这么干了。但是电网一出现，他们就立刻抛弃了自己的发电机，开始购买电网的电力。我这个类比只是想让大家明白，这就是计算机基础设施正在发生的事。"①

谷歌董事长埃里克·施密特说，他早就发现，每家他见过的创业公司的创始人，好像都告诉他正在亚马逊的服务器上建设自己的系统。"突然间，到处都是亚马逊，"施密特说，"如果每一家利润快速增长的公司都建立在你的平台上，那么巨大的收益将随之而来。"2010年，谷歌发布了自己的云平台。施密特说："这些卖书的人研究了计算机科学，他们分析数据并创造了一种意义非凡的东西。"

看到了亚马逊在云业务上的快速发展，微软也于2010年推出了一项叫作 Azure 的服务。刚开始，Azure 只是微软云服务的支柱平台，后来，这个服务被扩大了，包括最初使亚马逊备受欢迎的基础架构服务。这个业务的诞生在微软并非一帆风顺，在 Azure 最初出现时，微软的 CEO 史蒂夫·鲍尔默其实很反对这种软件即服务的理念，因为他担心这种做法会挤压微软占统治地位

---

① 布拉德·斯通 . 一网打尽：贝佐斯与亚马逊时代 [M]. 李晶，李静译 . 北京：中信出版社，2004.

的办公软件的优势和收入。在当时，微软 80% 的运营收入其实还是依靠 Windows 与 Office 两大业务支撑。不过最终，鲍尔默被大家说服了，他对微软的同事发出了"全力以赴"的呼声，并号召全体员工推动微软转型为一家成熟的云计算厂商。

张宏江说，在他离开微软时，微软内部其实已经对云计算业务发出了"All in"的口号。多年在微软担任高管的张宏江一时间不知道"All in"这个英语词组的出处，他还专门去查了一下这个词组的来龙去脉。后来他才知道，"All in"其实是一个赌桌上的概念。当人们把所有的筹码推到赌桌上一次性下注时，结果只能是全赢或者全输。这个动作在英文里被称为"All in"。

事实证明，云计算后来给亚马逊带来了巨大的收益。虽然当时的亚马逊并未公布 AWS 业务的销售数字，但它"被普遍认为是亚马逊财报中'其他'类别中营收最大的一项业务"。而美国的一些分析人士预测，AWS 部门的毛利率将达 50%，高于亚马逊 22%~23% 的毛利率水平。在 2010 年之后，谷歌和微软等巨头的入局，也给云这个市场带来了越来越多的竞争。

随着云业务的不断发展，中小企业也成了云服务的受益者，云业务甚至成了催生科技创新的方式。因为"亚马逊廉价且易于访问的网络服务使成千上万的互联网创业公司更易于创新——一些公司甚至没有这项服务就不可能成功。有了云服务，创业公司不再需要花费他们的投资去购买服务器并招聘专业工程师来运营"①。

---

① 布拉德·斯通.一网打尽：贝佐斯与亚马逊时代［M］.李晶，李静译.北京：中信出版社，2004.

在中国，最先涉足云计算行业的互联网企业是阿里巴巴。当时间走到 2009 年，此时的阿里巴巴已经拥有了强有力的电商业务和高频的支付场景，随着业务的不断发展，为了解决稳定、快速、高并发的基础架构问题，阿里云应运而生。在中国市场，人们已经看到了云这种业务开始被大家广泛讨论。

此时，在金山办公的发展过程中，WPS 团队也看到了云业务的方向。在 2010 年前后，为了配合用户在使用 WPS 软件过程中存储文件和资料的需求，WPS 发布了一项叫作《金山快盘》的业务，其定位是个人云的数据中心，它能让用户在使用 WPS 的过程中进行网络存储、资料同步以及内容共享。《金山快盘》从 2010 年公测到 2011 年 9 月，其用户规模已经超过了 500 万，可谓发展迅猛。但是，在运营这项业务的过程中 WPS 团队发现，云是一项非常烧钱的业务，这样持续扩张下去肯定会让公司严重亏损，要想发展这项业务，必须依靠外部融资来支撑自身的发展。这个时期的个人云业务已经开始面临竞争了，很多巨头公司都推出了个人云存储的业务，这让《金山快盘》的处境越发艰难。金山办公的团队后来做出计划，将《金山快盘》这个业务剥离出来，单独进行融资。根据葛珂的回忆，当时他已经找到了 IDG、红杉资本等诸多投资机构洽谈融资细节。就在此时，金山集团进军新赛道的计划被董事会通过了，而这个赛道就是云计算。为了给新的公司奠定业务基础，金山集团的董事会决定，将《金山快盘》业务剥离出金山办公，集团将以这块资产为核心打造一家金山旗下的全新子公司——金山云。这家公司将是金山集团的第四家独立的子公司。

在做出这个决定的前后，雷军多年的好友王川此时还没有成为小米的联合创始人，他也会经常和雷军讨论一下金山的业务，甚至有好几个月，他还每天到金山办公室来协助雷军管理。有一次，雷军、王川和张宏江三个人聚在一起谈论云计算业务的未来，王川对张宏江说："这么复杂的业务，肯定得你亲自上了。"张宏江也表示了认同，他此时的想法是："云的未来已经很清晰了，只不过能不能做成，就要看我们的运气和本事了。"

2012年1月，金山云正式成立。小米科技成了这家新公司的天使投资人，投资额度为182万美元，张宏江作为集团CEO兼任了金山云这家公司的CEO。为金山云寻求A轮融资，就成了张宏江的第一个任务。

张宏江至今还记得他去一个酒店找全球知名投资机构DST的创始人尤里·米尔纳谈融资的样子，一进屋，他就看见米尔纳笑眯眯地坐在沙发上，显得轻松随意。张宏江向他解释了金山云的构想，他对米尔纳说："不要说通用的云计算业务了，只是'金山＋小米'这个生态，就能支撑起一个规模相当大的云存储。"米尔纳当时笑而不语，后来，他找雷军做了一轮深度的沟通。一年前，正是因为看好小米的商业模式，米尔纳成了小米的早期投资人，后来，正是他给出了小米100亿美元的估值。

尽管拖延了几个月，来自DST的2 000万美元的A轮融资终于尘埃落定了。张宏江将很大一部分精力都投入到金山云的运营，他甚至把自己的办公室——集团所在地的5层搬到了金山云所在的 3 层。刚开始，金山云还是将具体的方向聚焦到了个人网盘和存储业务之上。可以说，这段时间金山云进入了一个非常极致的"筑巢引凤"的阶段，张宏江找来了微软原来的一名人力资源总监刘怡蕾加盟金山云负责招聘工作。后来，很多入职金山云的高管都对那段时间记忆犹新，他们不约而同地重复着同一句话："从业这么长时间以来，从来没有见过如此执着的人力资源团队。"

外界对于金山敢于进军需要如此重兵投入的一块业务感到惊讶。看上去，雷军回归不过几个月的时间，金山又变成一家"胆大包天"的公司了，其实这正是雷军某种性格的体现。他深知一家企业太过保守的危险，同时也知道不理性和过于激进的后果。然而，如果一件事情在相对理性的条件下存在冒险的空间，他就愿意去尝试和创新。对做云这件事来说，它其实很符合雷军做公司"战略先行"的理念，在雷军的理念里，企业一定要能够看五年、想三年、认认真真做好一两年。就像是一颗种子，你必须先种下去，才能期待有一天它长成参天大树。

此时此刻，小米这家公司正在以一骑绝尘的姿态在中国的手机市场上独自狂奔。2012 年，小米的营业收入已经达到了 126 亿元人民币，而到 2013 年，小米的营业收入又达到了 265 亿元人民币，一年增长了 110%。到 2013 年 8 月，小米已经成了一家估值 100 亿美元的公司，这是一个令人惊叹的成长速度。小米公司的传记《一往无前》里记载："这是一家以火箭一般的速度在成长的公司。"此时，"小米＋金山"的生态系统，或者说，整个中国移动互联网产业的崛起，已经给金山云这家公司的起航奠定了一个完美的起点。

吉姆·柯林斯在《基业长青》中告诉人们，其实优秀的公司都勇于投身"胆大包天的目标"。这种目标像攀登高山，像登陆月球，可能令人畏惧，也许风险很高，但是其中的艰险、刺激和挑战吸引勇气，使它们活力迸发，并创造出巨大的前进动力，在历史的关键时刻奋勇超越。

对金山云来说，一个历史的关键时刻已经到来。

第四章
"3+1"模式："要全面进攻，不要防守"
——
鲶鱼效应，释放100%潜能

金山网络："走出去"

2012年2月22日，金山宣布了独立子公司金山云的成立。由此，雷军对旧有金山集团的改造已经全部完成。在资本加持、战略转型、子公司化、孵化新业务等一系列大开大合的改革完成之后，4家子公司终于破茧而出。至此，金山集团形成了"金山办公、金山网络、西山居游戏＋金山云"的"3+1"模式。现在，每一家子公司都正走在突破既有业务局限、聚焦进军移动时代新业务的道路之上。

在这些分拆和改革完成之后，2012年，雷军花费大约1亿港元购买和行权了金山的股票，这是他用实际行动对自己回归金山的一种表态。

此时，雷军和集团CEO以及子公司的CEO也逐渐找到了一种相对默契的沟通方式，那就是——子公司的CEO在一线寻找业务方向，再到董事会层面汇报沟通和头脑风暴，然后由集团把握大方向，最后做出批准与否的决定。可以说，这样的决策机制基本上以子公司提出业务方向为主，这是让子公司 CEO 比较舒服的一种模式，因为这样的决策机制给予了他们很大的空间。而释放子公司的生命能量，正是雷军实施金山改革的目标之一。

在各个公司各自独立之后，团队的调整不可避免。各个子公司的 CEO 会根据业务的变化做出更符合自身需要的组织结构调整，调整的整体风格就是让公司小团队化，管理上也更为扁平。对西山居来说，邹涛将之前的以平台为中心改成了几大中台支持之下的游戏制作人制，将游戏制作人的话语权提到了最高的地位。此时，游戏制作人更像一个产品小组的研发负责人，全权对游戏的品质负责。对金山网络来说，傅盛也对团队做了简单化的管理，将当时的研发一部、研发二部打散成十几个产品小组，让每个小组聚焦在自己能形成闭环的事情之上。总体来说，各个子公司的管理结构都为更轻、更快地作战做出了变化，一改以往层层叠叠的体系。

雷军后来说，4 家子公司的业务方向虽然完全不同，但分拆之后几家公司还是形成了一种你追我赶，看看谁能先做成、谁能做得更好的心理。大家不但要进行外部的市场竞争，分拆在集团内部也形成了一种鲶鱼效应，被激发出来的好胜之心让几个年轻的 CEO 都释放出了 100% 的能量潜力。

在 4 家子公司里，金山网络在国内面临的竞争最为激烈，但是恶劣的生存环境也造就了这家公司最为强烈的求生欲望。

在竞争对手牢牢把控 PC 安全市场 80% 的份额，金山网络的手机卫士也无法在国内获得突围的情况下，傅盛提出了金山网络要开辟海外战场、主攻欧美的方向，去做"国际市场上的 360"。雷军在同意这个大方向之后对傅盛说，"要做你就做到 50 亿美元的规模"，这给了傅盛巨大的心理支持。其实当时提出要做海外市场，很多公司的兴趣都不是很大，大家觉得去做越南市场可能还不如好好把河南市场做大容易。即便真的决定去做海外市场，一般公司也只集中在新加坡、日本、韩国等国家，很少有像金山网络这样直接决定去美国的。傅盛后来非常感慨地说："我们在决策层面是非常简单的。"

尽管在 2012 年下半年金山网络就有了"国际化"这个大的方向，但大家还是感觉"走出去"的前景比较模糊。傅盛知道，一家毫无经验的创业企业想要"出海"绝非坦途。其实第一次到了美国以后他就发现，硅谷的人力资源成本是非常高昂的，很多创业公司都只有 2~3 人的样子，一家 40 人的创业公司就算规模很大的了。另外，两个国家的科技环境差别巨大，如何将战略落地还显得非常遥远。此时傅盛最想弄清楚的一件事情就是，中美两国的应用开发水平到底有什么差别。

从 MWC 安全会议回来之后，傅盛先后几次组织全体中高层去美国学习调研，邀请不同创业公司的美国工程师和开发者一起聊聊安卓的开发。这样的交流让傅盛一时间有了新的认识，他发现，美国工程师讲解的技术中国工程师完全能够理解，中国工程师能够做到的研发水平也并不处在下风，甚至有一个折叠菜单，金山网络的工程师做得还更好一些。后来大家得出了结论，目前中国和美国的应用开发已经处在了同一个水平线上，如果说以前开发这件事情在中美之间是有代差的，那么现在，这种代差已经消失了。对一个想要进军海外科技市场的中国创业公司来说，这真是一个让人暗自欣喜的发现。

2012年年底的一天，傅盛把CTO徐鸣和CMO（首席营销官）刘新华叫到了办公室里，他对他们说："你们俩去美国吧，把国际化的方向先弄清楚，另外先在美国找一个办公室租下来，要是搞不定就别回来了。"

就这样，徐鸣和刘新华突然被"发配"到了大洋彼岸，去做一件他们完全没有经验的事情。那时这两个人其实都没怎么到过美国，从飞机上下来基本是两眼一抹黑。两个人住进了一家叫作Mayflower（五月花）的餐馆旁边的汽车旅馆里，每天只需要几十美元的费用，一住就是一两个月。那一年刘新华还不会开车，徐鸣刚刚拿到驾照。徐鸣的英语张不开口，刘新华的可以基本沟通。因此两个人做出了这样的配合，徐鸣给刘新华开车，刘新华给徐鸣当翻译。每天晚上，徐鸣在幽暗的酒店房间里研究美国智能手机上的App，做各种统计分析，给App的作者发邮件联系，在那个安卓生态还非常原始的阶段，和他们取得联系并不是一件很难的事情。联系好之后，每天早上8点，两个人准时从汽车旅馆出发，拜访硅谷的各路英豪，每天都在排得密密麻麻的日程表里完成这样的工作——问路，拜码头，找办公室，找孵化器，找律师，找合作伙伴，思考产品的思路和打法。据徐鸣回忆，这段时间是他开车最多的一段时间，经常东南西北地在整个加州转悠。一个月之后，他们已经对硅谷的每一个城市都了如指掌，到了开车去哪儿都不需要导航的地步。2013 年，刘新华已经在北京和硅谷之间往返了 7 次，山景城成了除北京以外他最熟悉的城市。

在硅谷，当人们听到一家从未有过任何海外市场经验的中国公司要来美国时，都发出了一些看衰的声音，他们认为，这件事情的难度还是太大了，大多数人还持有一种很强的偏见，中国工程师不可能做出符合美国用户体验的产品。一些人拿出前车之鉴告诉徐鸣和刘新华："很多以前在硅谷开办公室的中国公司都失败了。这里的人力资源成本太高，一个刚毕业的优秀学生的起步年薪就要 10 万美元。"

还有人对他们的勇气表示感叹："进入一个市场，面临的是通天塔一般的沟通环境。中国与美国的法律和文化截然不同，如何远程管控当地的分公司是任何一家进军海外的公司最头疼的问题，稍有不慎就会满盘皆输。"

还有的人举出了具体的案例——"当初有一家公司在硅谷大肆招兵买马，准备在美国大干一场，后来人们在出了机场的 101 公路上都可以看到它的广告。但这家公司折腾半年就回家了。"

尽管看上去似乎困难重重，周边的反对声也此起彼伏，但是亲临一线的徐鸣和刘新华在美国看到的和感受到的与之截然不同。在徐鸣看来，此时美国 App 市场的整体先进程度并不如中国，在中国已经涌现出了像小米这样的平台，有了MIUI，开发的热潮已经开始了，App的竞争也开始趋于白热化，然而在美国，这种竞争似乎还处于一个非常早期的阶段，金山网络面前是广阔天地，大有作为。那段时间，徐鸣和傅盛几乎每天都在进行着实时沟通。"几乎每次拿起手机，都会和傅盛聊两句。"徐鸣说。

回国之后的徐鸣和刘新华向傅盛和董事会汇报了他们的想法。经过一个月排山倒海似的调研，他们一致认为，金山网络想要在国际化的方向上取得胜利，就必须单点切入和找到纵深。在进入一个陌生市场时，企业只有找到一个攻克人们痛点的产品，集中所有的力量打在一个单点上，然后在此基础上快速迭代，才有可能形成产品的爆发力。其实这正是"互联网七字诀"里的"专注"二字所讲述的内容。徐鸣甚至给傅盛列好了几个业务方向，建议公司进入海外的工具、安全等领域。

通过这种打法，金山网络可以利用自身研发的优势，不用在海外布下重兵，就可以给全世界带来一款很棒的工具软件。其实，这和傅盛熟悉的国内互联网的扩张路径非常类似。而且，单点突破、逐步放大这种节奏，也大大降低了一家企业在刚刚进军海外市场时就撞得头破血流的可能性。

由此，金山网络的管理层对于如何做好海外市场基本上形成了一个稳定的认知，先找到一个无比锋利的单点切入，然后快速更新迭代，同时保持低调，防御巨头的反攻。另外，为了聚焦，金山做国际化要先从Google Play这个安卓上最大的应用市场开始，其他市场全部忽略不做，也不考虑手机预装。

在研究了美国的应用商店以及移动软件排行榜之后，傅盛曾经一度希望通过收购的方式迅速切入美国市场，以便节省开发时间。经过一番寻找，大家还真的发现了一个适合收购的标的——这是一个叫作 MTK 的 App，当时在 Google Play 工具类软件中排名第二，开发者是一个个人。这款软件的核心在于帮助用户清理不必要运行的程序进程，加快手机的运行速度。就这样一个凭借一己之力做出的产品，在美国竟然拥有几百万的用户量，一个月大概有 50 万美元的收入。它应该是金山网络在美国很好的起步基础。当人们辗转找到了这个软件的开发者时，发现他是一名来自中国哈尔滨的程序员，以前在用友软件工作。

傅盛没有想到的是，在金山网络表达了对 MTK 的收购意愿以后，他们和开发者的交涉竟然会长达一两个月的时间，哈尔滨小伙子从 500 万美元开始抬价，一路报价到了 800 万美元，之后还说要回家和太太再商量一下才能确定，最后，他对金山网络提出了现金结算的要求。这一切都让傅盛非常崩溃。

最终，金山网络还是放弃了这次收购，决定自己进行开发。团队最先尝试的是两个方向，一个是《电池医生》，另一个是海外手机版的《金山卫士》。这两个方向都是基于国内既有产品演化出来的海外版。

在从 PC 端转型到国内的移动端市场时，金山网络的工程师做了一个面向国内用户的工具，叫《电池医生》，在智能手机刚刚崛起的时代，手电掉电快一时间成了人们的痛点。金山的工程师们研发出来的这款软件，可以帮助用户做电池电量的监控，也可以优化硬件的配置，让手机深度省电。人们只需要按一下省电的按钮，就可以一键关闭耗电的应用。这款产品发布以后反响不错，在国内慢慢形成了几千万用户的规模。当公司的战略开始向海外转变时，工程师们将《电池医生》开发成了英文版开始进行试水，结果发现下载量也相当不错。这是金山网络出海尝试的第一款产品。

而做海外手机版《金山卫士》的团队最初只有 4 个人，这是一个早先几乎被傅盛砍掉的团队，位居珠海。最开始，这个团队做的产品其实是海外 PC 版的《金山卫士》，当时团队向公司承诺，产品的日活跃用户数量要做到 100 万。结果到 2012 年年底，这款产品铩羽而归，日活跃用户数量只有几万。海外用户对这款产品的反馈是，功能太多了，太复杂了，不太好用。为了符合用户的需求，团队后来对产品做了一次简化，只保留了一个"开机加速"的功能。没有想到，这个改变很快就获得了正面反馈，后来在 PC 端获得了近百万用户的下载。因此，当这个团队开始转向移动端的时候，他们吸取了在 PC 端的经验，也采用了极简思路。当工程师们发现"清理"这个词在谷歌的搜索系统里比较受欢迎时，就把原来产品中做清理的模块拿出来，单独做了一款叫作《清理大师》（Clean Master）的 App。

这款在公司内部被很多人评价为"界面丑陋无比"的产品后来获得了意想不到的成功。《清理大师》在没有使用任何资源推广的情况下，像一颗静悄悄发芽的种子，在 Google Play 排行榜上枝繁叶茂地成长了起来。这款可以帮助用户扫描手机里的各个角落，将无用的垃圾文件和浏览记录清除干净的小小的工具软件，可以说填补了海外市场上的一个空白。公司副总裁陈勇记得，这支只有 4 个人的小团队做出来的产品，每天的下载量竟然能够超过 1 万。而在国内做手机版《金山毒霸》的团队有二三十人，做出来的软件日下载量也只有几千。

这是傅盛过往的经验让他的商业判断灵光一现的时刻，他马上就让手下的工程师整理了一下具体的数据，发现《清理大师》上线的第一天就达到了 1.5 万的下载量，第二天也有 1.2 万的下载量，但是《电池医生》此时的下载量只有几千。在做了一些分析以后傅盛发现，其实在 Google Play 的工具类应用里，前 100 名就没有什么大公司，但是人们对工具软件的需求很强。这让傅盛突然意识到，"清理"可能就是团队成员们所期待的那个能够往前突破，继续扩大纵深的机会了，也许，这就是那个破局点。

为了把"清理"这个边缘市场做成核心，傅盛让金山网络副总裁陈勇把 20 多名在珠海做研发的员工软磨硬泡地调到了北京，开始了新一轮研发力量的排兵布阵。此时，为了把"清理"做好，金山网络把海外能买的流量全买了，这让《清理大师》的下载量持续激增。最夸张的一个例子是，傅盛用市场价格的两倍购买了率先出海的 3G（第三代移动通信技术）门户网的全部广告。过了一段时间后，傅盛还会让购买流量的团队稍微停一停，观察一下它的流量能不能自然增长。可以说，《清理大师》的诞生正伴随着 Google Play 和安卓在全球范围内野蛮生长的时期，这让这款软件有了趋势的助力。尤其是在它进入了排行榜之后，用户会对它更加信赖。

2013 年年中，《清理大师》的月活跃用户数量达到了 1 000 万，《电池医生》的月活跃用户数量却有 4 000 万。按照团队单点突破的原则，傅盛知道，是时候在两款产品里做一个取舍了。从单纯的数据上看，似乎保留起步较早、用户量更庞大的《电池医生》是一个顺其自然的选择，然而傅盛认为，《电池医生》的用户存量虽然是《清理大师》的 4 倍，但是增速远远不如《清理大师》。Google Play 上的关键词排序也印证了这个趋势，当人们在谷歌上进行搜索时，"清理""杀毒""电池""系统"这 4 个词出现频次最多，代表着最普遍的需求，而"清理"是"电池"的 4 倍，是"杀毒"的 10 倍。从长远来看，《清理大师》将更符合团队最初设想的"做深、做透"的理念。《电池医生》做得再好，人们也很难把电池容量变成两倍。但是清理做好了，手机运行速度能提高两倍甚至更多，下一步金山网络还可以进入杀毒和安全领域，这是一个未来可期的事情。

2013 年 7 月的某一天，傅盛和 5 个副总裁登上了庐山，开了金山网络历史上的第二次庐山会议。第一次庐山会议，傅盛曾经做出"砸锅卖铁做毒霸"的决定。而这一次，他说服了所有人，做出了在海外"不遗余力做清理大师"的安排。金山网络将停掉其他一切项目的研发，包括《电池医生》，把所有的海外力量先集中到《清理大师》这一款产品上去，研发费用上不封顶。

陈睿后来回忆，开庐山会议的那一天，是整个金山网络的管理层自 2008 年之后第一次感到心情放松的一天，就是那种做完了某种重大的决定以后心中一块大石头落地的感觉。开完会之后，几个合伙人跑到傅盛的房间里去喝了一阵子红酒。举起酒杯的时候，傅盛说："其实吧，我就是希望我们做的产品有很多很多的人来用。"

这是金山网络非常重要的历史时刻。

WPS：移动端商业化

金山网络在海外市场上的破局成功，让其一时间成了几家公司的榜样，这段时间，各个子公司到傅盛那里去学习交流，成了一件很日常的事情。2013年，虽然金山网络还是以用户增长为主导，但是其已经开始了商业化的探索。而WPS在移动端的商业化尝试，也正是从这个时候开始的。

2011年，WPS第一次年收入过亿让大家非常兴奋，章庆元特意给全体员工写了一封庆祝邮件，告诉大家，我们真正实现了自给自足。可以说，随着时间的推移，众多国产办公软件都渐渐消失在了人们的视野中，而金山WPS最终成了唯一一款具有自主知识产权，并且能和国际巨头抗衡的国产办公软件。这是因为，一方面，WPS在最艰难的时候也没有放弃自己的梦想，一直在微软和盗版的夹缝里苦苦坚守；另一方面，国家不断加大对国产办公软件正版化的扶植，让WPS能够通过政府正版化采购得到安身立命的资格。因此，在WPS的收入版图里，B2G（企业对政府）和B2B（企业对企业）两块业务占据了最主要的部分。

WPS 个人版是从 2005 年开始对大众免费的，与此同时，WPS 也开始尝试向海外拓展，开发了很多海外版本，但是公司对这块业务并没有高举高打，也没有将它定位为公司的一个主要方向。直到 WPS 亦步亦趋地走到了移动互联网时代，雷军回归之后提出的 WPS 月对月 10% 的增长要求吓坏了负责这个业务的管理团队。做个人业务的毕晓存说："一开始收到这样的运营指标，我内心受到了很大的冲击，感觉整个人都是蒙的，因为别的还不知道，但是算一算就发现，12 个月之后，WPS 移动端用户必须实现 2.85 倍的增长。"

可以说，WPS 团队 10 年以来的合作经验让大家在强压之下没有退缩，毕晓存说，尽管以前大家在收入上感受不到什么太强的幸福感，但是 WPS 的文化一直比较抱团，这让公司在发生剧烈变化时，团队和团队之间还保持着默契的配合。WPS 团队在长期艰苦的竞争环境中形成了一个能力，就是将一个遥远的方向变成可知的 OKR（目标与关键成果法），把目标拆分出来，变成可执行的步骤。在具体到 WPS 移动端的增长时，大家解析出了一个最关键的数据，那就是——智能手机的预装量。

WPS 开始寻求月对月增长的时候，正是一名叫王晖的高管带领研发团队死磕技术细节的时间点。当运营团队要把 WPS Office 预装到智能手机中去时发现了一个问题，那就是每一部安卓设备的屏幕分辨率不同、配置不同，启动界面也不一样，因此每个厂商在和 WPS 进行预装谈判时，都会有非常多的特殊要求。如果满足每个厂商的需求，那么 WPS 势必在一些产品体验上会做得不够完美；如果坚持对产品体验有统一的品质，WPS 可能就无法适配每个厂商的要求。这是一个很纠结的过程。当时金山办公内部也发起了一些讨论，是放弃一些预装量专注打磨产品，还是全面铺开预装来满足每个厂商的独特需求。最终，大家得出了一致的结论，软件的成功势必要依托硬件，因此此时要充分和设备厂商建立良好的合作关系，满足他们的所有需求。一个软件其实最终是大家用起来的，只有装机量起来了，才能得到充分的用户反馈，有的放矢地改善用户体验。

事实证明，这个策略行之有效。办公软件在移动端是一个需求性产品，很多安卓手机都选择它作为必装软件，因此当 WPS 选择装机先行的时候，它在智能手机刚刚崛起的时代几乎获得了所有安卓手机厂商的免费预装，其结果就是在没有任何推广的情况下，WPS 移动端用户在中国市场连续几年都有 300% 的爆炸性增长。

2013 年在安卓市场逐渐取得了先发优势以后，WPS 对于 iOS 系统的研发工作也终于启动了。之前已经离职的庄湧刚刚在一年前选择回归了金山，此时他担纲了 iOS 版本 WPS 的研发重任。对于他在集团的 4 家公司里最终选择了金山办公这件事，很多人都表示有些诧异。其实，从金山离职后来又选择回归的人很多，有的人去了现金流稳定的西山居，也有的人去了势头不错的金山网络，而此时 WPS 在人们的眼里还不温不火，虽然发展不错，但当时还看不到"大成"的迹象。据说，当时大家坐在一起聊到回归金山的选择时，都会跳过庄湧这个案例。但是，出于对

WPS 的某种情有独钟的热爱，庄涌回来做了这样一个从无到有的工作。

在决定做 WPS 的 iOS 版本时，章庆元分配给庄涌两个做研发的小伙子让他去组建团队，还有两个研发人员人事部门已经面试完毕并刚刚给他们发了录取通知，其他的人章庆元说庄涌可以自己去招。其实，对于庄涌最大的挑战不是团队，而是他其实从来没有做过 iOS 的开发，第一次让大型办公软件 Office 在 iOS 上提供应用，他的心里非常没有底。在研发开始之际，庄涌的计划是用 C++（一种计算机编程语言）来做整个 iOS 的系统设计开发，但是一问两个小伙子，他们平时用的是 Java，C++ 基本没怎么接触过，另外两位刚入职的小伙子则对 Office 几乎没有任何了解。庄涌说，其实这完全可以理解，因为全中国做 Office 的人也不太多。

iOS 版本的研发可以用前途未卜几个字来形容。此时庄涌借鉴了安卓团队给予的经验——参考 PC 的内核来重写技术方案。因为没有先例可供借鉴，庄涌每晚都在扪心自问：这套开发方案到底可行不可行？如果不可行，重新开发的代价将是惊人的，这个代价不仅涉及人的成败，还有时间成本。"尽管当时并不自信，但是我还得在小伙伴面前告诉大家没问题，让大家保持信念。"庄涌说，其实这是很多团队的领导人都曾经面临过的困境。

一直到所有的代码都迁移完毕，iOS 上的第一个 Office 版本跑起来，庄涌才终于松了一口气。至此，WPS 在安卓和 iOS 的生态上，终于都有了自己的产品，从而完成了自己在移动终端的布局。让圧湧感到惊喜的是，当他们刚刚做出第一个版本的 WPS Office 在苹果应用商店上线时，就接到了苹果中国区相关负责人的电话，苹果公司希望在线下店做展示时帮 WPS 做一个推荐，这让整个团队都非常惊讶。本质上，苹果也有一套叫作 iWork 的产品，没有想到它还会注意到初出茅庐的 WPS，这像是给了整个团队打了兴奋剂一样，大家的内心感到雀跃。

当 WPS 逐渐发展到拥有了一个庞大的用户基础时，2013 年，金山办公完成了历史上的第一次融资。而如何利用庞大的用户流量实现商业变现的问题也摆在了团队的面前。此时，金山集团的另一家子公司——傅盛带领的金山网络，恰恰在这方面展现了不错的能力。出海的金山网络此时已经通过《清理大师》找到了一条属于自己的商业化道路。

到 2013 年下半年，清理大师在全球的下载量已经超过了 1 亿，日活跃用户数量超过了 5 000 万。这些下载集中在海外市场，根据 Google Play 2013 年 10 月的全球下载排行显示，《清理大师》的下载量仅次于脸书、WhatsApp（同名公司开发的智能手机通信应用程序，全称为 WhatsApp Messenger）、Skype（微软开发的一款即时通信软件）和 Instagram（照片墙），成为美国一款影响力非常大的工具软件。在这一年，傅盛开始了移动商业化的探索，以谷歌、脸书广告 SDK（软件开发工具包）来实现变现。到 2014 年，金山网络公司的重点从用户增长转移到了全面商业化上。通过广告变现，当时的金山网络每天能有 100 万美元的收入。对一个刚刚创立三年的公司来说，这个数字还是令人感到了其巨大的潜力。

当集团内部希望子公司都向金山网络学习时，金山办工的管理层也在思考，自己可否像金山网络一样，通过"流量＋广告"的模式完成在移动互联网上商业模型的闭环。在国内，毕晓存说："当看到凡是在市场上有流量的公司都可以实现商业变现时，自己的团队其实早已经蠢蠢欲动。"2013年，金山办公开始尝试在国内的WPS界面加上一些广告，走出了WPS个人版业务商业化尝试的第一步。没有想到，这个尝试让WPS广告推广第一年就有了超过2 000万元的收入。当时WPS是一个年销售额只有两亿多元的公司，这样的业绩让大家感到不可思议。当年，葛珂还给毕晓存颁发了一个CEO特别奖。

对于海外市场，金山网络的案例也给了金山办公很大的想象空间。2013年融资完成之后，葛珂开始频繁地飞往美国，此时金山办公的思路是向金山网络学习，希望在全球移动市场上购买流量做软件预装，最后和谷歌通力合作，通过广告来实现变现。为此，金山办公的CEO葛珂开始筹建在北美的分公司，在这个过程中，他有过一些极其难忘的经历，比如，2014年3月，他飞到美国后在一个宾馆里待了六天六夜都没有出门。这几天他只做了一件事情，那就是不断地进行面试。6天之后，他面试完了所有北美的员工，然后从酒店直接前往机场飞回了北京。

在国内市场，当广告业务让WPS的收入获得喜人的涨势的时候，在国际市场上，金山办公招到了14名员工，开始尝试做流量的变现。在这段"大干快上做业务"的过程中，大家渐渐体会到，金山网络走过的道路原来并不适合 WPS，如果总是想效仿别人的商业模式，那么最终的结果可能会是东施效颦。

在国内市场，当 WPS 广告业务的诞生终于让流量和业绩产生了快速的正相关关系时，团队却发现，广告会在用户使用产品时产生打扰。当用户体验迅速下降时，负面反馈也纷至沓来。大量用户在论坛上吐槽："如果 WPS 天天给我推送这么多广告，那我还不如去用盗版的微软软件。"此时公司内部也看到了问题的严重性，在开会讨论时，大家一致认为："现在负面的反馈太多了，广告推送对 WPS 这个产品来说，可能会是一道送命题。"而管研发的章庆元被员工称为一个"对产品有洁癖"的领导，他极度重视用户体验，当用户的反馈量累积到一定程度的时候，他坦言 WPS 做成这样他不能接受。此时，经过商业实战的 WPS 团队终于认识到了，用户流量的增长一定要基于用户的真实意愿而来，而不能通过诱导用户。如果一家公司过于看重商业变现，可能就会让用户自此远去。从这个时候开始，WPS 内部的考核制度开始发生了一些变化，管理层规定，凡是通过一些小工具"拉活"带来的用户量都不能算业绩，运营指标里的这些水分都要挤掉，而广告在产品界面弹出的比例也必须立刻降低。

在海外市场，经过一段时间的尝试，葛珂也发现了金山办公其实没有办法复制金山网络在海外走过的老路。2013 年，当金山网络开始做海外流量变现时，流量成本还处在比较低的水平，0.1 美元就可以做到一个软件的安装。然而当时间走到 2014 年，在美国形成一个软件安装已经需要 1 美元以上的成本了，而如果

WPS 想展示广告，获得 1 美元以上的广告收入是很难的。更何况 WPS 并不是一个简单的工具软件，它打开的频次没有工具软件高，因此它的广告展示的频率和广告效果并不能达到团队的预期。通过简单的试验人们已经发现，在 WPS 这个案例上，流量购买的投入和产出是不平等的，它意味着公司要扛很长时间的付费预装，才能把流量进一步扩充，而流量扩充回来获得的广告收入也不能支撑成本。

葛珂很快意识到了这中间存在的巨大成本差异。WPS 在海外尝试做了两个月的海外流量推广，一共投放了 140 万美元。葛珂坦言，在这个过程中，每天看到采购表格的数字时内心是慌张的。他说："我管了 WPS 那么多年，对现金流还是很看重的。当广告收入没有办法填补流量购买的费用时，表面上看这是一个财务表现的问题，但其实这是商业模式的问题。WPS 并不符合流量工具变现软件的特点。"

后来，海外推广这件事在 2014 年的某一天戛然而止，国内的广告业务也开始有意识地大幅缩减，在各种商业实践都在现实世界有了真实反馈之后，WPS 的管理层意识到，WPS 终究还是要探索出一条属于自己的商业化之路来。

在一阵相对迷茫的时期，小额支付的兴起忽如一夜春风来，让一直寻找不到商业化方式的 WPS 终于看到了一丝希望。其实在 2011—2014 年这段时期，WPS 一直都在 PC 端尝试给用户提供一些增值服务，一旦用户选择使用一些额外功能，就可以付费成为 WPS 的会员，对一直没有软件付费习惯的中国用户来说，这是一个商业化的探索。但是，在微信和支付宝没有开发出移动支付功能之前，WPS是通过银行卡扣费的方式来实现支付流程的。用户要在页面上绑定银行卡，输入自己的信息，以获得增值服务的使用。WPS负责增值业务的罗燕对这个阶段的痛苦记忆很深，她说："即便用户想付钱，他们走到支付的页面也基本都走掉了，人们在电脑页面上输入银行信息尤其是银行卡密码的时候是非常谨慎的。"

用户流失率一度成了WPS做增值业务的最大痛点。而从2014年开始，移动支付的兴起改变了互联网以及移动互联网上的付费生态。当人们通过"扫一扫"或者调取支付宝就可以实现轻松付费时，会员服务的转化量一下子获得了提升。此时，整个互联网的会员体系正在形成的早期，一个风口正在渐渐形成。

其实，这一年正是中国移动互联网发展的一个重要节点，2014年春节，"微信红包"的降生让微信支付用户一夜之间突破1亿的说法不胫而走，虽然这个数据可能被夸大了，但不可否认的是，"微信红包"的诞生成为中国移动支付的一个重要里程碑。从此，移动支付市场进入了支付宝和微信支付对弈的双雄时代。正是移动支付的兴起让更多用户的上网习惯发生了根本性的改变，很多用户在这一年从PC端迁移到了手机移动端，而更多移动支付的使用场景被挖掘了出来。

当WPS刚刚开始做会员服务的时候，只有腾讯一家有会员这种商业模式，但是金山此时开始积极调整WPS的商业模式布局。团队成员知道，提高增值服务其实更符合整个团队对WPS

产品的远期规划，因为 WPS 本质上还是一个服务型的产品，它必须为用户提供更好的服务。金山办公的管理层一致认定，在会员这个商业模式里，能免费的基础功能一定是免费的，只有当用户需要额外的功能时，他们才需要付费。

葛珂和章庆元是两个风格截然不同的领导，但是他们都给 WPS 带来了巨大的帮助。在一些管理层眼中，葛珂是从站在卫星看地球的角度来看 WPS 业务的。他不喜欢讨论诸如收取多少会员费等细节，但总是给团队成员提供一些框架性的指导。比如，在毕晓存感到迷茫时，他总是对毕晓存说，你要站在未来看现在，你要关注的是增速而不是绝对的增量，或者，你要关注你业务结构的合理性。对于团队的目标，葛珂不会很强势地给团队下压一个完不成的指标，而是希望保持团队的战斗力，做更长远的规划。人们说，在谈话中，葛珂总是能给员工一些顿悟式的指导。

章庆元作为研发的带头人，每天都和业务人员并肩战斗，他对业务细节有更详细的关注和指导。在各个业务群里，章庆元每天会准时出现，和大家讨论产品的具体功能。研发高管们也经常会在大半夜接到章庆元的电话，告诉他们某个产品功能应该如何改善。凌晨一两点，人们经常会看到章庆元正在某个业务群发起讨论：给会员的退费按钮应该放在哪里？一些产品的核心功能如何改善？这是一个事无巨细、对产品投入了百分之百关心的领导，产品更像是他的亲生孩子。很多管理层会说，章庆元是早年雷军在金山时期的储备干部，参加过很多次"干训班"（干部培训班），因此他更像是一个雷氏管理风格的继承者，很多员工甚至半开玩笑地说，他的英语可能都是和雷总学的。在某个发布会上，章庆元也站在台上说出了一些英语单词，员工们后来在微信群里发出了评论——"章总的英语是雷总的嫡传"。

在 2013—2014 年 WPS 初步探索出"增值服务转化成会员"的商业化正途之后，金山办公把优化用户体验放到了一个至关重要的位置上。从此，金山办公的商业化道路开始和金山网络反其道而行之，金山网络继续在广告的道路上一路狂奔，金山办公则开始壮士断腕，刻意压低广告的增速，以提升用户的体验为主。它甚至开始做一些屏控这样的限制，规定一个屏幕一天或者几个小时之内广告出现的次数。团队的管理层说，正是从那个时候开始，WPS 的商业流量利用率开始持续下降，而减少对用户产生不必要的干扰，通过会员给用户增加服务的厚度成了整个公司的共识。后来，WPS 是唯一一个把退费标志放在最明显位置的客户端。

在金山办公摸索适合自己商业模式的这几年，步履稍显缓慢的微软也终于走出了鲍尔默时代。苹果和谷歌的崛起给当时的微软造成了很大的压力。为此，鲍尔默在 2012 年修改了公司的使命，宣布微软将"为每个人、每台设备、每种业务，提供不间断的云服务"作为新的使命。2013 年，鲍尔默最终带着遗憾卸任，在接受《华尔街日报》的采访时，他解释了自己离任微软 CEO 的原因，他承认，微软需要一位新领导者来引领变革。

2014 年 2 月，萨提亚·纳德拉接替鲍尔默掌舵微软，给微软带来了继任者的新气象。从萨提亚开始，微软开始实行"移动为先""云为先"的战略，很快，微软在移动端就有了实质性的行动。2014 年 3 月，微软推出了免费 iPad 版的 Office 套件；2014 年 11 月，微软推出了移动全平台的 Office 套件，并扩大了免费版的功能。

可以说，2014 年对中国办公软件领域而言注定是不平静的一年。这一年，Office 365 进入中国市场，而"石墨文档""一起写"等多人在线实时协作产品相继在中国推出，一切暗示着云时代的来临。其实，金山在 2013 年就组建过一支做协同办公的研发团队，模式很像 2014 年出炉的钉钉。无奈，由于产品思路和商业模式的问题，那款产品最终失败了。雷军说："没有一场转型是容易的，金山办公其实一直都在几个互联网创新项目里试水，也遭遇了一些失败。"

随着 2014 年的到来，金山人知道，移动办公领域的竞争还远未结束，竞争对手将又一次兵临城下。

西山居：成长与挣扎

在西山居完成了一场历史上最为动荡的管理层持股计划以后，邹涛带领团队开始了二次创业的历程。尽管很多员工在管理层持股计划完成之后依然对西山居的未来表示将信将疑，但是邹涛的内心比较坚定。

从金山 2003 年"决战网络游戏"开始，到 2011 年西山居完成管理层持股计划，邹涛已经在游戏行业工作了 8 年之久，几乎历经了中国游戏行业从兴起到繁荣、从客户端走入互联网的全过程。2003 年，邹涛到西山居接手游戏时只有三十几个人，春节之后还有一批人被集体挖走，只剩下 10 个人，"军容不整"。邹涛说，即便在这种配置不全的情况下他都能把队伍重新拉起来，因此到了 2011 年，在西山居全年能有近 1 亿元利润的情况下，他更没有什么可惧怕的。

在梳理完整个产品线之后，邹涛选择了《剑网 3》作为西山居继续突围的突破口，尽管这个决定在当时遭到了很多人的反对。大家不想再对《剑网 3》继续投入的原因是，这款做了 5 年的产品发布之后情况并不理想，很多骨干也在此时选择了离职，这是《剑网 3》的 80 后游戏制作人主郭炜炜最痛苦的一段时间。在公司内部，人们议论纷纷——《剑网 1》《剑网 2》都已经取得了不错的成绩，而做了最久、花钱最多、项目人数最多的《剑网 3》理论上应该更成功才对，但是这款游戏上线后只有 18 万人的同时在线峰值，远远低于公司的预期。"当时所有人都大跌眼镜。"郭炜炜说。

《剑网 3》上线后的两年正是西山居内部最为动荡的两年，就算是在完成管理层持股计划之后的 2011 年 1 月，西山居组织结构的调整也让很多人颇感不适。以前，西山居是平台管理制，游戏以项目为单位，美术和运营都是平台老大说了算。而组织结构调整之后，所有的决策权都归属到游戏制作人那里。很多平台的老板都在西山居工作了十几年之久，地位和职级都比制作人高。而这些制作人普遍比较年轻，只有 6~7 年的工作经验，当所有的事情最终都要听从制作人的安排时，相当多资历更深的人一时间无法接受。

当年回国不久就加入西山居的海归郭炜炜从 2006 年春节开始为《剑网 3》写游戏世界观设定，一直到当年的 9 月，他带领着一个 4 人小组完成了 20 万字的《剑网 3》人物设定资料。在接手《剑网 3》之前，他负责这款游戏的场景、关卡和文案工作。在全面接手了主策划职位之后，他把已有的系统和玩法全都玩了一遍，发现了问题就一定要大家修改。他说："技能不行就改技能，数值不行就调数值，系统不行就调系统。这导致很多当时的组长都对我特别不爽。"在郭炜炜的游戏世界里，总是充斥着一种莫名的高傲。他觉得好的游戏应该像电影界的文艺片，有自己的立意和审美，而目前市场上的一些游戏只是商业片而已。在他的内心深处，那些游戏就算再卖座他也不想去迎合潮流。在一段时间里，公司里的很多中坚力量都对郭炜炜产生了意见，他们认为他的主张太过强烈。尤其是在《剑网 3》正式上线之后，游戏的业绩表现也让很多人对郭炜炜的能力产生了怀疑。邹涛说："当时《剑网 3》团队里几乎每个总监级干部都说要把他干掉。"

邹涛可以说是顶住了巨大的压力，举全公司之力支持当时还非常年轻的郭炜炜。在观察了游戏产业之后邹涛发现，2004 年进入中国市场的《魔兽世界》到 2010 年虽然已经有 6 年的时间，但是它的生命力依然旺盛。这说明《魔兽世界》这类大型多人在线角色扮演游戏（MMORPG）的方向和品类是没有问题的，而这种付费模式也经受了市场的考验。所以，同样属于大型多人在线角色扮演游戏的《剑网3》，在产品方向上首先没有问题。

另外，邹涛认为，尽管《魔兽世界》曾经是一款传奇般成功的网络游戏，但它毕竟是外国人做的，虽然制作精良，但是有些方面并不符合亚洲人的审美。很多人喜欢《魔兽世界》的玩法，但是并不喜欢它的暗黑画风。而《剑网3》恰恰是一款有着自己独特文化属性的游戏，它以唐朝为背景，具有中国古风特色，画面也非常唯美。一款方向正确且审美还不错的游戏，未来肯定还有自己的机会。因此邹涛认为，《剑网3》只要一年改掉一个问题，就可以慢慢获得玩家的信任。也许是邹涛天性乐观，他在向董事会上报自己的运营目标时显得格外激进。

《剑网3》上线之后，郭炜炜每天都在焦头烂额地修复各种程序漏洞和优化性能，在这段时期，尽管有一些员工因为失望选择了离开，但是一群人还是选择了继续留守。在不断调整游戏的过程中，郭炜炜每天都下场和游戏用户在一起摸爬滚打，不断听取用户的反馈。他发现，《剑网3》其实拥有一批忠诚度很高的用户，他们特别钟爱这款游戏，只不过《剑网3》使用的3D引擎有些超前于时代，一些用户玩游戏的电脑配置跟不上游戏的要求，所以玩起来会感觉有些卡顿，视觉上也有点儿眩晕。从硬件角度来看，《剑网3》要求的PC配置的确有些超前，当大多数用户的电脑达不到硬件要求时，它就变成了一个小众的3D武侠游戏。但是，郭炜炜依然从数据中看到了一线希望，尽管这款产品当时看起来并不是那么成功，它依然在第一年就收获了8万个新增用户。这意味着这 8 万的玩家既不来自《剑网 1》也不来自《剑网 2》，他们单纯为了《剑网 3》而来。郭炜炜相信，配置的问题最终只是时间问题，硬件进步起来速度是飞快的，在不断优化这款游戏的过程中，只要等到一个合适的时间点，所有玩家的机器最终都可以升级到适合玩《剑网 3》的配置。

在这段时期，除了修改游戏中的问题，整个团队还努力地给游戏创作增加内容。游戏刚刚上线时，《剑网 3》里只有 5 个门派，2011 年，团队又上线了 3 个新门派。邹涛告诉大家，提升游戏的丰富度已经到了一个刻不容缓的时间点，《魔兽世界》毕竟已经在中国运营了 7 年的时间，而我们的《剑网 3》只是刚刚出来而已，这就像什么呢？简单地讲这就像是开游乐场，迪士尼主题乐园开了那么多年已经有很多个项目，而我们的游乐场只有几个项目，虽然迪士尼是西方风格的，我们是东方武侠风格的，我们的游乐场刚出来时大家会觉得还挺新鲜，但是当你只有两三个项目时，大家很快就觉得没意思了"。

在 2011 年这一整年的时间里，郭炜炜告诉大家："我们要勤奋一点儿，如果《魔兽世界》两年出一个资料片，我们就一年出两个。"那一年，他几乎是往死里逼团队的，一些新的门派就此诞生，但就是这样，《剑网 3》总体的起色依然不大。

就在团队苦苦挣扎之际，郭炜炜和咸鱼（现任《剑网 3》制作人余玉贤）在一次到国外出差的过程中对《剑网 3》如何做出改进迸发出了新的灵感。一天晚上，他们非常随机地找到了一家当地的网吧，想找一款游戏体验体验，没有想到，这款游戏里的一个功能让他们眼前一亮。在画面里，游戏中的一个人物在轻盈地跳上跳下，仿佛练过传说中的轻功，效果非常炫酷，而这和中国武侠小说里的某种描述非常类似，也是西山居一直追求的那种传统武侠风格。郭炜炜当场想到，也许这个效果可以被移植到《剑网3》里，让游戏里的玩家角色都能像武侠书中的大侠那样飞檐走壁。

可以说，极致的体验一直是《剑网3》这款游戏追求和坚持的东西。其实，当时游戏市场上已经有了很多仙侠类的游戏，在这类游戏里，很多动物或者人物都长着一对翅膀或者可以御剑飞行，而这恰恰是郭炜炜内心比较抵触的那种"市场化"的游戏，他认为，那些游戏的画面杂乱无章，没有美感，整个游戏也失去了底蕴。而轻功这个点，非常符合《射雕英雄传》或者《笑傲江湖》里那些武侠人物的特点，而且它保持了武侠游戏中一种最重要的东西——传统。那一天，郭炜炜非常兴奋，他拍着咸鱼的肩膀说："飞行是永远在天上飘着的，你不可能有心跳的感觉。但是，人对重力的下坠会产生一种心跳的感觉。在游戏里，大家需要心跳的感觉。"

事实证明，"轻功"被加载到《剑网3》的人物身上以后，成了这款游戏的命运转折点。而这一次，西山居在运营方面也对郭炜炜的团队给予了大力的支持。在西山居实行制作人制之后，团队也实行营运一体化的运作，所以运营也由游戏制作人来负责。

当年的郭炜炜因为《剑网3》一直在亏钱，所以在做运营方面经常感到缩手缩脚。但在"轻功"这个新亮点推出之后，西山居为了表示对《剑网3》的支持，直接打给了郭炜炜团队 200 万元去做运营推广。郭炜炜说："由于《剑网3》一直处于亏本状态，2011 年的整体运营费用只有 200 万元，在《剑网3》推出轻功获得极大口碑后，《剑网3》逐步释放了运营带来的下一波红利。"

轻功让《剑网3》大获成功，而郭炜炜在运营费用花完之后也一直在思考：怎么才能维持这种营销的热度？有什么东西能够成为《剑网3》的喇叭将游戏的声势继续扩大化？在思考了一段时间之后，他把小米公司的"参与感"引入自己的团队。从这个时候开始，他想尽了一切办法与玩家们直接接触和交流，力争成为一个和玩家离得最近的游戏制作人。

从此，在微博上，在 YY 上，在还是一个"小破站"的 B 站上，你都可以看见一个长着一张漫画式小圆脸的高大男孩，在和玩家们侃侃而谈《剑网3》里的各种游戏秘籍。郭炜炜因此成了在整个产业中最早拥抱新媒体的制作人。因为当时 KOL（关键意见领袖）的概念尚未崛起，所以西山居可以用官方的资源和这些互联网上的 KOL 进行互换，客观上起到了"网红带货"的作用。在一些新媒体上，《剑网3》的核心用户阵地正在逐渐形成，日后，郭炜炜才体会到这种玩家既神秘又惊人的力量。

在接下来的时间里，《剑网3》的成功在游戏界有目共睹。在端游市场不断萎靡的情况下，《剑网3》却表现出了生生不息的生命力。高速增长在财报中已经清晰可见：2012 年，《剑网3》的增长率达到了 99%；2013 年，《剑网3》的增长率保持在了 92%；2014 年，在西山居 12.5 亿元的营收中，核心产品《剑网

3》营收达到了 7 亿元，较上年增长 54%。至此，《剑网 3》创造了高达 81% 的三年复合增长率。

这样的胜利被西山居人视为一种坚持的胜利，就是那种对古典武侠里包含的东方文化底蕴的坚持。玩家们说，《剑网 3》不仅仅是一款游戏，更是江湖精神和国风文化的一种延续与寄托，他们能在这款游戏中感受到东方文化独有的特质。而制作上的精良也让这款游戏拥有了长久的生命力，当玩家们发现很多网络游戏已经不愿意在剧情上下太多功夫时，《剑网 3》却用一个个任务和故事编织了一个充满梦幻感的江湖。很多人说，《剑网 3》从人物的逻辑和门派的归属上，都带给了玩家极强的代入感，剧情也成了这款游戏的灵魂。郭炜炜说："这是中国国产游戏里一个里程碑式的代表作。"

郭炜炜的妈妈曾是一位作家，因此他从小受到了很多写作方面的熏陶，他向来把游戏看作一种充满精神属性的表达，而非一种商品。正是出于对这种内心力量的坚持，郭炜炜让《剑网 3》最终走出了充满争议的沼泽，散发出它本身的力量。

在《剑网 3》努力改进的这几年，西山居其实也早就开始了对移动端游戏的布局和思考。不过，在集中优势兵力将《剑网 3》做成了一款成功的端游之后，西山居这几年在手游方面没有出现任何一个爆发点。游戏在移动端突围受阻，找不到方向，一度成为西山居面临的最大问题。

因为这几年发布的手游产品都不温不火，这个阶段，雷军经常在一些内部会议上批评西山居的手游进度太慢。有一天在珠海开会时，雷军推开了邹涛办公室的门对他说："你们必须尽快找到突破点了。再不着急就真的晚了。"

可以说，因为《剑网3》的成功，西山居继续充当了金山集团"现金奶牛"的角色。不过，直到此时，邹涛还是经常会在董事会上受到雷军的批评。邹涛后来回忆起这些质疑时说："我心服口服，手游没有做出成绩就要受到鞭策。我们在手游发展的第一阶段，主要是用人的战略出现了问题。"其实到2014年年底这个时间点，一款叫作《全民奇迹MU》的游戏的爆发已经让邹涛下定了决心——是时候将西山居的剑侠系列搬到手机终端上来了。

金山云：一个至关重要的战略

"我们要全面进攻，不要防守，今天的互联网行业是守不住的，只能往前冲。要想不被巨头挤掉，敢烧钱才能活下去，不敢烧钱就不要去做。云服务比视频服务更惨烈，如果没有10亿美元的准备和投入，是活不下去的。"2014年12月3日，在一场备受瞩目的媒体发布会上，雷军穿着一件右上角印有金山云标识的红色外套，对外界宣布了金山"All in Cloud"的重大战略。

在这之前的2014年12月2日，金山和小米投入了2.22亿美元入股一家叫作世纪互联的公司。其中，金山投资1.72亿美元，持有世纪互联11.6%的股份；小米投资5 000万美元，持有世纪互联3.4%的股份。三者随后宣布携手共建金山云，预期投入10亿美元。

在金山工作的前 16 年，雷军体会到了保守带来的后果，在风投的助力之下，他眼睁睁地看着一些后起之秀实现了对金山的超越。而在移动互联网时代，一个企业要发展，也必须依靠前期的大量资源投入来获取市场占有率，从而赢得比赛的终局。在金山早期决定进入云服务领域时，雷军就已经意识到，金山要花掉很多年来在账上积累的现金去投入云服务这件事，这其实非常考验人的信念。因此，金山专门召开了董事会和股东大会，并形成了一份正式的文件表明公司坚定地推进云服务的决心。雷军说："害怕大家做了一半就不想做了。"

到 2014 年第三季度，小米手机已经在全国市场登顶，小米的生态链企业也正处在蓬勃生长的早期，而 4G（第四代移动通信技术）网络的诞生，成了数据激增的背景铺陈，这是中国的移动互联网正在如火如荼地发展的阶段。雷军已经意识到，云服务不仅要成为小米存储方面的后盾，更重要的是为小米打造智能家居生态圈提供足够的存储支撑。在小米做出第一款连接互联网的空气净化器以后，雷军就已经知道，将来所有的家庭设备都会联网，它们的数据并不在终端，而是在云上，这也让雷军产生了以后所有的公司都将会使用云服务的预判。

在移动互联网高速发展了三年之后，整个产业对于"云"的看法已经不再像以前那样模糊不清了。尽管这个行业投入大、周期长，但是已经有越来越多的企业进入这个赛道展开了竞争。在国内，除了有亚马逊、微软这样的国际云计算厂商早已入局外，以 BAT（百度、阿里巴巴、腾讯）为代表的中国互联网企业，以及以中国联通、中国电信、中国移动为代表的运营商、服务器供应商和一些创业企业也已经投身了这片蓝海。

从金山云 2012 年成立到 2014 年这两年，小米正一路风驰电掣般地前进，雷军把这几年教科书一般的创业称作——"大家一起唱着歌，一边吃着火锅，一边顺势而为地把创业这件事做了"。而对金山云来说，作为一张在如此重投入的领域出现的新面孔，要实现从零到一的突破，势必充满了创业维艰的各种体验。在这个过程中，雷系生态的相互支持已经显示出了无可替代的重要性。熟悉这个过程的人都知道，其实是小米的数据存储业务帮助金山云在市场上站稳了第一步。很多小米人对那段岁月记忆犹新。

尽管金山云最开始成立时是以《金山快盘》的个人云为基础的，但是金山云后来很快就转向了 To B（对企业）方向。

有一天，小米公司负责云平台的工程师范典和负责 MIUI 的产品经理金凡在小米的办公室里接待了一位来自金山的"老同志"。坐在两位 30 多岁的年轻人对面，这位老同志有条不紊地对他们说："我来听你们讲讲小米的业务，看看我们金山云未来能帮小米做哪些事情。"在听完两个年轻人的详细讲解之后，这位访客和他们一起分析了随着小米手机销量持续上涨而正在激增的照片和视频存储需求，然后他说："小米的云存储服务，也许今后可以让金山云来帮你们来做。"这位访客离开之后，金凡对坐在他旁边的范典感叹："金山的工程师看起来还挺务实的，年纪不小了还在一线这么拼。"范典对他说："这可不是工程师，他是金山云的 CEO 张宏江博士。"范典在进入小米之前曾在微软亚洲工程院工作过，张宏江则是他老板的老板的老板。

　　小米在 2012 年成为金山云的第一个大客户，为小米提供 KS3[①]，这意味着在小米的用户拍了照片上传到服务器之后，提供底层存储服务的将是金山云。毫无疑问，这是来自小米和金山管理层最高意志的决定，也是雷军长久以来形成的一个商业战术的经典体现——很多新业务其实都是围绕小米体系来孵化的，金山云也不会例外。

　　范典坦言，小米的团队把云交出去其实也经历过一个纠结的过程，大家认为，云存储的本质就是降低成本，既然要降低成本，那为什么不直接用小米自己的团队呢？ 2012 年，刚刚从米聊落败的挫败感中复苏的小米高管崔宝秋，已经帮助小米搭建了一个云服务平台，而来自微软的工程师范典正是这块业务的负责人，他们已经将这个平台运行了一段时间。而当时小米合伙人之一的黄江吉反复劝说整个团队放手，范典说："KK（黄江吉）和大家强调了很多次，他明确告诉我们，这个事情就要交给金山云去干。我相信他是很快看懂了雷总策略的那个人，To B 这块将来一定是重资产，没有足够的投入不可能打得赢。"

　　在这样的大方向确定之后，小米和金山两家公司的工程师进行了很多次业务沟通。在大家的印象里，合作最初的气氛有些紧张。范典说，当时他确实给了金山云的团队相当多的压力："因为当时那支团队的技术能力一般，确实比不上我们做的那套，我

----

① KS3 是金山云提供的海量、低成本、强安全、高可靠的分布式云存储服务。——编者注

们一开始是从代码级、API（应用程序接口）级的技术和他们一起讨论的。我最担心的是怎么保证服务质量的问题，到了后期还要死命压他们的成本，那个时候我们对成本压得极紧。"

金山云当时和小米计算成本的方式非常独特，整个过程并不是小米先提出自己的存储需求，然后金山云拿出一个报价单来报价，最后双方再坐在一起讨价还价，而是范典让金山云的同事先列出每一块硬盘的成本清单，然后将一块一块硬盘的成本累积起来再进行计算，可以说，这种方法相当苛刻。"当时是小米能拿到什么价格，就要求金山云拿到什么价格，我们有最严格的审批流程。"范典说。

在小米团队成员冯宏华的记忆中，小米的团队有时候会去金山云的办公大楼里做技术交流，这个时候大家谈话的气氛通常不错。但是冯宏华发现，当时金山云的那支团队对一些技术的了解有些泛泛，一些程序员对代码的历史沿革还没有准确掌握，当小米的技术团队问的问题深一些的时候，对方有些解释不清。这让冯宏华有点儿担心。因此，会议进行到最后，通常是小米的工程师留下来，帮助金山云的团队重新梳理技术框架。

可以说，那段时间是金山云跌跌撞撞努力争取在市场上站稳的第一阶段。无论是在技术储备还是在成本控制上，金山云的团队都受到了炼狱一般的考验。当金山云的服务出现不稳定的状况时，范典会非常着急上火，毕竟这是他负责的业务，如果出了问题，他需要想的是怎么和用户解释，以及用户会不会原谅的问题。在最着急的时候，范典也会和兄弟公司的同事拍桌子。

但是，随着双方的了解不断加深，范典发现，金山云的服务意识很强。有一年的春节，金山云的服务发生了宕机，当时范典和金山云的副总裁朱桦都在公司值班，大家都抢在一线解决问题。那一天，朱桦发烧了，但是依然亲自上阵去检查每一个细节。有一些小米员工当时还比较年轻，在解决问题的过程中一着急了就容易口不择言，但是金山云的员工一句话也不说，就站在那里把问题给解决了，这让范典感到不好意思。后来，他亲自去给朱桦道了歉："我们的员工不应该那么做，我请你吃饭吧。"

可以说，小米就是这样一点一滴地将金山云最初的业务孵化出来的，在迎接每一次高强度考试的过程中，金山云慢慢储备了独自出去闯天下的能力。他们知道，经过了小米这个异常严苛的大客户以后，自己的成本优势已经相当不错了。在这段非常煎熬的日子里，金山云本身也发生了一些重大的改变。第一，2012年年底，为了更好地对金山云进行精细化的管理，金山云招聘了一位年轻的总裁来管理具体业务。第二，2014年9月，金山云以3 300万美元将快盘业务个人版出售给了迅雷公司，目的是使得金山云未来可以专注于企业业务。可以说，在各个子公司独立运营之后，随着自身业务的发展变动，各种关停并转已经成为一种常态。

王育林就是在那个时候进入金山云的视野的。2012—2014年，那是金山云创业早期一段极致的"筑巢引凤"的阶段。

当时在金山云负责招聘的刘怡蕾是张宏江从微软招到金山云的。当时的金山云只是一个20个人的小公司，在刘怡蕾的印象里，这简直就是一个孵化小组。可以想象，说服"大厂"的人才来到金山云入职是件充满挑战的事。在刘怡蕾的印象里，被拒是大多数的情况。有时候她周末给候选人打一个电话，对方会用英文和她说："我最不喜欢周末被人打扰。"

"当时所有人主要的任务就是招人，包括老板。当时，老板们表现出了对人才200%的渴望，拿出了所有的时间来找人，排出周末的时间来和候选人交谈。通常我们找到人之后都会安排他们和老板对谈，后来一看，我们把老板们的时间都给排满了。"刘怡蕾说。

刘怡蕾说的老板们指的不仅仅是金山云的CEO张宏江，也有金山其他子公司的老板，更有来自小米的合伙人。当时的王川还是金山软件的独立董事，他也参与了一些和金山云候选人的谈判。有时候，王川和候选人在办公室里谈着话，招聘团队就在门口的工位上等着。过一会儿王川出来上个洗手间，会对门口的人微笑示意，然后轻声说一句："嗯，差不多了。"这样的谈话经常一谈就是两三个小时。后来，金山办公的董事长葛珂、金山负责大客户销售的肖玢、小米的联合创始人黄江吉和洪峰，都加入了帮助金山云招人和谈判的大军，每个人都在发挥着自己的专长，有的帮助招聘部门在专业上进行判断，有的看看这名候选人是否和金山云需要的某个职位相匹配。另外，他们还有一个重要的任务，就是从格局更高的视角来游说候选人，让他们看到未来更宽广的视野。当然，雷军有时间也会参与其中。

2012年10月的某一天，美国的一艘游船上正在进行国内移动互联网企业领袖的一场聚会。在这个中国顶尖科技企业领袖的赴美考察团里，小米的雷军、金山的张宏江和当时正在凤凰新媒体担任副总裁的王育林正好在一个团里。因为王育林所在的凤凰新媒体是媒体中移动互联网业务在国内做得非常好的，所以王育林早早地被圈定在了金山云渴望的人才名单里。王育林高大魁梧，总是戴着一副细金丝边眼镜，他于 1998 年毕业于南开大学化学系，是邹涛的同门师弟。他先后在凤凰网、A8 音乐集团和中视网元公司（后来又回到了凤凰网）就职，年纪轻轻就有了非常成熟的管理经验。张宏江认为，他比较适合做金山云这家公司的总裁，帮助对金山云进行精细化管理。

在那个时间段，凤凰网刚刚在纽约证券交易所上市，这标志着一个阶段告一段落，王育林不是没有产生过"动一动"的念头，但是他的太太当时正怀着二胎，而且马上就要生产了，因此王育林决定这一次一定要好好陪产，弥补太太生老大时自己不在的缺憾。当金山云的招聘团队接触他时，他认为家庭是当下最重要的事情，马上变动的时机不对。另外，王育林想到，他在凤凰网时主管市场、视频和游戏这些业务，虽然技术部也向他汇报，但他并不是做技术出身的，这一点让他对跳槽到金山云有点儿犹豫，在他的心里，云计算本质上是一个技术驱动的领域。

这一天，在美国的这艘游船上，中国科技公司的领袖们相聚在一起吃烧烤、喝啤酒，享受难得的片刻休闲。而雷军拉着王育林回到船舱里，开始游说他到金山云来创业。作为行业的观察者，王育林其实对云计算的前景非常看好，他知道在金山入局云计算的时候，美国第一波有关云的战役已经打完了，此时，亚马逊的云业务已经进入了传统 IT（信息技术）领域，当"云"开始撬动传统生意的蛋糕时，一些诸如 IBM 这样的公司已经特别紧张。在船舱里，雷军和王育林在一起聊了聊他们对于云计算现状的看法。雷军对王育林说："移动互联网一旦爆发，大量的数据将会呈现几何数量级的增长。而这个数据一起来，传统的 IT 服务是根本扛不住的，最后大家一定是通过云计算这样的方式来解决数据暴增的问题。过不了几年，云就会成为像煤、水、电、气那样的基础设施建设一样。"

在这艘游船上，雷军和王育林两个人越谈越深入，也越谈越投机。王育林知道，云计算是雷军作为一个商业领袖基于成熟的判断和思考做出的战略决策，他的内心非常看重这块业务。其实王育林也一直是雷军和小米的粉丝，当 MIUI 刚刚作为一个系统出炉的时候，王育林就用它刷过三星和 HTC 的手机。小米手机 1 刚刚出炉的时候，他是第一批用户。那一天，就在很多人不断催促雷军和王育林"快上来吃东西，菜要凉了"的声音中，王育林已经被雷军身上一种朴素的东西打动了，在此刻，他暗暗下定了加入金山云的决心。他后来说，有时候越是高大的东西反而越朴素。

加入金山云之后，王育林开始了他人生中的一次重大重启，可以想见的是，创业这条路从来都不轻松。后来黄江吉说，似乎从 2012 年到 2020 年，每一次见到王育林，都很少见到他露出轻松的笑容。个中滋味，可能只有身处其中的人才能体会。

云计算在中国刚开始崛起的那几年，基本上是阿里巴巴和腾讯两家巨头在竞争，而金山云其实是背靠雷系的一家公司。其实整个金山集团都有着雷系公司的一些共性，比如做事比较扎实，一步一个脚印，但是王育林知道，做云这个业务需要自身有很大的体量才行。在初入金山云的这一两年时间里，张宏江和王育林所做的事情，除了疯狂地进行人才引进外，就是通过小米极速提升自己的服务能力，然后将金山云变成一个服务品牌输出出去。

当时间来到 2014 年，金山云承接一款爆款手机游戏《全民奇迹 MU》的云服务，经受住了十分严峻的考验，此时金山云作为一家独立的云服务商，终于走出了属于自己的第一步。很多经历过这件事的员工都还清晰地记得过程中的诸多不易，他们在回忆这段旅程的时候都会用一个词来形容当时的感受——"惊心动魄"。

"不怕死的决心和向死而生的勇气"

从金山云创立开始，人才引进就成了这家公司最主要的任务之一。很多后来从各家公司汇聚到金山云的高管都说，金山云的人力资源实在太执着了，有时候跟踪一个人哪怕花上两年的时间都在所不惜。其实，当时金山云做招聘的一大难处就是，虽然公司可以给予候选人不错的期权，但大多数人都是降薪而来的。这和小米公司最初做招聘的情况非常相似，最后能够接受这些条件的人，其实都是在内心深处接受了一家创业公司的信念。从百度跳槽来的刘涛后来说："虽然金山云给大家的期权不错，但是现金收入当时远没有百度给的多。这个时候你必须对公司的前景有一个真实的信仰，你要相信，公司会上市不是一个善意的谎言。"刘怡蕾说："有时候创业确实需要一些冒险精神，需要理想的支撑。我们在做招聘时，其实一个重要任务就是清晰地描述公司的愿景，并对候选人付出10倍的诚意。"

来自百度的年轻工程师钱一峰就是在金山云的人力资源团队感化了两年之后才来到金山云的。刘怡蕾最开始接触钱一峰时，这个1985年出生，样貌仍然还像是一个大学生的大男孩丝毫没有跳槽的意向，但是，在长达两年的时间里，刘怡蕾不间断地和钱一峰保持着互动，时不时就和他描述一下金山云的最新进展。有一次，张宏江在自家院子里举办了一次烧烤活动，刘怡蕾让钱一峰也过来参加一下。等到这个活动进行到一半时，她终于接到了钱一峰的电话："我到了。"

后来，张宏江把钱一峰叫到了一个房间里单独进行交流。王育林、刘怡蕾一边在院子里吃着烧烤，一边揣测着张宏江能否说动钱一峰前来加盟。钱一峰在百度是做存储业务的，正是金山云急需的那类人才，尤其是当时的存储业务还是金山云的大头。

事实证明，张宏江和钱一峰的那场交谈还是让钱一峰产生了变动的决心。他后来说："在这场谈话中我意识到，以前我在百度做的是基础架构，但做云的话其实就是把基础架构变成服务，变成产品直接抵达客户，这个改变非常吸引我。"当时，钱一峰在百度的前同事宋伟已经来到了金山云，他也可以现身说法告诉钱一峰，加入这样一家创业公司可以获得怎样的成长和空间。可以说，这样的背书尤为重要。

来到金山云之后，钱一峰马上开始了整理金山云存储业务的工作。当时小米还是金山云唯一的大客户，在业务刚刚起步的阶段，一出问题，小米就会直接把电话打到张宏江和王育林那里，然后两位老板就会赶紧找钱一峰解决问题。很多时候问题在凌晨时分出现，钱一峰挂了电话就从床上跳起来往公司跑。这时钱一峰已经明白，这和他在百度时期做业务的感觉完全不一样，做 To B 的业务，你会直接面临业务方的压力。在这种情况下，扩充存储团队已经成了当务之急。自此，钱一峰自己也开始充当起了人力资源的角色，他把以前在百度 Hi（百度推出的即时通信软件）上的朋友、同事都联系了一遍，希望组建一支更专业的技术团队来帮公司把系统技术做好。在这个过程中，钱一峰也会遇到一些让人哭笑不得的事情，比如他看中的一个人，在来和不来的决定之间竟然来回往复了 4 次。"offer（录用通知）接了又拒了，又接了又拒了，4 次都没有来，我都灰心了。"他说。

在艰难地组建好自己的团队后，金山的存储业务终于开始步入了正轨。在整理业务时钱一峰发现，金山云的系统分散在全国的 11 个机房里，以前的团队竟然前前后后建了 5 套系统，有的系统有代码，有的系统没有代码，一旦出了问题只能重启系统。因此，他带领整个团队研发出了新的系统，并把这些新系统集中到了扬州和杭州的两个机房。大概花了三个月的时间，存储业务的重整工作终于完成了，至此之后，整个小米和 WPS 的业务金山云都可以稳定对接了。人们惊喜地发现，金山云的故障率已经大幅降低。

这段经历对钱一峰来说非常重要，他说："在这个过程中，我完成了职业生涯里一个重要的提升，那就是从一个技术人员转换成了一个技术产品中心的负责人。在金山云，存储后来是作为一个产品中心来运行的，我要去承担收入和利润的目标。"

时间来到 2014 年，金山云的服务已经进入了相对平稳的阶段，而中国的云计算在国内也进入了蓬勃发展的时期，此时，公有云（通常指第三方提供商为用户提供的能够使用的云）虽然还没有私有云的接受程度高，但是公有云市场已经呈现出一种爆发式增长的态势。据统计，2014 年中国公有云服务的收入大概为 70 亿元，同比上涨了 47%。而这一年，也是阿里巴巴和腾讯先后宣布公有云服务大幅降价的一年，这是竞争开始变得激烈的信号。在进行金山云的战略部署时，雷军经常对金山云的高管们做出部署："我们不是巨头，我们不能去做大而全的事情，而是要去专注几个重点行业，去关注头部客户。"

此时，金山云的团队意识到了，这个时间点就是金山云进入公有云细分新赛道的时刻了，这将是考验金山云服务能力的关键一战。

高管们对于金山云下一步进军什么领域发起了一轮又一轮的讨论。有半年多的时间，金山云的高管们都在市场上寻找方向，跟政府、银行、很多公司都进行过洽谈。此时，手机游戏在 2013—2014 年的崛起引起了大家的注意。金山云早期做的大客户是小米，在小米的手机市场份额在全国登顶之际，他们清晰地看到了游戏分发在手机应用商店上正在兴起，这释放出了一个鲜明的信号——手机游戏的规模正在迅速扩大，而游戏公司将会对云业务有越来越强烈的需求。对传统的 PC 游戏公司来说，它们的机房和服务器都是现成的，对云没有太多额外需求。但是很多手游公司都是这两年新成长起来的创意型公司，通常规模不大，底层技术需要借助外部支撑。张宏江和王育林认为，游戏就是金山云的下一个细分赛道了，只要找到一款手游爆品实现合作，金山云也许就能在激烈竞争的公有云市场获得自己的一席之地。

这个看法和当时金山云高级副总裁刘志刚的完全一致。刘志刚以前在乐视网工作，那时他刚好接触到很多游戏类的客户。他认为，金山云从游戏入手其实是最容易的。首先，游戏业务比较赚钱，云服务的费用对游戏公司来说支出占比很低。其次，游戏公司的老板都比较接地气，非常好接触。

但是事实远比想象的复杂。后来大家才发现，金山云想在游戏市场上找到一个爆品合作其实并不容易。这是因为当时市面上的很多手游爆品其实都来自腾讯的团队，游戏做好之后，它们会天然地选择在腾讯的应用商店里做渠道分发，同时也选择使用腾讯的云服务。而在公开渠道，当时还缺少游戏的大制作，因此对于金山云这种大型第三方的云服务平台需求不大。同时，对游戏厂商来说，金山云似乎缺少帮助他们进行游戏分发的资源。

没有想到，正在寻找商业变现方式的小米互娱（小米应用商店），此时正好给金山云提供了一个机会窗口。小米手机在全国市场登顶后，小米"硬件＋软件＋互联网"的三驾马车正式启动的时间点也随之到来了。当时，小米互娱的总经理尚进一直希望小米手机的应用商店能够在众多的安卓应用商店里脱颖而出，从而更好地实现商业变现，因此寻找和扶植好的内容分发成了他日常思索的一个重要工作。为了扶植一些优秀的制作团队，小米互娱投资了一家叫作"天马时空"的游戏公司，占股大约8%。2014年，这家公司即将推出一款看上去非常有潜力的手机游戏——《全民奇迹MU》，这是一款动作角色扮演类游戏（ARPG），体量很大，需要一家有实力的云服务公司来帮助它做底层支撑。

在小米和天马时空的沟通过程中，尚进顺势将金山云介绍给了这家公司的创始人刘惠城。可以说，此时小米互娱对于金山云的推荐看起来顺其自然，小米需要游戏公司不断加入小米应用商店的生态，而金山云也需要游戏公司成为其客户。在这样关键的节点之上，雷系生态的相互帮扶又起了不可忽视的作用。在需要进行关键业务拓展时，小米的体系帮助金山云率先打开了一扇窗口。

尽管有着小米互娱的背书，金山云和天马时空最后的商务谈判进行得还是异常艰苦。和很多商务谈判一样，金山云不但要用诚意说服天马时空，还要说服天马时空的发行合作伙伴恺英网络。刘志刚后来说，在谈合作的过程中，光酒就喝了十几场："从天马喝到恺英，从恺英喝到小米，一直到最后大家都喝出了兄弟感情。"不可否认，刘惠城最后愿意试一试金山云的服务，也和小米的投资以及恺英网络的认同密不可分。

在快要敲定接手《全民奇迹 MU》的云服务项目时，金山云的几个高管来到了这款游戏的研发现场，这个时候，一种打退堂鼓的心情却开始浮现在几个高管的心头。

当时《全民奇迹 MU》的大本营驻扎在北京怡美家园里的一个三居室里，团队有十几个人，当金山云的总裁王育林、刘志刚以及技术负责人宋伟来到怡美家园时，感受到的是一种热火朝天的创业气氛。三居室的地上排了五六个帐篷，员工们白天在房间里进行测试，晚上就钻进帐篷里小睡一会儿，这是游戏上线前最紧张的时刻。在对《全民奇迹 MU》进行线上测评的时候，无论是小米还是金山云都已经意识到了，这款游戏上线之后一定会是现象级的爆款。因为这不但是一款动作角色扮演类游戏，里面的声光电效果也达到了极致，玩家的体验将是史无前例的。人们预判，这款游戏上线后用户量会非常庞大，它对资源的消耗将是惊人的。

刘志刚是一个骨子里有着极致浪漫情怀的青年，也十分愿意冒险。大学毕业那段时间，他曾经自己做过一个叫作"中国自行车旅行网"的网站，还曾经在这个平台上召唤中国的车友一起骑自行车去西藏。可以说，愿意前进的时候他几乎不愿意后退。不过此时，刘志刚却对接下《全民奇迹 MU》这个项目稍微有了一些迟疑。他是做商务客户的，深知口碑的巨大力量。《全民奇迹 MU》是一款对底层服务能力要求极高的产品，需要上千台的虚拟机，如果产品上线之后用户量激增，他真担心金山云一时间承接不住，对客户造成巨大的损害。很快，他将自己的担心告诉了王育林。

在开会讨论时，王育林、刘志刚、宋伟坐在一起讨论接下这个案例的利弊。此时，宋伟作为技术负责人表现出了一种前所未有的坚决。当王育林告诉他，如果实在不行可以选择放弃时，宋伟说："这个客户我们一定要做，如果这个客户都做下来了，我们在中国的游戏圈里就会一炮打响。"王育林沉吟了一下问："你有信心吗？""有！"感觉到队友们还是稍微有些犹豫，宋伟最后干脆说，"做不下来，我提头来见！"

就这样，金山云全力以赴投入了对《全民奇迹MU》这个项目的服务中去。在承接整个项目的过程中，每个人都咬紧牙关拼尽了全力，后来，金山云的工程师们也入驻了怡美家园的三居室里，跟着客户一起在地上摆放了几个帐篷。他们没日没夜地进行着系统测试，在刘志刚的记忆里，他和团队成员那段时间是每天喝着红牛扛过来的。

有一次宋伟在杭州出差期间接到了王育林的电话。王育林上来就对他说："项目的测试过程中遇到了问题，你赶紧飞回来。"当时的宋伟已经一天没有吃饭了，接到这个电话，他赶紧往机场跑，乘坐最早的一个航班飞回了北京。落地以后已经是晚上10点了，他飞奔到怡美家园和客户一起调试设备，一直到凌晨4点，终于解决了一堆棘手的问题。刘惠城提议，为了庆祝这个特别的时刻，大家一起拍一张照片纪念一下。宋伟后来再看这张照片时发现，"每个人都像叫花子一样"。

《全民奇迹MU》测试期间确实反响不错，但是金山云此时发现，自己在北京的库存服务器可能不够。当时《全民奇迹MU》这款游戏在北京和上海都有部署，但是金山云的很多服务器都设在上海。这个时候，金山云内部有一些声音表示，如果这样，是不是要放弃一部分业务？宋伟在此时又表达出了自己的态度——坚决不能放弃。最后，管理团队想出了一个方案，雇了一个司机用大货车将上千台服务器从上海拉回了北京。货车跑在路上时，大家都有点儿坐立不安，一会儿想，要是出车祸了怎么办，一会儿想，要是服务器被颠坏了怎么办。

一般来说，服务器运到现场到调试完毕基本需要一个月的时间，但是当时离《全民奇迹MU》正式上线只有三天的时间了，这意味着金山云的团队必须和时间赛跑。宋伟对大家说："人可以两班倒，机器不用休息。"在调试服务器的那几天，个别金山云的程序员累到了极致。有一天，宋伟发现一个设备工程师没来上班，就给他打电话问他在哪儿。那名工程师吞吞吐吐地说："我这边在查酒驾。"这让宋伟哭笑不得，他一听就知道这名员工是太累了想休息休息，他对这名员工说："查酒驾没有关系，你现在可以骑自行车来呀。""我不会骑自行车。""那我开车去接你。"最后，宋伟把车开到了那个员工住处的楼下，让他立刻下楼，然后把他带到了办公现场。

可以说，金山云的这支团队完全是靠着拼搏的精神在《全民奇迹MU》上线之前做到万事俱备的。游戏上线的那一天非常成功，这款游戏不负众望，成了爆款。宋伟后来说："这么大的游戏需要一两千台服务器同时上线，这是当时国内的游戏云能做到的最大规模了，好的游戏对技术的考验是极致的，金山云的服务没有出任何问题。"通过这个案例，金山云终于证明了自己过硬的算力、性能和稳定程度。

半年以后，《全民奇迹MU》成为全国用户量最大的一款手机游戏，成了一个真正的全民奇迹。特别有趣的是，张宏江后来给团队开了一个庆功宴，庆祝大家取得了这样不凡的成绩。宋伟还记得，当时的奖品是一个小米空气净化器的F码。"当时这款净化器刚刚上市，那个码也是抢不到的。"宋伟说。

可以说，如果没有《全民奇迹MU》这一仗，后期的金山云可能不会获得那么高速的成长。在这段时间，金山提早布局了云游戏，而且保持了自己的中立属性。做这件事的过程其实很能反映出金山对于做云这件事情的定义，从开始到结束充斥着一种不成功便成仁的决心。

2014年，董事会是在经过19个小时的讨论之后确立了"All in Cloud"的战略的。在董事会上，除了金山云的高管，还有来自腾讯的股东，以及外部的独立董事。对于这样一个上市公司的架构做这样重金的投入，需要对各方的利益进行权衡，也要对资本负责，因此大家必须有一个透彻讨论的过程。最终，董事会全票通过了这个决议。王育林说，当时最坚定进军云这个赛道的人应该只有马云和雷军，但是小米和阿里巴巴的情况还不太一样，小米当时还处在创业的早期，如果云出了问题，小米就会受到巨大的影响。王育林说，小米当时是把脑袋别在裤腰带上来创业的，勇气非凡。

雷军说："'All in Cloud'就意味着金山愿意拿出所有的资源来赌这件事情，如果没有这种不怕死的决心和向死而生的勇气，做金山云我觉得没戏。"

断臂转型：从传统企业到新兴互联网企业

在金山云全力以赴为游戏而战的一年，金山网络为了和金山软件的名字区分，改名为猎豹移动，登陆了美国纽约证券交易所。这是金山集团里第一家登陆资本市场的子公司。

《清理大师》的成功终究成就了这家公司的上市之旅。对于海外市场的《清理大师》，猎豹移动内部有一个说法，叫作投人、投钱、投VP（副总裁）。最终，《清理大师》一款产品的团队就有200多人。大家的想法就是将它做到极致。当硅谷的工程师还痴迷于做社交方向的软件时，做《清理大师》这样的工具软件其实是一个非常艰苦的工作，它其实是在和几百万程序员的固有习惯做博弈。程序员们需要花海量的时间、人力和资源去细致分析App和用户，把每一个垃圾文件和可能节省出来的空间都筛选出来，并在每一种机型上进行模拟。为了理解国际用户，公司请了四十几个外国人，让他们用各自的母语去一一回复各国用户的反馈。除此之外，在办公楼里还有一批北京外国语大学的学生负责实时照看、接收各种信息。在这段时间里，《清理大师》每周都会进行两次更新，在一年中发布了100多个版本，在Google Play里，

《清理大师》的评分超过了绝大部分顶级的 App。正是这些外国人不愿意干的苦活、累活，让《清理大师》积累了海量的用户。

在美国路演时，傅盛曾经遇到过一个湾区的投资人问他："方圆 10 千米就有三家世界级的安全公司，你怎么和他们对抗？"傅盛说："这个时代讲究体验，如果今天有用户在 Google Play 上给我们的产品打一个一星的标志，我们的人在 10 分钟之内就会给用户回复。如果你用阿拉伯语给我们打的分，我们就会用阿拉伯语回复，如果是日语的我们就会用日语回复。"这个投资人表示不太相信，当场拿出手机试了一下，果然，过了一会儿，他打的一星评价就得到了客服人员的回复。

在《清理大师》成功后，它成了类似于"火车头"一样的角色，积累海量用户后转变为工具平台。在它之后，拖了很多节不同的"车厢"，而这些"车厢"会占据工具软件的各个领域，比如移动安全、浏览器、桌面锁屏、应用分发、系统优化等，形成了一个工具矩阵。2014 年 3 月，在 Google Play 全球下载量排名前 50 的应用里，猎豹移动占据了 4 席。在流量快速增长的 2012—2014 年，猎豹移动的收入也以每年超过 147% 的增长率增长着。2013 年，猎豹移动实现营收 7.499 亿元人民币，同比增长 160.5%。就是这样令人惊艳的成绩单，让猎豹移动再次获得了腾讯的注资。

2013 年 6 月 23 日，金山软件发布关联交易公告：腾讯通过其附属公司（TCH）以约 4 700 万美元的价格认购金山网络（KIS）发行的优先股，增持后腾讯在金山网络的股份增至约

18%，成为第二大股东。

2013年年底，猎豹移动决定上市之际正赶上一轮中国概念股的大跌，这让傅盛的心情比较沉重。在寻求上市的整个过程中，各种小插曲其实接连不断，比如律师把某个文件发错了，中途又回去改正。傅盛也需要天天和各种机构进行交涉。在即将登陆纽约证券交易所的2014年5月初，当时傅盛持有的L1签证其实就要过期了，因为不知道那个签证能不能落地之后自动延续一个月，他还曾经担心自己去不了敲钟现场。最终，他在成功通过美国海关之后给投行的朋友发了一条消息——"进来了"，投行的朋友在群里一片欢呼，发出了各种各样的庆祝表情符。

敲钟时刻是当时36岁的傅盛人生中一个重要的高光时刻，那一天，他戴着一副谷歌眼镜走上了敲钟台，让人印象深刻。对此，他自己的解释是："我还是比较崇拜创新的，毕竟人生中这么重要的一次，一定要有些不同。"

那一天他的讲话十分动情，他说："10年时间，我从一个产品经理变成了一个创业者，从一个创业者变成了一个上市公司的CEO。当五星红旗飘扬在华尔街纽交所大门的时候，当我站在那个敲钟台上点亮当天的开市钟的时候，我内心满怀激动。但是我一直在问我自己，为什么我能这样？是真的因为我很强大吗？后来我在想，不是的，是因为正好我赶上了这黄金般的10年，赶上了过去中国大发展的10年，赶上了互联网超速向前的10年。这10年给了我这样一个从基层奋斗的普通青年无与伦比的机会。看过去10年，再去展望未来10年。我相信人类社会在不断加速，未来 10 年所能够给我们展开的波澜壮阔，是过去 10 年没有办法想象的。"

　　非常有趣的是，傅盛认为当时的纽约房价太贵，敲完钟他就带着猎豹移动的十几名高管直接飞到了拉斯韦加斯，准备放松庆祝一下。而带领大家去敲钟的雷军当天也十分高兴，到了拉斯韦加斯，他开了一个房间让所有人一起上去喝一点儿红酒。没有想到的是，一打开话匣子，雷军又滔滔不绝地讲了一晚上战略。傅盛说，他最后都困得倒在一边睡着了。

　　其实大家非常理解雷军的心情。从 2010 年移动互联网元年开始到 2014 年，这个时期诞生了很多家对中国甚至全球用户的生活方式产生革命性影响的公司。2010 年，王兴成立了团购网站美团；2011 年，腾讯推出了微信；2012 年 8 月，张一鸣推出了《今日头条》的第一个版本。而小米作为和它们同时期出生的公司，也依靠巨大的趋势力量走出了一条"硬件＋软件＋互联网"的独特道路。此时，小米手机经过三年在这个残酷市场上的浴血奋战，在中国手机市场上实现了登顶，而小米的生态链企业也正奔跑在一个万物互联的风口上。对雷军来说，这是很多年来痛定思痛之后他第一次自己操盘商业大局，而小米今天的成功其实正是源自他在金山时期积累的思考和商业经验。今天，他和他的终极理想——改变中国制造业已经无比接近。

　　而对于金山集团，这也是异常波澜壮阔的三年。通过从事业部制到子公司法人化、授予核心员工股权激励、不断引入外部融资等改革，每一家子公司都已经一改之前沉闷的底色，释放出了前所未有的勃勃生机。其实在 2012 年雷军就曾经说过，金山已经拿到了移动互联网的"船票"，虽然目前"舱位"不高，但是只要所有人都锲而不舍，未来就一定会拿到"头等舱的船票"。当时间走到 2014 年这一年，经过了老牌巨头渐渐陨落、后起之辈不断崛起的三年，金山彻底完成了从传统软件企业向新兴互联网企业的断臂转型。人们感叹："在雷军回归、张宏江加盟和策略性股东腾讯共同扛起的新金山时代，金山大船已经完成了转身，从边缘回到了主流。"

其实更让雷军高兴的是，尽管在移动互联网时代，金山获得了前所未有的解放和发展，但这是一家始终没有丢掉多年前理想主义精神的公司。虽然金山已经不会像当年那样，把"让每一台电脑上都运行着我们的软件"打印到 A4 纸上，然后把它贴到墙上，但是事实上，通过更前沿的现代管理手段，金山让更多的用户使用到了金山的产品。通过资本的助力和对短期业绩的释怀，金山终于不用在绩效和价值观之间苦苦挣扎，员工在更为健康的商业理念里获得了一种公司可以长期为社会创造价值的信念。

IBM 前 CEO 小托马森·沃森曾经在《一个企业的信念》里说，他相信一家公司成败之间的真正差别，可以归因于公司是否激发了员工的精力和伟大的才能，以及公司在经历代代相传和发生各种变化的时候，如何维系这种共同的宗旨和方向感。可以说，通过三年的实战，金山在业绩增长的同时，最大的成功就是让员工一如既往地保持了这种方向感。

2014 年 7 月，雷军回归金山已经整整三年时间。根据 7 月 7

日金山软件的收盘价格——每股 23.5 港元计算,金山软件的股票已经比雷军回归时大约上涨了 7.6 倍。

回看这三年的时间,在安全业务方面,猎豹移动成功在纽约证券交易所上市,市值突破了 20 亿美元;在游戏业务方面,西山居产品在端游低迷的市场下完成了超高速成长;对金山办公来说,WPS 在政府及企业市场不断扩大市场份额,移动端的商业化探索也颇有收获;而云业务的起航为金山的未来带来了无尽的想象空间。基于此,金山董事会做出了一个决定,基于过去三年的工作成绩,授予雷军个人 400 万股金山软件的受限股(RSU)。

在雷军回归金山担任董事长时,他没有接受任何董事会希望给予他的工资、奖金和期权待遇,他说自己只是想把金山做好。在市场质疑雷军在运营小米的同时究竟能花多少精力管理金山时,2012—2013 年,雷军分别用 1 亿港元和 1.9 亿港元购买了金山软件的股票。他希望通过此举向市场说明,自己是在用真金白银来表达做好金山的决心。此时,当董事会决定授予他价值 1 亿元人民币的股票时,他决定将这 400 万股金山股票全部分给员工。

2014 年 7 月 6 日,每名在职的金山员工起床以后都收到了一封雷军发来的邮件,内容是:"公司发放了 1 000 股的两年期受限股,两年时间一次性成熟。"

投资不求最快，但求精准。

机会
成长

机会比收入重要，成长比利润重要。

人才
业务
现金流

移动互联网时代企业经营转型的关键要义：强大的技术团队、资源优势、稳健的经营策略。

文化
灵魂
超越

文化是一家企业的灵魂，它塑造和维系着员工的幸福感，也超越了市场激励和层层的管理制度。

雇佣制度
合伙人制度

在互联网时代，雇佣制度已经无法建立高度的信任与合作关系，而合伙人制度将成为创业公司的主流模式。

预测能力 + 判断能力 + 管理能力

互联网七字诀："专注、极致、口碑、快。"

专注和极致是产品目标，

快是行动准则，

口碑是超越用户的预期。

资本
创新
改变世界

风险投资的本质是：用资本激励创新，
用创新改变世界。

护城河
市场化

资本能够为企业建立护城河，如果一家
企业在新的战略方向上迅速推进，资本
是必不可少的助力因素。同时，外部投
资的注入，能够让一家公司的战略决策
更加市场化。

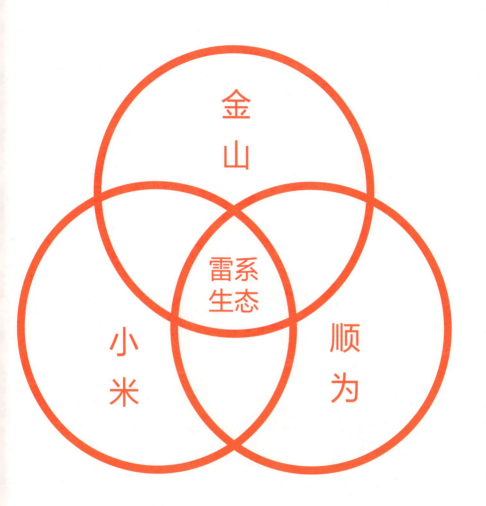

金山

小米

顺为

雷系生态

"管自己以身作则、
管团队将心比心、
管业务身先士卒"

只有将心比心，才会有深厚的兄弟友谊，
和兄弟们一起哭、一起笑，才能造就一
支打不倒、拖不垮的团队。

"胆大包天的目标"

单点切入
找到纵深
行成爆发力

在进入一个陌生市场时，企业只有找到一个攻克人们痛点的产品，集中所有的力量打在一个单点上，然后在此基础上快速迭代，才有可能形成产品的爆发力。

"在创业的路上，
一个人走可能走得更快，
但是一群人走可以走得更远。"

第三部分
变革与转型

第五章

风口又来了："专注、极致、口碑、快"

抓住行业增长的红利

WPS 的云战略：拥抱云时代

2011—2014 年，WPS 作为一款办公软件从 PC 端切入了移动互联网并取得了耀眼的成绩。2012 年以后，金山办公的管理层一致认为，继续拓展这款软件外延的时机已经到来，移动互联网是一场浩大的产业革命，金山办公应该更积极地参与其中。当时团队看中了两个新的方向，一个是邮件，另一个是企业协同。

关于邮件，黑莓手机在商务领域的应用热潮已经让人们看到了手机邮件市场的巨大潜力。在很长一段时间里，黑莓手机的全键盘配置搭载它的邮件系统，打造了良好的用户体验，很多商务人士正是看中了黑莓手机简单、易用的邮件系统才选择了它。在移动互联网时代来临之后，正在移动端快速突围的金山办公也看中了电子邮件这个市场，希望能够为 WPS 的用户提供一个好用的邮件系统。在那段时间，小米手机也正希望能够优化自带的 MIUI 系统，为用户提供令人惊艳的邮件服务。于是，金山的工程师和小米的团队组建了一个联合邮件研发小组，共同在邮件服务上进行研究。事实证明，这项工作并不容易，随着研发的不断推进，各种困难也不断显现了出来。在中国市场，这支邮件团队是从客户端着手进行研发的，但是从移动互联网的发展趋势来看，邮件已经从客户端逐渐演化成了一种互联网服务，新的趋势已经来临，端的思维就显得有些过时了。这其实和团队涉足邮件研发的时间点有一定关系：邮件服务存在技术壁垒和门槛，需要长时间的打磨和突破，而这个团队以前并没有做邮件服务的经验，因此进展很慢。在海外市场，整个安卓系统正在不断完善，随着谷歌在邮件业务上持续发力，WPS 的成长空间明显受到了限制。这其实和猎豹移动后来在海外发展受限的原因如出一辙，当安卓系统越来越完善、漏洞越来越少、服务越来越多时，其他产品的生存空间就不大了。葛珂说，到后来，意图填补安卓功能空缺的尝试基本都失败了。

随着邮件研发归于平淡，2013 年，金山办公看到了市场上的另外一个方向，那就是基于语音即时通信的企业协同办公系统。在钉钉尚未诞生之际，金山办公其实就希望做一款类似于"QQ企业应用版"的企业内部信息化工具，这和后来"钉钉办公"的定位非常类似。不过大家都清楚，金山办公在端的开发能力一直很强，但是在消息和即时通信的技术方面并不擅长。为此，葛珂甚至和小米的米聊团队聊过双方合作的可能性。在微信崛起之后，米聊的服务器转为了小米的云平台，其中米聊这个软件最终如何转型的问题一时间成为小米内部热议的话题。此时，葛珂和米聊团队进行了接触，希望金山能够借助米聊的语音社交基因来一起做协同办公系统。遗憾的是，米聊团队当时想涉足的是基于游戏的语音社交，并没有看中办公这个方向。

在和米聊的交涉无疾而终之后，金山办公决定自己开发一套语音社交办公系统，由于它并不擅长后端的语音通信工具的开发，金山办公找到了一个叫作融云的第三方公司进行合作，金山办公负责办公软件的部分，融云负责即时通信工具的开发。经过了一段时间的探索，团队发现，尽管有融云的支撑，但是相比微信，它提供的语音软件的稳定性还是差了很多，而这恰恰是一个社交软件能否成功的最关键因素。虽然这个产品最终还是勉强诞生了，但团队发现把办公软件和即时通信软件整合好并不是一件容易的事，这一次金山内部的创新尝试失败了。后来葛珂说："每个企业的团队最终是有自我属性的，金山办公是偏技术服务型的团队，当时为通信做的准备还是不够。这是企业创新的过程中经常会遇到的一种情况，在历史的长河中，大家能够看到的机会不计其数，但是创业者也要知道，不是每个机会都是你的机会。"

此时，WPS在移动端的市场份额依然在突飞猛进地增长，使用增值服务的用户量也在不断增加，在金山办公不断寻求探索新机会的过程中，云时代已经悄然来临。随着时间的推移，国际互联网巨头已然觉醒，国内一些中小企业的创新意识也正在萌发，这意味着一场新时代的移动办公战争悄然而至。

2011—2014年，在金山集团不断寻求自我突破的过程中，互联网时代的霸主微软，也经历了一场觉醒和自我刷新。

　　其实微软并非没有意识到将传统的办公软件移植到移动端的必要性，只不过其早年的计划并没有打算将移动软件全面铺开，而是另有打算。在收购诺基亚之后，微软希望研发一套自己的移动端系统 Windows Mobile，然后将办公软件内置到这一系统中，而随着 Windows Phone 的最终失败，这个计划也流产了。2014年2月4日，随着鲍尔默离任微软 CEO，出生于印度海得拉巴的萨提亚·纳德拉成为微软 CEO 的继任者。他对所有的员工说："作为一家公司，我们已经错过了移动革命，但是不要再错过云革命了。"

　　从2011年开始，萨提亚就已经接手了微软刚刚起步的云业务，当时亚马逊等领先公司的云收入已经达到数十亿美元，但是这里面并没有微软的身影。2011—2014年，萨提亚负责微软的云战略企业转型，在出任微软 CEO 之后，他马上将"云为先"战略视为微软的北极星，这成为微软巨头重新崛起的起点。

　　可以说，萨提亚在微软内部实行改革时并非一帆风顺。他首先要说服传统软件业务团队放弃一部分"可以躺着赚钱"的收入而进行云转型。这和很多企业进行剧烈变革时的情况相似，当新任 CEO 上任时，公司团队还在各自为战，每个部门都独立生存、独立运营。这让萨提亚充满了挫败感，他仿佛听到一种声音在说："我们在赚大钱，而现在出现了一个被称为'云'的鬼东西，我们不想为它分神。"

　　在萨提亚上任之后，免费版本的移动端 Office 很快就在全球市场分批分次地上市了，这是微软 Office 在全球移动市场上演绝地反攻大戏的开始。金山的高管们坦言，在微软刚杀回中国市场的移动端时，他们还是感觉有些紧张的，毕竟，这对全球科技界来说都不是一件小事。微软的影响力让它的一举一动都牵引着全球科技企业的目光，更何况金山和微软已经在中国市场上交战了很多年。

不过令人欣慰的是，微软重回移动端确实让它在海外市场实现了繁荣的回归，但是让金山高管们担心的两家公司曾经在 PC 端残酷征战的景象，最终没有在国内的移动端重演。在中国市场，微软最早的移动端产品还是沿用了其在早期 PC 时代的一些风格和思路，属于 PC 端的产品到安卓端的简单适配和平移。而在微软给予 WPS 的三年窗口期内，金山的研发团队已经在移动端获得了足够的先发优势，比竞争对手的产品提前进化了 3~4 代。研发工程师们发现，在移动终端，由于微软产品的三个组件是分开的，因此它对手机内存的需求巨大。尽管微软 Office 也在国内市场进行了手机预装，但是当一些用户看到这个软件竟然要占据 1G 左右的内存时，他们会担心这将影响手机的运行速度，于是他们就把这个软件卸载了。所以后来大家发现，当微软 Office 和 WPS 同时预装在手机里时，微软 Office 在当时的激活率还是非常低的，大概维持在个位数的百分比，而 WPS 的激活率大约保持在 50%~60%。

此时，金山的研发团队在几年的时间内已经把 WPS 这款产品打磨得越发出色。这个团队始终保持着包容的文化，研发工程师和产品经理之间对于一个微小的产品细节都会展开充分的讨论。王冬记得，当时大家因为一个小问题争论了很长时间，这个小问题是要不要在移动端的文件里保持 DOC（文档）的后缀。有些人认为，保留这个后缀会给常年使用 PC 端产品的老用户一种熟悉感和安全感，人们一眼望去就知道这个文件的格式。另外一些产品经理则认为，文件的格式已经通过图标进行了区分，人们看到红色或者蓝色的图标就可以判断文件的格式，如果再给文件加上后缀，就会让信息看起来非常混乱。经过讨论，大家最终达成了一致——只要文件打开的速度足够快，确认格式就不再是一个问题。最后，高管对研发团队提出了一个苛刻的要求——所有 WPS 移动端的文件都必须能在一秒钟之内打开。为了完成这个看上去不可能完成的任务，研发团队花了大约三个季度的时间对产品进行疯狂的优化。最后，团队终于做到了所有的文件都可以在一秒钟之内打开。对 WPS 来说，这是在做产品的过程中一个特别有趣的案例，在研发团队和产品经理不断竞争和交锋的过程中，一个皆大欢喜的结果就此诞生。

葛珂后来说，到这个阶段，金山办公的团队已经完成了某种文化再造。在互联网时代，金山还是充斥着一种踏实、稳健的工程师文化，半年开发一个版本，最后产品的形态也变化不大。而在瞬息万变的移动互联网时代，金山的产品是按月、按周迭代的，这种打法也是雷军在内部多次强调的"专注、极致、口碑、快"的执行落地。如今在内部开会时，葛珂会脱口而出，"把用户需求像针一样扎透，我们才能快起来"。

随着研发团队不断突破能力极限，中国移动市场也迎来了基础设施的升级，在移动网络完成从 3G 到 4G 的全面升级后，手机处理各项任务的速度已经越来越快了。而随着屏幕技术的发展，手机屏幕的尺寸也越来越大，这对 WPS 这种办公软件来说是一个利好消息，因为大屏会提高人们用手机查看和编辑文件的易用性。可以说，WPS 的用户量正是这样火借风势，风助火威，一往无前地发展起来的。

到 2014 年年底，WPS 移动版的全球累计下载量已经超过了 3 亿，月活跃用户超过了 6 000 万，其中超过 40% 的用户来自海外。WPS 的商业化之路在经过了一段时间的摸索之后，也开始在增值服务的道路上顺利发展。除一些基础功能以外，WPS 研发出了 PDF（便携式文档格式）转 Word、PDF 合并、文档修复、云空间、全文翻译、数据恢复、全文检索等增值服务，付费会员的数量自此开始一路上涨。

在这个过程中，中国企业使用 SaaS（软件即服务）的浪潮悄然而至，这意味着中国科技产业一个新的节点再次来临。当企业开始对"上云"这件事有了与以往完全不同的认知时，金山办公自《金山快盘》之后，再一次认真思考移动办公如何与"云"相结合。

SaaS 是云服务类型的一种。云计算按照服务类型可以分为 IaaS（基础架构即服务）、SaaS、PaaS（平台即服务）三种。SaaS 作为云计算的一种云服务类型，在企业进行数字化转型的初期具有很高的价值。像人们打开水龙头就能使用自来水一样，在 SaaS 模式中，企业可以根据实际需要，向 SaaS 供应商租赁、购买相应的软件服务。而这样的模式可以让企业节省大量购买 IT 产品、技术和维护运行的资金，同时为企业提供一种快速且有弹性的管理解决方案。在越来越多的企业使用 SaaS 服务之后，企业传统的 IT 运维部门将逐渐消失，而这也激发了很多中小企业通过这个模式大胆地进行商业模式的创新。至此，一些移动互联网产品的形态，包括办公软件，也开始发生了翻天覆地的变化。

在"云时代"如呼风唤雨一般到来之际，一些轻量级的"云办公"产品开始在市场上崭露头角。2014 年，当"石墨文档"和"一起写"这样的产品出现在大众眼前并试图解决人们在使用 Office 的过程中协作效率低下的问题时，金山办公团队也同时经历了一个深度思考的过程。他们意识到，移动办公软件仅仅给用户提供像"金山快盘"这样的文件存储空间是远远不够的，团队最终还是要围绕客户的需求去做，解决设备和设备之间的联通问题。随着人们对多设备使用的需求增加，文档轻松跨越屏幕的需求陡然上升。比如，人们经常在关上了笔记本电脑后打开手机，然后走到公司的办公室打开 PC 端，用户都希望看到自己刚刚编辑过的那一份文档。当类似的移动办公场景频繁出现时，金山办公团队知道，WPS 再次转型的时间节点已经到来——WPS 要从一个工具型软件转型为一个服务型软件，解决不同设备之间的使用场景问题。而从工具转型到服务中的连接，需要的其实就是云。

经过一段时间的运行，金山办公的研发人员很快就发现了将

生生不息　　206

WPS 推上云服务之后巨大的市场潜力。葛珂说，虽然 WPS 的用户数在很长一段时间内不断上涨，但其实这些用户都是金山看不见、摸不着的，因为用户只是单纯地使用 WPS 这个产品，用完之后就消失了，他们和金山之间的联系其实非常脆弱。当你不知道用户喜欢什么、不喜欢什么的时候，金山就很难为用户提供更深入的服务。但是在云时代来临后，用户如果要跨设备在两个终端查看同一套文档，就必须通过建立账号才能实现，这意味登录这一操作会常常发生。当 WPS 的用户拥有了独立账号并保持登录时，用户黏性就此产生，这会在用户和金山的研发人员之间形成一种良性互动。在未来，金山便可以更进一步地为用户提供更为有效的服务。

可以说，走到 2015 年，WPS 已完全明确"上云"对未来办公发展的重要战略意义。毫无意外，金山办公选择了金山云作为自己的 PaaS 服务商，对于存储服务上层的具体开发工作，公司则抽调了自己的精兵强将进行集体攻坚。在毕晓存的记忆中，这又是一次轰轰烈烈的组织结构调整的过程。其实每一次 WPS 在业务转型时，无论是转型移动端还是转型做增值服务，其研发人员的队伍都会经过一系列非常剧烈的调整，这次转型云服务也不例外。

2015 年年初，一些核心的架构师被抽离了原来的部门，这让公司内部人心惶惶。和以往一样，章庆元需要对研发部门的小组负责人进行一些安抚工作，"不是说你现有的团队不重要了，也不是要削弱你的战斗力，只是我们现在要集中做一次最重要的转型"。

章庆元拥有那种"使命必达"的性格，很快，团队领导人的心情就平复了下来。而这些核心的研发人员也开始了对下一个高地的冲锋。其实在金山这几年不断寻求转型的过程中，人们已经越来越理解了"专注、极致、口碑、快"里面的深意。

2015—2016 年，有关金山进军云服务的新闻可以说接连不断。2015 年 5 月，金山宣布进军云服务，用户只要登录一个账号，在任何一个有浏览器的手机或者电脑上都可以打开文档，人们实现了随时随地办公。2016 年，金山进一步加强了"云协作"的概念，团队成员可以共同完成一份文档的撰写和编辑，每位成员的编辑不仅清晰可见，而且所有版本都会实时自动保存。之后，越来越多炫酷的功能被开发了出来，比如文档对显示器、电视、投影仪等周边显示硬件的智能识别，无线连接与共享播放，文档生成 H5[①] 与长图智能快速转换，社交平台分享，OCR（光学字符识别）拍照转文档，一键美化演示文稿。

有趣的是，在这个过程中，金山办公在 2011—2013 年探索时获得的宝贵经验在此刻派上了用场。一些以前开发的协同办公的功能被融入协作的产品中去。自此，金山办公走出了一条"邮箱—即时通信—云协作"的探索道路。

在 WPS 最终完成了从端到云的迁移并不断细化服务之后，葛珂说，这可能是 WPS 自 1988 年诞生以来意义最重大、影响

---

① H5，HTML5 的简称，万维网的核心语言，标准通用标记语言下的一个应用超文本标记语言（HTML）的第五次重大修改。——编者注

最深远的一次升级。

当 WPS 产品开始转型时，其增值服务的商业化模式也随之被搬到了云上。此时，WPS 已经形成了稳定的三轮驱动的收入模型，它们分别是产品授权、互联网广告和订阅服务。金山的管理层认为，云服务就像是 WPS 里面的"复制＋粘贴"功能，是一种基础服务，因此不能收费。

随着业务模型的不断调整，金山办公的考核标准再次发生了变化。以前，人们看中 WPS 在移动端的用户增长量，现在，大家更看重用户用云量的考核。管理团队知道，云在此时已经变成了一个基石，没有云团队就无法为用户提供跨端的多样性服务。此时，葛珂又对毕晓存进行了顿悟式的指导，他说："过去我们做增值业务属于做加法，后面我们要变成做乘法，从线性成长变成指数增长。"

从 2015 年开始，金山 WPS 用户的用云曲线开始了超线性成长。这样的变化令人感慨。看上去，这似乎已经是一家气质已经与过去截然不同的公司了。很多年来，WPS 一直给用户那种永远都在征途、永远都在抗争、永远都在漫漫求索的沉重感。很多老员工都会记得那种在微软和盗版中间腹背受敌的煎熬，还有在发年终奖时偶尔需要去总部"化缘"时的尴尬和卑微。而今天，这家公司给人的感觉是如此的敏捷和轻盈，一种从未有过的自信似乎已经完全注入了这家公司的灵魂。他们就像硅谷著名的投资人"霍夫曼船长"所说的那样，"在企业里建立起快车道以后，绝不应该再设有任何的减速带或者限速带"。

其实，如果 WPS 没有赶上 2010 年开始的移动互联网时代，也就不会赶上今天的云时代。如果说 WPS 曾经是被雷军一脚踹进移动互联网领域的，而此时此刻，这家公司终于发展出了一种自我驱动进行变革的能力。跟随着时代趋势的演进，金山的管理层已经在公司发展的过程中实现了自我蜕变。

不过，外界并不知道的是，从 2015 年开始，金山办公就已经静悄悄地开始了拆分自己 VIE（可变利益实体）结构的运作。让金山办公登陆中国的资本市场，已经在金山集团董事会计划中。金山办公的目光，早已投向国内市场的创业板。

"最后通牒"："说实话，你们只有一年的窗口期了"

2014 年 2 月，凭借着《剑网 3》大获成功的西山居，获得了小米 2 000 万美元以及金山集团 500 万美元的战略融资。在手游端发展并不顺利的西山居，此时收到了金山董事会的"最后通牒"——必须在手游端全力以赴地进行突围。雷军对邹涛说："说实话，你们只有一年的窗口期了。"

2014 年年底，西山居核心高管在舟山市附近的普陀山风景区举办了一次全体年会。开完会，西山居 CEO 邹涛拉上了当时小米互娱的总经理尚进一起去海边散步。那一天，两个人坐在寒冷的海边一直聊到了凌晨两点半，其中一个最主要的话题就是——西山居的手游事业该何去何从。

从中国游戏产业发展的历程来看，端游的发展从蓝海走到红海用了 10 年的时间，页游用了 3~5 年的时间，而手机游戏从萌芽到爆发，只用了短短两年的时间。从 2011 年开始，智能手机硬件的升级速度迅猛，因此适配移动端的手机游戏也很快进入了黄金期。2012 年以后，手机游戏已经成为赢利能力最强的移动互联网产品，市场规模不断扩大。2013 年，中国手机游戏的市场规模达到了 122.5 亿元。专业人士预测，再过一年，中国手机游戏的市场规模将很快超过 190 亿元。而在金山年会召开的 2014 年年底，小米互娱投资的《全民奇迹 MU》刚刚上线不久，已经显示出了一种势不可当的态势。

那一天，在普陀山天色渐晚的海边，邹涛沉思良久，对尚进说出了一句话："我终于想清楚了这件事。"

"这件事"，指的就是西山居的手机游戏。从 2011 年开始，西山居在力保自己在端游上优势的同时，也看到了手机游戏的无限潜能。从那时开始，邹涛就调集了一些公司内部有研发经验的人去了北京，准备开辟手机游戏的战场，其中就包括参与制作过端游《剑网 2》和《月影传说》的年轻人刘希。与此同时，一些曾经从西山居跑出去创业的年轻人被邹涛以 MBO 的方式召回，邹涛鼓励他们在公司内部持股，"在体制内"重新创业，其中最重要的一个例子就是郑可。

郑可还清晰地记得那一天决定回归西山居的场景："那一天，我和邹涛聊到凌晨 5 点才下楼，我俩在他的房间里抽了两包烟，说了一个晚上。下楼之后，我的宝马车前盖上已经是一层厚厚的雪了，那是 2012 年的第一场雪，我一个人把雪清掉，开车直奔机场,行李就在后备厢里。当时的我已经33岁了,到了这个年纪,很容易就做出这个判断。"

可以说,西山居这几年在进军手游市场这件事上不可谓不努力。就在郑可按照1∶1.6的比例退掉投资人的股份回归西山居的2012年,他至少面对面与150个游戏制作人进行了交谈,他希望为西山居挖掘更优秀的手游研发人才,而邹涛为此付出的成本几乎是以亿元来计算的。

在这个阶段,西山居坚持自主研发。邹涛常常邀请尚进去他那里看西山居出品的手机游戏,让尚进帮他分析究竟哪款游戏有前途。在这段时间里,小米互娱和西山居保持了频繁的互动,以至金山召开年会,尚进也会受邀参加。尽管西山居看上去背靠一个非常不错的"分发渠道",但是这些手游因为产品本身略显平庸,最终获得的流量都少得可怜。尚进后来说:"现在想想,当时大家都认为手机游戏是小成本制作,所以就选择亲自做,而做到最后靠的是数量,其实这跟瞎蒙没有什么区别。"

此时,创意产业的残酷性已经在这个过程中显现了出来。2011—2013年,西山居在全国各地建立了很多游戏工作室,用一位老员工的话来说,"在巅峰的时候,光北京知春路一条街就有我们七八个项目"。但是当时西山居推出的几十款手机游戏都不温不火,就算尚进经常在小米的应用商店里帮这些游戏推量,它们还是很快湮没在了浩如烟海的游戏市场里。很多经历过这段历史的西山居老员工都表达过一种迷茫的情绪:"当时的手游以轻量级的休闲卡牌类游戏为主,有时候我们觉得很不适应。尤其是在很多游戏的设置里，一些关卡的设计似乎都已经赤裸裸地把手伸进了用户的口袋里，我们好像不太会，也不想做那样的事情。"

可以说，在很长一段时间里，西山居对手游这个第二战场显得有些水土不服。邹涛事后也反思了这段时间西山居出现的问题，他意识到，尽管年轻的游戏策划人有《剑侠情缘》和《月影传说》这两部成功作品的研发经历，但是回过头来想一想，实际上他没有真正做过管理工作，尤其是从来没有真正做过手游。

郑可后来也对这段时期有过一些反思，他说："当时西山居是用端游的思维去做手游的，大家都是第一次转型，但是转型会有一定的适配期，人在第一次做一件事情时，往往会害怕犯错。而如果此时网罗天下英才，把行业内的佼佼者都收编进来，或者用'发行'来驱动机会，也许西山居会更快取得成功。"

尽管《剑网3》的崛起让西山居的士气得到了一些恢复，但是对于那段时间公司在手游端的不利战局大家也看得清清楚楚。邹涛说，那段时间是他被雷军骂得最多的一段时间。一些产业观察者毫无情面给出了评价："在手游行业，西山居一直处于被忽视的状态。"

2014年年底，《全民奇迹MU》的成功让邹涛终于看到了西山居的一线希望。那一天晚上，在普陀山风景区寒冷又寂静的海边，邹涛对尚进说："我忽然明白了，西山居以前的基因一直是做大制作、大成本的游戏，但手游流行以后市场上都是小成本、轻制作的产品，西山居的基因一时间还没有转过来，因此错过了一些机会。但是不知道你有没有发现，手游大片的时代现在已经来了。"

邹涛已经带领西山居在游戏行业奋斗了 11 年，他清晰地知道西山居的长板和短板。当《全民奇迹》这类多人在线角色扮演游戏终于可以在手机上无卡顿地运行时，这说明整个产业的软硬件成熟度已经足够让手机承托起大型游戏。这让邹涛备受鼓舞，他知道，大型 PC 端游戏向手机迁移的时间点已经到来了，而大制作，正是西山居一直以来最擅长的东西。那一天，邹涛和尚进的交谈持续进行了几个小时，到了凌晨两点半时，邹涛异常兴奋，他两眼放光地对尚进说："市场 200 亿元的时候可能没我们什么事，但是将来当市场到了 2 000 亿元的时候，总不能没有我们的一席之地吧！"

2015 年元旦，从普陀山回到珠海之后，邹涛在西山居内部做出了一个重大决定——西山居将立刻启动《剑网 1》《剑网 2》《剑网 3》手机游戏项目的立项，这三款游戏都是多人在线角色扮演类型的 PC 端游戏，而西山居现在要做的，就是把这些已经成名的游戏品牌迁移到手机端上去。他对所有人说："在手机大片来临的这个时间节点，西山居要尽快实现'端转手'的飞跃。"这个消息一宣布，《剑网 3》的游戏策划人郭炜炜就马上开启了《剑网 3：指尖江湖》手机游戏的研发准备工作。而在大型 IP 转型的这个过程中，曾经因对西山居的薪酬体系极度失望而离开公司创业几年的王屹，又宿命般地回到了自己从 2003 年就亲自带领团队制作的《剑侠情缘》中来。

王屹完全没有想到，在离开西山居和《剑侠情缘》5 年之后，最终还是由自己带领原班人马轮回般地操刀这款游戏从端到手的迁移。对他来说，他当时带领的算是一个"外部"团队，即便可以对《剑侠情缘》做出转型，但是能不能继续使用《剑侠情缘》这个名称，还是一个巨大的未知数。

王屹是最早为西山居开疆拓土的员工之一，从 2003 年开始，他就参与了《剑侠情缘》PC 游戏的制作，2007 年这款游戏在上线后获得了无数玩家的青睐，因此《剑侠情缘》也长年为西山居提供着稳定的现金流。尤其是在《剑网 3》崛起之前，《剑侠情缘》是西山居最主要的收入来源之一。

在西山居最为动荡的 2010 年，对公司的激励机制感到极度失望的王屹，带着一批《剑侠情缘》的团队成员离开了西山居，开始了自主创业的旅程。西山居和当时刚刚开办不到一年的天使投资机构创新工场一共给他的团队注资了 3 000 万元，这让他的公司从一起步就实现了 1 亿元的估值。从某种程度上说，投资离职的团队是西山居的兄弟文化的极致体现，即便是优秀的制作人离开了，西山居也愿意和他们保持某种千丝万缕的联系，因为大家知道，不管怎么折腾，大家还处在同一片江湖当中，说不定某一天还会再度相遇。

对王屹来说，2015 年是一个转折点。第一次创业他拼尽了全力，也做出了两款成绩尚可的产品，但是他最终意识到，合伙人和自己的创业目标并不一致。他的愿望是做出一些了不起的游戏，而他的合伙人可能认为只要可以赚钱就是一种成功，就算是去卖袜子也无妨，尽管王屹对很多细节语焉不详，但是他最后坦言双方的分歧已经到了不可调和的程度。在把自己所有的股份退给投资人之后，王屹退出了这家创业公司，希望带着自己的团队从头再来。

听到这个消息，邹涛立刻联系了他的老下属王屹。时逢《剑侠情缘》端游转型的重要时期，邹涛对人才的渴望无比强烈，他告诉王屹："你可以通过 MBO 的方式回到西山居在公司内部开始创业，也可以带着自己的人马重新成立一家新的公司由西山居来投资，但不管是哪一种方式，你都可以带着你的原班人马回来，在手机上研发《剑侠情缘》，我张开双臂欢迎你们回来。"

2015 年 2 月 1 日，王屹做出了自己的选择，他将用第二种方式完成回归——接受西山居 40% 的股权投资，然后带领《剑侠情缘》的原班人马单独成立一家新的公司。在这个口头条件谈定三天以后，王屹就带着他的团队入驻了金山大楼的办公室开始办公，正式开启了《剑侠情缘》手游版的研发工作。可以说，如果不是因为邹涛和王屹已经认识了十多年，一起打拼过很多年并积累了绝对的信任，这样的场景绝不可能发生。那段时间，王屹新公司的注册手续还没办下来，发工资都是临时找西山居借款。王屹形容当时的情景："我从银行取出现金，然后像包工头一样到座位上给每个人点钱、发钱。当时我们也没有多想什么，找准了方向就往前冲呗，其实这也是金山人的传统。"直到 2014 年 5 月，王屹的公司才注册了下来，按照他的说法，"当时公司已经裸奔三个月了"。

在《剑网 1》的转型开始之后，邹涛也亲自带队进行了《剑网 2》的转型。在执行制作人孙多良的印象里，他和邹涛有过一场"神奇"的对话。那一天，他和西山居的一个同事在车上聊天，当时邹涛也在。其中一个西山居的同事对孙多良说："你说做个手游怎么就那么难呢？"邹涛当时回过头来，对他们说："要是真这么难，我亲自上阵还不行吗？"

就这样，邹涛真的成了《剑侠世界》转型做手游的带头人。按照孙多良的说法，"在一个公司的老大成了一个项目的总司令后，那个影响力是巨大的。他一声号令，所有的资源就往这边倾斜，很多技术平台、美术中心的人都被调到了这个项目组"。

多年来，邹涛经常是凌晨两三点下班，因此早上他通常习惯晚来。但是在带领《剑侠世界》转手游研发的过程中，邹涛每天很早就到公司，这让整个团队颇为紧张。一个同事半开玩笑地对孙多良说："你真厉害！只有你可以能让邹总每天都这么早到公司。"

那一年，邹涛推着整个《剑侠世界》的团队向前行走，他不断激发着团队的灵感，给大家讲解游戏中的情感，分析游戏的大方向，还给同事们经常讲解什么是心法、什么是技法。在开会时，执行制作人孙多良会把这些思想记下来并整理归类，然后再发给手下的员工复习。

后来，整个《剑侠世界》团队从金山大楼搬到了玉海环球金融中心的一个办公室里进行封闭开发。那时候，邹涛一来，整个团队就给他"跑"这个游戏，研发人员在设备上操作游戏的同时会实时投影到会议室里的大屏幕上。邹涛一边看一边记录其中的问题，通常，游戏跑完一遍就已经是凌晨两三点了。

那段时间，整个西山居都在集中兵力、屏气凝神地做着转型手游这一件事情。孙多良说："在这之前，其实我们连一个手游的程序都没有写过，整个组也没有碰过手游，但就是这样，我们也一路踩着坑走过来了。"

整体来说，大家的潜力还是被慢慢激发了出来。就连西山居投资的王屹团队也感受到了，"其实西山居依然还是保留着那种文化，整个公司的凝聚力还是很强的，只要上面方向正确，下面的人基本可以指哪儿打哪儿"。

2015 年，在西山居开始研发大型手游的同时，中国手机游戏的市场正在野蛮生长。这一年，中国顶级 PC 在线游戏公司入场，包括网易、腾讯在内的 7 家顶级公司发布了超过 150 款手游，其中腾讯和网易两家公司在收入榜前 10 名几乎处于垄断状态。另外，中国首度超越美国成为全球第一大游戏市场，移动游戏出海规模效应初显，智明星通、昆仑万维、IGG[①]、掌趣科技等一批老牌游戏公司在全球热门发行商榜单上都榜上有名。

对西山居来说，这几款游戏能否成功，最终将决定西山居这家公司未来的重要走向。

---

① IGG，一家电子互动娱乐媒体公司，从事网络游戏以及网络娱乐社区服务，通过互联网为全球网络游戏玩家提供游戏和服务。——编者注

探寻流量变现、内容变现的最好方式：
"杀不死我的，必使我更强大"

从 2014 年年初到 2015 年上半年，陈睿离开了猎豹移动，这让傅盛感到特别遗憾。猎豹移动上市前夕的那次年会是在三亚的海边召开的，在大家的记忆里，那是一次成功的、和谐的大会，陈睿还是一名充满幽默感的主持人。

年会开完，陈睿和傅盛站在一起看着三亚的大海，说出了一个重要的决定："傅盛，上市之后我还是决定先退了。"傅盛当时非常震惊，有 10 分钟都没有说出话来，而陈睿也什么话都没有说。最后，两人的眼圈都红了。

对创业者来说，这是一个极其伤感的时刻，合伙人之间其实是有着出生入死的交情和关系的，一旦有人要离开，大家的内心就会激起强烈的波澜。

后来，陈睿投身动漫产业，成为哔哩哔哩公司的董事长。这么多年在网络安全领域摸爬滚打的过程中，他发现自己内心的真正所爱还是二次元。从小他就是一个读完了满墙漫画书的孩子，对动漫的兴趣一直保持到了成年以后，其实在加入金山网络之后的第二年，他就投资了当时还完全不起眼的 B 站。陈睿当时的选择更像是对童年愿望的一种追逐。

陈睿后来非常感慨："在做 B 站的过程中我才发现，自己在金山的每一天其实都没有浪费，很多时刻，我发现自己在不经意间已经得到了雷军的'真传'。比如在管理上的勤奋，比如对长期主义的坚信，比如在某个阶段对能获取多少用户的毫不在意，但对用户是不是喜欢这家公司最为重视。"日后，B 站和金山系的公司，尤其是金山云也展开了一系列的合作。

失去一名合伙人的强烈情感起伏终于渐渐得到了平息，猎豹移动上市之后的一两年是傅盛人生中风光无两的一段时光。在傅盛接手金山毒霸之前，金山毒霸的收入只占金山集团的不到 20% 左右，而猎豹移动上市的第二年，猎豹移动的收入就已经占到了整个集团的 64%。到 2015 年 5 月底，猎豹移动的股价一度达到了每股 35 美元以上，公司市值接近 50 亿美元。毫无疑问，这段时期的猎豹移动成了金山集团的耀眼明星。那段时间不但是猎豹移动办公大楼里接待访客最多的一段时间，也是傅盛对外发表"创业方法论"最频繁的时间，他坦陈，当时的自己体验到了一种快意人生的醅畅，猎豹移动一时间成了中国公司在全球出海并取得成功的典范。

可以说，从 2014 年上半年到 2015 年年底，猎豹移动依然奔跑在高速发展的轨道之上，2014 年年报显示，猎豹移动在移动业务上的收入已经占到了总收入的 26%，同比增长了 741%，来自海外用户的收入占比已经超过了国内用户。在这段时间，猎豹移动通过自建和收购，在全球拥有了十多个办公室并开始了本地化运作。此外，猎豹移动还在不断寻求新的商业模式，希望能找到将流量变现的最好方式。在这个过程中，猎豹移动和谷歌、脸书的紧密合作，成了它出海故事里最亮丽的篇章。

在脸书进入之前，全球移动广告市场其实是由谷歌垄断着的。

谷歌的移动广告平台 Google AdMob 覆盖了 200 个国家和地区的全球百万广告主，它工作的基本原理其实并不难理解，当广告主选择在这个平台上投放广告时，谷歌将通过算法将其推送到相关手机用户的 App 页面中去。猎豹移动在第一次接入谷歌的移动广告平台时，就感受到了它巨大的变现能力。这也是 WPS 曾经想走但是最后并没有走通的一条道路，因为当猎豹移动接入这个平台时，移动广告的成本还十分低廉。

在看到了移动广告平台的巨大潜力之后，全球著名的社交网站脸书也进军了这个市场。2014 年，它推出了移动广告平台 Facebook Audience Network，开始在第三方的移动网站和移动应用上显示广告，目标受众是已经在脸书上登录的用户。因为脸书通过用户日常发送的内容收集了这些用户的兴趣爱好和个性，所以它的数据更为丰富，算法也更加精准。可以说，脸书的移动广告平台一经推出，其广告量就超过了谷歌，这两家形成了事实上的竞争关系。

在接入脸书的移动广告平台之后，猎豹移动很快发现脸书惊人的广告变现能力，这成为猎豹移动在那一年当中广告业务量暴增的真正原因，它甚至引起了很多信用评级公司对猎豹移动的关注。当时，谷歌和脸书两家公司都处在要大力发展移动互联网广告、互相抢夺流量市场的阶段，它们对生态公司的态度也非常友好。

在 2015 年度的巴塞罗那科技展会上，傅盛有一段令人难忘的经历。那一次，为了节约成本，傅盛住在一个离会场相当遥远的宾馆，在展会开始前，他自己穿着西装，扛着一箱子物料，打车到现场和同事一起布置展台。当傅盛向人们介绍自己的公司时，脸书的一位副总裁来到了猎豹移动的展位并告诉傅盛一个令人惊讶的消息："猎豹移动已经占据了脸书外部流量的 1/10，现在其实已经成为脸书最主要的合作伙伴。"这让傅盛颇感意外，因为在此之前，猎豹移动和脸书从未有过直接的接触。而这一次，脸书副总裁在离开会场前对傅盛说："如果你们需要，脸书会派专门的工程师来一趟中国，以便让猎豹移动更好地使用脸书的广告系统，或者双方一起做开发都可以。"

在人们的印象里，那时是脸书和猎豹移动的"蜜月期"。这一年，傅盛受邀参加了脸书的开发者大会。在脸书 2015 财年第一季度财报发布之后，猎豹移动成了脸书的首席运营官雪莉·桑德伯格在财报分析师电话会上唯一提到的企业，她说："脸书驱动了广告商和发行商的成长。一个很好的例子就是：在猎豹移动产品中嵌入 Facebook Audience Network 的情景原生广告后，它所产生的 eCPM（千次展示收益）比使用其他移动广告网络所产生的 eCPM 高两倍有余。"

因此，猎豹移动被媒体冠以"脸书异姓兄弟"之名。

这段时间猎豹移动不但和脸书交好，而且与谷歌的关系也相当融洽。这一年，谷歌 CEO 桑达尔·皮查伊在上任之初来到了中国，他邀请了包括红杉资本的沈南鹏在内的 6 名中国企业家共进午餐，傅盛也位列其中。在这 6 名企业家里，傅盛是最年轻的一位，也是唯一穿着休闲装就去赴宴的人。到了现场，他才猛然惊觉自己的穿着和大家格格不入。他后来说："在互联网公司待久了，以为大家都是这样的习惯，但是去了以后才发现每个人都西装革履，自己就像一个异类。"在傅盛的回忆里，午宴上，皮查伊一直在阐述谷歌将如何与全球的合作伙伴更好地展开合作，以及如何把谷歌的生态建设得更好。

如此其乐融融的场景，让傅盛难以预见后续急转之下的剧情。此时傅盛的看法非常简单，他认为，在全球化的背景下，移动互联网的用户一定会不断增加，移动广告的市场也会越来越大，因此流量的价值会越来越高，当三者叠加在一起时，猎豹移动的前景毫无疑问会更加光明。

在形势一片大好的情况下，傅盛作为一个还不到 40 岁的青年企业家，常常会被邀请参与一些规格非常高的国际会议。一个国际顶级基金在夏威夷举办的年会让他印象深刻。当时，主办方为了方便企业家的出行，会用私人飞机到北京和旧金山两地接送企业家参会。到了夏威夷以后傅盛发现，全世界最知名的企业家几乎都已经聚集至此。傅盛说："有一次我们是在杨致远家里吃的晚饭，一个米其林三星的大厨专门飞过来做菜，我们吃的是刚从海里打捞出来的三文鱼。那个时候我和全球顶级的企业家进行交流，感觉好像世界也不过如此。"

在猎豹移动和国际伙伴关系紧密的那段时间，媒体发现，傅盛最爱谈及的不再是自家产品，而是讲述中国企业如何与脸书做生意。在一次 40 分钟左右的媒体采访中，傅盛谈到了"脸书"22次，而谈到"清理大师"只有 3 次。

那一段时间，为了尽快搭建全球广告销售网络，猎豹移动选择了收购和投资一些与脸书有紧密联系的公司，比如广告授权分销商香港品众互动、脸书全球最大的广告合作伙伴之一MobPartner，以及猎豹大数据创业公司 Nanigans，这是一家基于脸书的即时竞价广告平台。傅盛表示，对中国厂商来说，猎豹移动是目前向脸书投放广告最好的平台。

其实，炫目的高光时刻背后往往隐藏着巨大的危机。只不过对猎豹移动而言，傅盛和整个管理团队此时都无法对后续急转直下的剧情进行预判。其实在 2014 年 7 月，令人担忧的事情已经显露了一些端倪。只不过此时，公司对大形势的判断还是相对积极的，因此，整个团队都忽视了这些信号背后隐藏的重大信息。

2014 年 7 月，在猎豹移动上市之后，媒体报道了一条消息："猎豹清理大师因推广猎豹浏览器，违规使用系统通知推送广告，同时恶意误导和鼓励用户卸载 Google Chrome（谷歌公司开发的网页浏览器），这触犯了 Google Play 多条规定，猎豹移动的 App 因此被 Google Play 下架长达一个月时间。"

这一次下架让傅盛和团队都很惊讶，在傅盛的理解里，这是团队对谷歌的政策理解不深的后果。他说："我们本质上肯定不会去做恶意误导这件事情的，但谷歌不允许我们在软件里报告它有漏洞，这和微软的政策不太一样，其实 Windows 是给大家这种权利的，你可以讲它安全，也可以讲它不安全。我们之前在做清理时可能报告了 Google Chrome 里的一些漏洞，但当谷歌的政策越收越紧时，清理的空间就越来越小了。另外，我们会在移动广告的界面里面推广我们的猎豹浏览器，在我们看来，这是市场上正常的推广行为，但是在谷歌眼里可能这个行为就是违规，挤占了别人的机会，我认为这可能是一种文化冲突。"

经过了一个月的调整，猎豹移动的 App 在 Google Play 重新上架了。猎豹移动的团队当时都以为，这只是公司在曲折的发展过程中的一个"小插曲"而已。毕竟，尽管猎豹移动的产品被谷歌临时下架了一段时间，但是谷歌的开发者大会还在宣传着猎豹移动的广告方案，谷歌 CEO 桑达尔·皮查伊来华访问时还会热情地邀请傅盛吃午饭。

这段时间，傅盛依然还在乐观地对公司进行 App 品类的扩充，此时此刻他更关心的其实是猎豹移动如何进行"战略进攻"的大事。在《清理大师》等 App 已经成功获得关注和流量之后，猎豹移动此时希望在移动端找到自己的"第二级火箭"，以便让猎豹移动未来的商业模式更稳健、持续。在 PC 端，工具软件已经找到了"流量—浏览器—网址导航"的"三级火箭"模式，让商业模式形成了闭环，这意味着在工具将客户端的流量导向浏览器之后，网址导航的广告成了商业化的另一大来源。而猎豹移动现在的收入来源只有移动广告平台，收入方式略显单一，显然猎豹移动还没有完成搭建"三级火箭"这个过程。

从 2015 年开始，为了实现"三级火箭"商业模式的梦想，猎豹移动开始在游戏和内容两个方向发力。"从单向到多点，从一个形式到多个形式，新物种在进化中产生，公司的商业模式就是这样演进的。"那一年，当傅盛看到《飞扬的小鸟》（*Flappy*

Bird）和《2048》这些小游戏正在移动端风头正盛时，他已经感受到了移动端游戏全球化时代的来临，对猎豹移动这样一家正在出海的公司来说，小游戏的文化元素比较少，也不容易有文化界限，比较好切入。因此傅盛将轻游戏当作猎豹移动的一个突破点，在这一方面进行了一些收购和再研发。2015 年，猎豹移动推出了《钢琴块 2》《滚动的天空》《跳舞的线》等轻度休闲游戏，让它们成为工具变现的收入补充。

而傅盛非常重视的另一个方向就是内容。在他看来，通过内容变现其实与用户更加贴合，脸书本质上也是基于个性化的内容进行变现的。这一年，猎豹移动内部孵化了一个叫作"Live Me"的小团队，开始了进军全球直播平台的试水。另外，他开始萌生研发"今日头条"这类 App 的念头。

一直以来，傅盛都非常想基于个性化搜索完成内容变现，这源于他在 PC 时期的感触。在 PC 时期，《金山毒霸》由于没有搜索功能，因此缺乏流量变现的渠道，所以他非常想在移动端把这个缺憾弥补上。而像《今日头条》这样的软件，正是一个基于个性化搜索的内容工具。可以说，《今日头条》给傅盛带来了很大的启发，他认为，《今日头条》的本质其实就是搜索，在猎豹移动内部，他把这样的软件命名为"拇指搜索"。基于对头条模式的乐观判断，让内容成为猎豹移动的"第二级火箭"，成为傅盛一个重要的尝试方向。在印度牛刀小试了一段时间之后，傅盛逐渐理解了做内容最大的瓶颈其实是版权。为了解决这个难题，猎豹移动在 2016 年花费 5 700 万美元收购了一家叫作 News

Republic（新闻速递）的全球新闻服务运营商。这家公司的总部设在法国波尔多和美国旧金山，通过智能编辑、数据分析和挖掘等手段向用户提供个性化新闻内容推荐，被誉为"世界上第一家没有记者的新闻媒体"。这个收购标的最大的好处就是，让猎豹移动拥有了全世界几百家大媒体的授权，提前解决了版权的问题。为了把 News Republic 打造成为海外版的今日头条，猎豹移动当时还挖来了雅虎刚刚解散的个性化算法的团队，并对这个项目进行了重金投入，每个季度的研发费用就是 1 亿多人民币。

当时的猎豹移动希望"网罗天下最有前景的内容软件"，除了全资收购和内部孵化这两种方式之外，傅盛还通过投资的方式进行了一些战略布局。其中最值得一提的，就是短视频社交 App Musical.ly 了。当傅盛找到这家团队时，Musical.ly 还是一个在上海别墅里创业的小团队，做的产品是面向美国青少年的音乐短视频社区应用。当时，这个团队已经快垮掉了，只剩下了 10 个人左右，产品每日下载量也只有 200 多次。在几近弹尽粮绝之际，这个团队非常渴望外部投资，可是很多投资人在此时已经不看好它的前景了。而傅盛认为，这个产品本身其实做得还不错，也符合猎豹移动目前希望将工具做成内容的方向，于是就投资了 500 万元人民币给这个团队。因为当时这个产品看起来已经岌岌可危，所以收购的条件相当优惠，猎豹移动不但占据了它 17% 的股权，还拥有一票否决权。在傅盛看来，即便将来这个产品的用户量起不来，这个团队也值得收下。为此，在投资协议里还有一个附加条款——如果这个产品将来失败了，那么这个团队的员工需要到猎豹移动工作三年。

2015 年依然还是猎豹移动的高光时刻，这一年猎豹移动的总收入达到了 36.84 亿元，同比增长 109%，连续 5 年增幅超过 100%。在活跃用户、季度营收和季度盈利等多个方面，猎豹移动在这一年都创造出了历史的新高。但是，剧烈的转折也正是从这一年开始发生的。2015 年下半年，谷歌调整了它的广告政策，降低了给予工具型软件的广告权重，这导致了猎豹移动的收入快速下滑。

屋漏偏逢连夜雨，2016 年 3 月，脸书向 MoPub、Fyber 和 Opera Mediawork 等更多的广告平台开放，猎豹移动由此多了很多强劲的竞争对手，收入自然也被分流了。尽管猎豹移动拥有 6.51 亿月活跃用户，但其变现能力依然严重依赖第三方。可以说，当外部环境开始发生剧烈变化时，这对收入来源单一的公司来说是最致命的。

傅盛说："2015 年我们所有的战略都是进攻型的，然而，在我们的第二曲线还没有长好时，猎豹移动的第一曲线正在发生垮塌。"

对于越来越封闭的谷歌系统，傅盛坦言："当时我一直认为安卓就是 PC 上的 Windows，它和苹果是不一样的，我们没有预料的是，谷歌会越来越封闭。其实从 2016 年开始，谷歌发的每一个版本权限都越收越紧，这意味着外部的开发者不能再触碰安卓的底层。猎豹是一个工具软件，如果得不到相关权限的话，很多事情就完成不了。比如说，以前我们可以访问手机的内存，当我们知道 App 还占据着哪些内存时，我们就可以帮用户把这些空间释放，但是后来，我们没有访问内存的权限了，就只能待在一个沙盒里。"

2016 年 4 月之后，猎豹移动迎来了一段公司的形势急转直下的日子。"脸书的一个政策就让猎豹移动每天少了几十万美元的收入，而这些收入本来全是利润。"傅盛说。

2016 年第一季度财报发布后，猎豹移动的净利润同比下降了65.2%，猎豹移动的股价大跌 20.43% 至每股 11.14 美元，已经跌破了发行价。可想而知，对傅盛和猎豹移动来说，这都是一次不小的打击。在去外地开董事会的飞机上，傅盛对坐在身边的合伙人徐鸣说："没有想到会这样，事态的发展和我们的预判严重背离。"在那次董事会之前召开的审计会议上，一个独立董事对傅盛提出了很严厉的批评，这名独立董事也是审计委员会的主席。傅盛坦言，一时间很难相通——"我也很努力，为什么会是我呢？"

当公司的收入开始下滑的时候，一些进攻型的战略必然受到遏制。这时候，每次要对新业务进行大笔资金投入时，傅盛都要经历一番挣扎。这时候团队对 News Republic 这样的新业务已经严重信心不足，内部也开始产生各种摩擦，一些员工开始选择出走离职。2016 年第二季度，猎豹移动在连续 15 个季度盈利后首次陷入巨亏，净亏损额达 1.5 亿元人民币，与此同时，当初被"发配"到美国好几个月去开疆拓土的首席营销官刘新华也离开了猎豹移动。

这段经历可能对创业者傅盛来说也是异常魔幻的，这让他的内心无时无刻不在接受拷问。傅盛清晰地记得，在猎豹移动的业务还一片大好的时候，他曾经有过一次从遥远的海岛紧急飞往奥斯陆的魔鬼之旅。那一次，他正在夏威夷开会，中途听说竞争对手要购买软件巨头 Opera，而猎豹移动也想参与这场竞争。于是，傅盛开启了他有生以来最漫长的一次旅行：他先从夏威夷飞到了美国的西海岸，再从西海岸飞到了纽约，最后从纽约飞到了挪威首都奥斯陆，下了飞机他紧急地与 Opera 的高管相约见面。那一次的飞行持续了 30 个小时，下飞机以后，他还和挪威人一起吃饭喝酒。第二天早上 8 点，公司又开始开会讨论收购的细节。但是后来，猎豹移动的业务发生了突变，股价下跌太快，猎豹移动本来想要用 2:1 的股价来收购 Opera，但后来这个价格就变成了 1:1。再之后，傅盛发现猎豹移动已经买不起这家公司了。

在和内部团队开会时，傅盛曾经给团队分析猎豹移动在国际化问题上面临的大前提和解决方案，其中的一个大前提，中国移动互联网产品和商业模式领先全球，互联网让世界变成了统一的大市场，文化壁垒已经迅速消失。现在让傅盛比较头疼的是，这一前提好像不再成立了。或者说，至少工具软件全球化的土壤已经迅速崩塌和消失。这段创业历程让傅盛想清楚了一件事，如果猎豹移动在未来要转型到一新的方向，就一定要摆脱受制于人的商业模式。

创业者遇到了挫折，未来是选择沉沦和放弃，还是选择成长和奋起？这就像莎士比亚那句"生存还是死亡"一样掷地有声。傅盛说，他仍相信尼采的那句名言："杀不死我的，必使我更强大。"

视频云：行业发展的新物种

2015 年年底，在一个安静的茶馆里，七牛云存储公司北区负责人梁守星见到了金山云的总裁王育林。梁守星长得很高大，偏硬的黑色头发在头顶上方梳成了一个小短辫，使他露出了额头，这让他带着一股摇滚乐队贝斯手的风范。这其实是他最忙碌的一段时间，8 个月之前，他负责从零开始组建七牛云存储北区团队的工作，从自己招人、自己找办公室、自己装修、自己买家具开始，到现在团队已经稳定运行。这段时间，他不但把这家公司的北区团队搭建起来了，也按计划快速推进了销售工作。现在，七牛云存储 50% 的收入来自这个团队。此时此刻，看着坐在他对面戴着金边眼镜、有着一股书生气的王育林，梁守星心里只有一个想法——这家公司太执着了。

从业多年，梁守星深知人力资源部门其实是一家公司的第一张名片，而他感受到了金山云人力资源部门的拼搏精神。那段时间，一位叫郑婷的女士基本天天联系他，每一天都给他传递很多公司信息。一开始，梁守星对金山云其实是无感的，但是，他慢慢地被金山云人力资源部门的这份执着给打动了。

对正在"腾笼换鸟"的金山云来说，人才其实是最宝贵的资产。对这家新组建的云公司来说，只有先把人才梯队搭建起来，公司才会有大步快跑的可能。对在中国移动互联网产业奔跑的创业者来说，人们知道，在技术发展日新月异的时代，初创企业的状态每 6 个月就会发生变化，如同硅谷投资人们经常说的那样，在今天被视为习以为常的事，到了明天就不一定正确。因此在金山云创建的最初几年，高管们所做的第一件事情就是保证人才吸纳的速度。每当一个在本领域有专业技能的人来到金山云时，公司的能力在短时间内就可以得到迅猛的提升。

2015 年入职的刘涛曾经就职于百度，来到金山云之后他说："百度当时已经可以一天交付 10 000 台服务器了，厂商会把机器用大卡车拉过来到现场拆封，然后我们把整个机柜直接推进机房。机柜一接上电和光缆线，我们写的系统程序就开始给这些整机做自动化安装，在完成自动化程序部署之后，我们就可以把这些机器交付给业务了，金山云当时还做不到这些。一个叫胡兵的小伙子来到金山云以后给金山云重写了整个自动化运维的程序，包括自动化安装、资产管理、流程变更、网络监控等方面。金山云的网络开发团队很快就做到了几百 G[①]、几百 T[②] 流量的负载均衡，保证它在连续运行时不会出现大的事故。"

人才的到来塑造了一支有专业技能的团队，公司的技术水平随之迅速攀升到了行业前列，这几乎就是金山云自从成立以来的发展路径。今天，在王育林和梁守星的这场谈话中，王育林知道，梁守星拥有金山云需要的多种专业技能，包括组建队伍和对企业销售的技能，因此梁守星是他非常希望能够一起共事的战友。

梁守星当时住在北京的东五环，而金山云办公室位于海淀区的上地，两地的距离几乎有 40 千米。在来和王育林面谈的路上，

---

① 信息计量单位，1G=1GB=1 024MB。——编者注
② 信息计量单位，1T=1TB=1 024GB。——编者注

梁守星认为自己来金山云上班的可能性微乎其微。本着看看竞争对手今年想怎么干的想法，他坐到了王育林的对面。但是这场谈话在他的人生中发挥了关键作用。在交谈中，梁守星发现王育林和一般云业务的老大不太一样，王育林没有一上来就谈宏大的愿景，而是开门见山地谈起了具体业务，他告诉梁守星金山云的技术能力在哪里，之前是怎么切入游戏云的，未来有哪些东西要做，哪些东西不能做，接下来互联网的一大波流量趋势在哪里，未来云公司在新的赛道进行再投入时，哪里存在的风险会比较大。这让梁守星有些惊讶，因为他和很多企业的高管都打过交道，也经常会有交流，很多人也是奔着挖他的目的而来，但是他从来没有感觉到沟通可以如此坦诚和顺畅。以前他碰到过太多的人，可能懂融资，懂团队管理，也懂一些方向性的东西，但是他们对一些具体的业务并不熟悉，而王育林说出了"只有真正懂业务的人才可能说出来的那些话"。这让梁守星觉得，这家公司从人力资源的普通员工到总裁呈现出来的气质其实是一致的，他们想做事情，而且一定要做成，大家有很高的目标感。

那一天的谈话持续了整整一个下午，经过了几个小时的全面交流，王育林和梁守星两个人之间建立了一种很深的信任感。两个星期之后，梁守星最终做出了加盟金山云的决定。他说，这是一个理性思考的过程，而不是感性的冲动，毕竟，当你想到要花好多年的时间每天开车从东五环到北五环上班时，这不可能不是一个经过深刻评估的结果。在谈薪资待遇时，人力资源部门给梁守星提出了一个建议——多拿点儿期权，少拿点儿现金，着眼于未来。梁守星和很多愿意降薪来到金山云的人一样，表示没有任何异议。梁守星的父亲最早曾经做过百事可乐的瓶坯生产线，后来还做过汽车配件，也在广东开过酒楼，因此梁守星的家庭条件非常不错。他说，他愿意来到金山云完全就是为了做事情，成为一个真正意义上的开拓者，成为这个为了一件事、一个人可以使尽浑身解数的团队的一员。

过完 2015 年春节，梁守星正式入职金山云，他再次发现，这是一个每时每刻都在冲锋陷阵的团队。

和梁守星在同一年加入金山云的郭岚，同样也感受到了金山云办公室里每天充斥的"战时气氛"。郭岚出生于 1981 年，2015 年她从凤凰网来到金山云做市场工作。刚刚入职时，住在东五环的郭岚每天也要穿越北京的 10 环来到金山云上班，后来她发现，这件事情实在太耗费体力了，于是就在公司附近租了一个 30 平方米的大开间住。为了学习业务，她经常很晚才回家。记得有一天凌晨三点半，她工位附近办公室的门忽然打开了，王育林从里面走了出来，这个场景把她吓了一跳，她并不知道这么晚了老板还在加班，而王育林也不知道已经这个点了办公室外面还有人没有下班。郭岚形容那段时间道："都不知道为什么会有那么多事情让你干，基本上周末也是连轴转。每天回到家都觉得特别饿，于是半夜两三点钟开始点外卖，不过因为我家的门牌号写得不太清楚，配送员还经常把外卖给送错。"这段时间是郭岚的能力野蛮生长的一段时间，当发现金山云的市场预算并不足以支撑她做那种大规模的户外广告投放时，她总结了一套 To B 的大客户品牌战略和营销方法论。她坚信，这套方法虽然并不传统，但是十分有效。

被王育林从凤凰网劝到金山云来工作的胡永红也经历了一场"自我刷新"的过程。在凤凰网做财务工作时，胡永红感觉整个财务的流程相对简单，她也无须负责成本的架构。但是对金山云这样对成本极度敏感的公司来说，胡永红坚信，财务人员如果不懂业务就根本无法做好本职工作。刚到公司时她一直在恶补各种业务知识，了解搭建某种产品模型时成本是如何构成的，而成本项又有哪些。她说："如果不了解云业务，在帮助产品线去做定价的时候就可能会出错。我们在搭建财务模型时，需要去和产品线的同事沟通，成本构成有哪些变量因素，这些变量因素对成本的影响有多大。每个月，财务都需要把 CPU 的复用率、存储的利用率、带宽的复用率、机柜的复用率和产品线的同事一起核对。如果我们发现一些指标没有达到公司的预期，我就要去找这个产品的负责人去沟通，看看出现了什么问题，然后再重新制定方案、重新落地。如果前端客户要求降价，后端的成本降速达不到，我们的亏损就会不断增加，这会给财务造成很大压力。"胡永红第一天来金山云上班，就是次日凌晨三点才回家的。下班前，她对着办公室拍了一张照片并随手发布到"朋友圈"："我可以回家了！"结果这张照片被凤凰网的一位高管看到并发到了凤凰网的工作群里。第二天，这位高管就在凤凰网的工作群里发起了一个讨论："是什么东西让一个人在跳槽以后可以有这么高的工作热情？"

在金山集团的 4 家子公司里，只有金山云是从零起步的，可以说，经过了几年这样艰苦卓绝的打拼，2014年年底，金山云终于完成了从零到一的革命。而《全民奇迹MU》在这个过程中也成为一个标志性的节点，通过《全民奇迹MU》这一场硬仗，金山云证明了自己承接大型云服务的能力。金山云的高管说："这在金山云产生了一个标志性的灯塔效应，这个灯塔效应转换得很快。金山云也由此在当年直接横扫了游戏行业。在2015年和2016年排名第一的手机游戏，基本上都和金山云有过合作。这基本奠定了我们在公有云领域的竞争地位。虽然当时金山云的规模还没有达到全国第三的位置，但是我们已经拥有了冲击全国前三的信心。"

从2014年之后，人们早前对云产业的怀疑态度已经一扫而空，取而代之的是一些公司纷纷开始进入这一战场。一些产业新贵在入局之后，很快就发现这是一个极其烧钱的行业，于是默默退出了，而有的新入局者在风险投资的助力之下，依然大举进攻。虽然金山云的入局时间较早，但是其此时面临的对手既有资金实力雄厚的"大厂"，也有愿意打价格战的"新手"，因此，金山云每打一场仗都很不容易。2015年，为了继续在公有云这个领域保持奔跑，为金山云开辟一个新赛道的工作已经被提上了议事日程。

这也是王育林和梁守星在见面的那个下午谈论的主要话题之一——接下来互联网的一大波流量趋势在哪里。在那场谈话中，两个人经过分析得出了一致的结论，下一个即将崛起的新风口应该是视频方向。在梁守星的从业经历里，唱吧以及蘑菇街都是他曾经的客户，他很清晰地看到了视频在移动互联网里的诸多应用机会。而对王育林来说，他看到了短视频从 2013 年燃起的小火苗到 2016 年将要进入熊熊燃烧的态势。2015 年，他带着金山云做过一次融资，非常仔细地研究了当时移动互联网的大趋势，他知道，随着智能手机的大规模覆盖，手机的性能已经得到大幅提升，这意味着每个人手里都有了一台摄像机，大家可以方便地拍摄和发表短视频，人们自我展示的欲望进而被激发了出来。资本看到了视频领域的风口即将来临，就开始不断加持这个领域。到 2015 年，视频直播的投资金额已经达到 120 亿元。到 2016 年年中，网络直播平台的用户已经达到 2.6 亿。对这些视频公司来说，直播对带宽的要求非常高，很多公司的每月带宽费用都是千万元级别的，因此对云公司来说，这是一个非常好的入局机会。

在认定了视频云这个方向之后，梁守星就开始组建他的销售团队，几乎把在七牛云早期的筹备工作在金山云又重复做了一遍，一边跑业务，一边建团队，一切又是从零开始。这一次，他招聘了十几个年轻人和他一起作战，他说："以我当时的行业经历和人脉，我也招不到特别有销售经验的人，因此我专门找那些有发展潜力并且愿意吃苦的年轻人，然后手把手地教他们。"梁守星花了三个月的时间，完成了视频云销售团队的组建，他亟须教会这些年轻人的，就是如何在激烈的市场竞争中抢夺一片属于自己的天地。此时此刻，云行业的竞争已经趋于白热化，每一次金山云去一个客户那里投递标书，遇到的竞争对手都有三十几个，其中有阿里巴巴、腾讯、百度、乐视、美团这些巨头的名字，也不乏很多新的入局者。梁守星说："这样的市场环境越来越像战国时代了，大家都兵强马壮，每一个竞争对手要么就是有技术，要么就是有资源。我们只能靠最大的诚意去赢得客户。"

为了在视频云这个行业攻城略地，梁守星在刚刚上任时，就给所有的员工在白板上画了一张"客户战略地图"。在这张图上，他把市场上所有的视频类客户分成了 5 个行业，分别是长视频、短视频、OTT①、移动点播和移动直播。梁守星指着这张作战地图对这些年轻人说："我们要用 3 年时间把这 25 个客户全部拿下来，虽然市场现在很热，但我们光脚的不怕穿鞋的，不管你的竞争对手是谁、实力有多强大，我们就认真做我们的技术，研究我们的产品，做好客户的服务，一定把这场仗给我打下来。"

很多团队成员都还记得那几年如同泰山压顶般的工作压力。每周一都会有员工从金山软件大厦的 312 会议室里哭着走出来，那是梁守星召开一周例会的时间，他要在会上核对销售情况、跟进各种数据，门口就坐着财务和法务的同事。会议室里的气氛非常紧张，大家在做汇报的时候都屏气凝神。梁守星后来自己也说："会议室里经常'血雨腥风'，我知道他们很努力，但是他们可能也很害怕，因为对一些问题我会问得非常细，对他们的要求也特别严格。如果到了某个阶段，一个人的目标还没有达成，我就要去了解他为达成目标做了哪些工作，为什么有的客户不愿意见他。有时候，我的问题会像连珠炮一样，可能会让他们有些难

---

① OTT，指通过互联网向用户提供各种应用服务。这种应用和目前运营商提供的通信业务不同，它仅利用运营商的网络，而服务由运营商之外的第三方提供。——编者注

以招架。在我的部门，理论上没有任何一个客户、任何一个环节是我不清楚的，可以说我采用的是一种很强势的管理方式。"

当然，在这个过程中，也会有人选择和梁守星"对抗"，而梁守星也表示他欢迎不同意见的提出。他承认，在大的方向判断上他很少失误，但是在业务细节上，有时候员工确实会比他更加了解，因此他不能太过独裁。一些员工偶尔会和梁守星拍桌子，或者直接批评他主观性太强。梁守星就对他们说："最好你能说服我，你要是把我说服了我就按你说的干，但是如果你说服不了我，你就按照我的干。我们最好把事情吵透之后再去执行。"

总体来说，金山云的这支团队保持了一种平等和包容的文化，大家拍完桌子吵完一架之后还是该干活就去干活，并不会把事情放在心上。不过有一次，一个员工的情绪好像过不去了，直接给梁守星发了一个邮件并抄送了人力资源部门："守星，我不干了。"第二天，那个员工刚到办公室就被梁守星拉进了一个会议室里私聊："你有情绪问题，咱俩可以私下解决嘛，你拉上 HR 干嘛？"经过梁守星一顿开导，两个人的矛盾终于云开雾散，这名员工也回到了自己的工位继续埋头办公。

去"磕"客户的时候梁守星经常就像一名战士，在当年的战略地图里的 25 个客户，有一半的客户他会自己亲自去谈，到了最后，很多客户都成了和他私交特别好的朋友。有时候，他也会遇到那些众所周知特别难谈的客户，但他相信"精诚所至，金石为开"。

有一次，金山云想和长沙的一个大客户进行合作，但是行业里的人提前告诉梁守星："你想拿下这个客户基本上是痴人说梦，它的首席技术官本身是一个很懂技术也很严格的人，你想和他合作，没有一年的基础，没戏！"经过一段时间的研究，梁守星就发现了这次合作的难度，一家云公司要想给这家企业投递标书，首先要经过严格和漫长的测试，即使测试通过，也不一定能拿到投递标书的入场券，因为这里面强手如林。

当时梁守星正在组建金山云的技术团队，他准备接管研发工作，为视频团队打造"产研销售一体"的服务模式。每一次短暂地和这家公司的首席技术官见面，梁守星都会和对方谈论一个比较重要的内容，比如在管理技术团队时，如何才能设置合适的指标，哪些东西应该特别注意。梁守星会提出自己的一些想法和思路，而首席技术官也会给梁守星提供一些指导和建议，可以说，两个人是从谈论技术管理开始逐渐相识的，在这段时间里，两个人建立了初步的信任和对彼此的尊重。

某个周五，梁守星到上海出差，并计划之后飞到长沙，也就是客户的所在地。他打算和这家公司的首席技术官见个面，与此同时拿出金山云的服务方案。当梁守星给对方打电话时，对方却说："我今天马上要离开长沙了，每周的周五我一般都会飞到上海陪陪家人。"已经在上海的梁守星其实可以选择在上海原地等待客户飞过来和他见面，但是他思前想后，还是选择了马上飞到长沙去见客户，落地后，他在机场和客户聊了20分钟，并提交了金山云的技术解决方案。就是这场谈话最终打动了客户，双方达成了最终的合作意向。那一年的12月，在梁守星的生日到来前后，他终于拿到了这份期待已久的合同。后来他说："我当然可以选择在上海等客户，但是那样就显得诚意不够。最终的销售其实就是行动的销售和人品的销售，只有当你展示出百分百的诚意和责任心时，别人才能知道，你会用尽一切办法去解决困难，一旦将来出了问题，你也将保有一份责任感！"

梁守星在每一次开会时都会和自己的销售人员强调，为客户的利益着想，"你们在签合同时一定要告诉客户，不能只选金山云一家，必须至少选择两家服务商，以确保万无一失"。有时候年轻的销售人员很不理解，他们会问："星哥，服务全压在咱们这边不好吗？"梁守星回答："好是好，这对我们好，但是对客户不好，我们只有做出一套终极解决方案让客户觉得安全和保险，才能让客户认可你，这是我们能够长期合作的基础。没有人敢保证云计算不出事故，我们默认所有的平台和所有的服务都可能出现问题，当客户把全部的身家性命全压在你一家身上时，万一出事就是大事。只有当客户出问题时有一个快速可切换的平台，才能确保它的服务不会中断。它只有自己先活下来，才有明天，而这样你才有和它合作的明天。我们所有的东西要先考虑客户，保证服务方案的稳定性、安全性和业务的健全性，想完这些，我们再去思考我们能在里面获取什么收益，这个前提不能颠倒。"

有了这样的指导思想，金山云成了一家以客户和业务为导向的云服务公司。在重视技术能力提升的同时，它特别强调自身的服务能力。梁守星说："技术的坑肯定是一步一步填完的，我们不可能在一天之内把架构搭得很完整，但是只要出了问题，我就会在工作群里对员工说，明天一早，全到客户那边去道歉。"

后来进入金山云带领和管理销售团队的鲍宇昕说："云计算，最终来说它卖的是一种服务，不是单纯的底层资源，而是服务的贴心度，以及你怎么定制化服务，让客户的体验感好是非常重要的。我们对所有的客户都有一对一的专职服务，客户有一个 QQ 响应群，我们的要求是，在 5 分钟之内必须响应客户的任何问题，其实 5 分钟都长了，我们心里希望在 1 分钟之内就能响应客户的需求，然后进行处理，处理过程要完全透明给客户，让客户时刻知道你排查问题的进度。它不能是没有一对一的人工服务的体制，如果那样，客户面对的就是冷冰冰的后台机器。"

在梁守星的带领之下，金山云团队在打视频云这场战役时节节取胜。很多年轻的员工在这个过程中获得了巨大的成长。一个叫由晶的女孩最开始是从富士施乐来到金山云的，她以前卖的是打印机，对云服务一无所知，但是经过了一段时间的魔鬼训练和深度学习之后，她对业务变得驾轻就熟，拿到了很多优质的客户。后来，在金山云组建南区团队时，她被派到了广州去进行开荒拓土的工作。让梁守星惊讶的是，这个长得瘦瘦小小、弱不禁风的女孩，到了广州几个月之后竟然连 vivo（维沃）这样的大客户也拿了下来，显示出了一种无往不胜的气质。有一次，由晶为了去见客户，在一个大雨天打了顺风车出门，结果那辆顺风车发生侧翻，由晶的一只手也受了重伤，连皮都掀开了。一听到这个消息，梁守星特别着急，他赶忙托朋友帮忙让由晶住进了广州的空军总医院。他内疚地说："我觉得特别对不起这名员工，她后来差不多恢复了一年时间。但是当时到了医院之后，一只手已经血肉模糊的她还在安慰我'星哥，没事儿'。"

金山云的全体员工都分外拼搏，这让梁守星在入职半年后就把自己部门的KPI（关键绩效指标）上调了三次。在七牛云存储，梁守星曾在8个月内带着他的团队做出了3 000万元的业绩，而在金山云，他从零开始，用一年就拿下了6 500万元的销售额。他给自己设定的KPI从最初的2 000万元很快调整到了6 000万元，最后又上调到了8 000万元。有趣的是，金山云当时服务的一些"小厂"，诸如抖音、B站和爱奇艺等公司，随着视频行业的崛起也都慢慢长成了"大厂"，每年的用云量突飞猛进。这些随着中国移动互联网产业发展出来的新物种，都随着云时代的发展逐渐崛起了，毫无疑问金山云也精准地踏中了视频这个风口，充分享受到了行业增长的红利，这是金山云再一次极其重要的战略胜利。

三年后，在梁守星最初给团队画下的那张客户战略地图上，25个客户中最终只有两个金山云没有拿下，一个是腾讯视频，另一个是优酷视频，剩下的全部都成了金山云的服务对象。这个过程看似很快，但其实并不容易，每一场战役都"水深火热"。梁守星说："团队里就没有从来没有哭过的人，每次大家一聚餐，酒喝多的时候都会有人大哭一场，包括我自己，这些年确实特别特别累。"

跟随梁守星团队的那批年轻人后来全都成长起来了，原来的一个销售助理，在刚到金山云时底薪只有4 000元。在金山云的最后一年，他签下了当时移动视频里的第二大客户端秒拍。当时的第一大视频客户端还是快手，抖音在那时也还没有长大。可以说，所有那些曾经稚嫩的、面对客户还有些胆怯的销售人员，包括那些和梁守星争吵过的年轻人，最终都成了这个行业里竞争对手最希望用高薪聘请的人才。

创业时代的《波希米亚狂想曲》

2015—2016 年是中国的移动互联网的用户人数增长逐渐趋于平缓的时间段，尽管人口红利在经过爆发之后已经出现降低的趋势，但是基于商业模式的不断创新，单个用户的价值已经被大幅提升。人们判断，移动互联网的规模还会继续保持高速增长，移动创业改变世界的热潮依然还会继续。而金山集团的 4 个子公司，随着移动互联网产业的风云变幻，在完全不同的业务形态里各自发展着。尽管每家公司的进度不同、境遇不同，感受到的竞争环境也完全不同，但是在这些残酷而又壮丽的创业故事里，依然还是可以找到一些十分相似的东西。那就是，无论这些创业公司的最终走向如何，故事主人公的命运都随着时代大背景的变化发生着令人唏嘘的悲欢离合，每个故事里都必然贯穿着主人公的愤然抗争和适度妥协，也充满了迎接成长的喜悦和遭遇失败的挫折，以及所有关于人性和人心的真相。所有的这些故事交织在一起，组成了一幅创业众生图。这种极致的人生体验，这种对外部世界和内心世界的改变，可能正是创业的魅力所在。

在 2016 年，雷军遭遇了小米成立以来最大的挫折。自从小米在 2014 年拿到了估值 450 亿美元的融资后，智能手机行业的竞争对手纷纷觉醒，在资本的狂热助力下，新入局者开始了对小米手机快速追赶的进程，这让小米在激烈的市场竞争中暂时失去了市场第一的位置。其实，这和小米自身发展的状况是一致的，在小米手机的出货量迅速上升后，硬件研发团队的管理水平已经无法匹配上它的发展速度了。在一些手机发布后，"米粉"们发现，小米手机的个别配置已经落后于竞争对手了，这是以前从来没有发生过的事情。经过了一两年的挣扎，雷军终于痛定思痛，做出了那个对小米无比重要的决定，那就是——换掉小米手机的硬件负责人，并亲自接管了手机部。这个决策过程异常跌宕，充满了各种不易，雷军也经历了很多他自己在创业的过程中从来没有经历过的一些事情。在接管了手机部的工作之后，他要面临的是繁多的供应链体系和硬件研发的世界，所有的工作内容叠加在一起是海量的。

不过，就算在一天内要开 12 个会，在这样忙碌的日子里，雷军依然不忘在最关键的时刻对金山的业务做出指导和关照。2016 年 5 月，王屹带队的《剑侠情缘》手游在腾讯应用商店正式发行上线了，在令人分外紧张的等待和观察中，这个团队终于获得了一个让他们倍感兴奋的消息，《剑侠情缘》的手游版发布之后数据喜人，一炮而红。根据前两周的数据预测，这一游戏完成一个月两亿元流水的目标已经毫无悬念，这是西山居在经过了这么多年的探索以后，第一次在手游领域取得重大突破。为了鼓舞王屹团队的士气，在游戏上线之后的一个周末，雷军忙里偷闲飞到了珠海，亲自参加了王屹团队的庆功宴。在王屹的记忆里，从他 2004 年认识雷军起就知道雷军很少喝多，但是那一天，雷军很快就醉了。

2016 年，金山集团还发生了一个重大的变化，那就是张宏江博士因为个人原因，选择了在和金山的聘任合同期满之际退休。为此，雷军和所有的高管给张宏江博士开了一个盛大的欢送会，雷军还在微博上对张宏江博士表示了感谢。

5 年前，金山还是一家只有近 3 000 名员工的公司，而到 2016 年，金山集团的规模已经扩大了一倍，拥有了 7 000 多名员工。在协助雷军帮助金山从旧的商业模式走向新商业模式的过程中，张宏江做出了自己的贡献，而这段人生对他来说，也是一段充满挑战的心灵奇旅，他曾经说："你会发现每天都有很多新的事情要做，这种感觉令人兴奋，也正是这种感觉，让我拥有源源不断的动力去接受新的挑战。"

在张宏江离任之际，邹涛接任了金山集团 CEO 的职位，而金山集团的管理干部年轻化战略就此开启。对于这一点，邹涛自己说："到 2016 年，《剑网 3》的业绩已经非常稳妥了，手游在那一年也获得了初步的成功。到 2016 年，我也是一个 41 岁的人了，攒够了资历和战功。和雷军搭档了多年，我对他、对金山都很了解，对金山的忠诚度也很高，因此接宏江的班是一件水到渠成的事儿。"因为邹涛的变动，一些年轻人的职业生涯也发生了非常重要的改变，比如《剑网 3》的游戏制作人郭炜炜，他成了西山居的首席运营官，两年之后接替邹涛成为西山居的新一任

CEO，并开启了对西山居的一系列重大变革。

在接任张宏江之际，邹涛进行了一个计算，雷军、小米和顺为基金，几年以来已经对金山集团累计投资了两亿美元。可以说，在雷系的商业思维的基础上，有雷系资本的投入和背书，金山集团已经获得了脱胎换骨一般的成长。

2016 年，王育林运营金山云的业务已经有几年的时间了，在这一过程中，他也经历了创业者必经的无数成长和蜕变。除了判断业务方向，他也帮助金山云进行了 B 轮和 C 轮融资，这些都是他从未做过的事情。在金山的体系中，CEO 都需要自己做融资工作，金山集团不会把 All in 的 10 亿美元直接投给金山云，按照雷军和王育林的说法——"自己人之间没有办法讨价还价"。在这个过程中，雷军告诉王育林："你要自己到市场上去寻找资本，让市场给你定价，之后金山集团都会按照市场价给你匹配一半的资本。"王育林也从中学习了大量融资的相关知识，他说："每一次融资其实都是一个漫长的过程，投资方会找第三方公司来做尽职调查，财务做财务的尽职调查，技术做技术的尽职调查，所有的过程都弄完需要 3~4 个月时间。再加上之前和不同风险投资机构的沟通，一般一次融资就需要 5 个月的时间，非常辛苦。"

除了主导融资事项，王育林也要亲自去和一些公司洽谈并购事宜，以便完善金山云的技术布局。当金山云决定进军视频云领域时，为了收购一家拥有 H265 编解码技术的创业公司，王育林和那家公司的创始人经常一聊就是一个通宵，这也让他充分体会到了商业谈判的艰难。不过，就在完善了金山云的视频技术布局之后，金山云实现了一个重要的进步，那就是它真正摆脱了对小米公司业务的依赖。"从做视频云业务开始，我们就不再依赖小米了，这意味着金山云在市场上的独立生存能力已经被孵化和培养了出来。这让整个团队对公司的未来更有信心了。"王育林说。

在整个融资和做业务的过程中，雷军的一个重要指导对金山云的未来发展发挥了至关重要的作用。2015 年年底，当金山办公开始拆分 VIE 架构，准备未来在中国的资本市场登陆时，金山云也于同期开始着手分拆自己的 VIE 架构的工作。金山云当时想把外资架构去掉，目标是登陆上海证券交易所正在筹备的"战略新兴产业板"。而这个决定最终被雷军阻止了，他对王育林说："WPS 的主要业务是在国内市场，是一个很稳定的业务，而且有利润，所以金山办公自然要在国内上市。但是云是一个非常烧钱的业务，A 股对于亏损类企业的门槛会非常高，如果一家企业没有利润，那么想在国内上市是相当难的，就算它可以上市，普通人对它的理解也非常有限。相反，云在国外已经发展很多年了，模式非常成熟，所以你们还不能拆掉 VIE 架构。"

事实证明，这个决策对后来金山云的发展走向非常关键。在王育林的记忆中，当时很多公司都把 VIE 架构拆分了，准备在国内登陆"战略新兴产业板"，结果"战略新兴产业板"迟迟没有出炉，许多公司因此感到后悔。而保留了 VIE 架构的金山云，为日后在美国纳斯达克上市铺平了道路。可以说，这是雷军作为一个创业导师在关键时刻发挥重大作用的经典案例。其实，正是因为雷军曾经历过金山集团在 8 年的时间跨度里步履维艰地寻求上市的漫长过程，所以他对资本市场的每个特点都烂熟于心，而这成了他做出这一商业判断的基础。

这一阶段，傅盛正经历着人生中的重大挫折：昨天还是无比意气风发的创业者，是年少成名的企业家，移动出海的布道者和一个能讲好创业故事的人；今天，他正痛苦地经受着外界的质疑，体验着工具软件大环境翻天覆地的变化。2016年3月，当傅盛看完了阿尔法狗和人类在围棋上那次重要的对弈之后，他在电脑上写下了这样一句话："Today is history！"（今天是历史性的一天！）猎豹移动将大举进军人工智能领域的决定其实就是在那一刻做出的。傅盛认为，技术革命已经近在眼前，人工智能技术的逐渐成熟标志着体力劳动终将被计算机取代，人工智能的崛起是不可抵挡的事情。

值得注意的是，"猎豹的独立"在这一年被第一次提了出来，傅盛希望拥有猎豹移动更多投票权的期待成了金山集团董事会上的一个重要议题。经过反复商量，金山集团董事会决定通过一系列合同安排使猎豹更加独立。

2017年2月12日，金山发布公告，就此做出了说明。

经过多年业务发展后，本集团（不包括猎豹集团）及猎豹集团各自的管理层已经探索各自的未来业务发展策略。作为快速增长及扩大的业务，让猎豹集团自由发展其业务及厘定其商业策略乃属可取之举。经深思熟虑后，董事决定通过投票委托协议，将于猎豹的部分表决权转授予傅先生（作为猎豹管理层的代表），使猎豹的核心管理团队（由傅先生代表），通过在完成后持有猎豹股东大会超过 45% 表决权，在猎豹集团的业务发展中有更大自主性和灵活性。傅先生将会依据适用的法律法规行使该等表决权。同时，傅先生向本集团提供该等承诺。傅先生作为猎豹核心管理层的领导，将会继续留任于猎豹集团。此外，傅先生不会参与任何可能与本集团的主要业务竞争的业务或在当中拥有任何直接投资。

当猎豹这家公司走上了独立决策、自主经营的道路时，在人工智能领域寻求突破，成了这家公司最重要的一个战略。

在金山再创业的这几年时间里，几位 CEO 的人生无一例外地正在发生改变，企业高管也无一不在经历着各种夸张的人生巨变，尽管这种巨变以日复一日、不易察觉的方式发生着。田开颜是一名来自微软的工程师，到金山后，他给张宏江博士做了一段时间的助理，之后转到金山云从事销售的工作，这让他的生活发生了翻天覆地的变化。田开颜曾经是微软 Office Excel（电子表格）的产品经理，每天只需要和程序打交道，转到商务方向之后，所经历的一切都让他大吃一惊，他说："原来我是程序员，负责产品，脸皮比较薄。转成销售之后就不能这样了，出了事之后你得让别人给你机会改正或弥补，有时候还要反复给，这要克服很多心理障碍。这个过程其实真的非常痛苦，转成销售之后的第一个半年既要学习业务，又要适应心态的变化，感觉非常魔幻。以前我虽然也经常很晚回家，但那时都是在办公室写程序。做了销售以后就不是这样了，工作内容是一边吃饭一边喝酒一边应酬，我经常凌晨两三点钟才能回家，每天回家都喝得醉醺醺的，我老婆都适应了一段时间，其实这是整个家庭的生活方式和认知的变化。我要求自己在半年之内把销售和商务技能补齐，这对我个人来说很重要。"

梁守星坦言因为工作太忙了，他的太太差点儿和他离婚。他说："我大部分时间不是在客户那里就是在办公室里，真的是没日没夜。我确实觉得这个事业值得干下去，没有想到会因此影响家庭。但是那段时间，我真的经历了很多，公司经历了调整，业务遇到了问题，连我太太也对我产生了很多不满和抱怨。这让我第一次对自己产生了质疑——这么辛苦值不值？"到2016年，梁守星和他的太太结婚其实只有两年时间，但这是他第一次对自己的事业产生了动摇。他后来说："我这么努力到底是为了什么，如果努力到最后你身边最爱的人都离开了你，那努力的意义究竟在哪里？"在梁守星最难过的这段时间，王育林为了帮助梁守星解决家庭问题，叫上了自己的太太，专门请他们夫妻俩一起吃了顿饭。在饭桌上，王育林详细地解释了金山云和这家公司的工作模式，也讲述了他对梁守星的评价。梁守星说："这相当于老板帮我做了一次背书，育林这个人很正，因此他和别人聊天的时候，别人很容易信任他。"

那一顿饭之后，梁守星和太太也化干戈为玉帛了，一场家庭危机被就此解除。

2016年，金山集团的整体营收达到了82.82亿元，同比增长了 46%。其中 31% 的营收来自网络游戏，54% 的营收来自猎豹移动，另外 15% 来自云服务、办公软件和其他。其中，WPS Office 安卓版的月活跃用户于 2016 年 11 月首次突破了 1 亿大关，这是 WPS 的一个标志性进步。相对于金山集团 2010 年 9.7 亿元的整体营收，金山的营收已经增长了 7.5 倍。

当然，在公司的持续运营过程中，也出现了一些令人遗憾的事情。比如 2014 年金山对世纪互联的投资并没有达到金山云和世纪互联战略协同的目的。按照王育林的解释，当时雷军希望的是用低成本提供服务，迅速把市场规模做大，他认为这是未来的趋势。但是后来随着世纪互联对新的投资方的引入，金山云失去了大股东的地位，世纪互联也并没有按照这个方向去行进。在很长的一段时间里，世纪互联低迷的股票也开始让金山集团做投资账面值减值计提拨备。这毫无疑问影响了金山集团在一段时间的财务表现。后来一直到 2019 年，世纪互联的股价终于冲破了横盘一路向上突破，而金山集团也因此挽回了投资的账面损失。

可以说，在金山集团跟随着整个外部大环境在飞速发展的同时，所有人的成长、蜕变、努力、挣扎，叠加在一起组成了一张张创业的众生相，所有的故事既独一无二又充满了共性。它就像是一首创业时代的《波希米亚狂想曲》，就像这部电影所描写的那样，在所有追求到远方的人生里，会有很多高光时刻，但是为了拥有这个时刻，人们就要付出代价，就要忍受孤寂，就要面对嘲讽，就要接受质疑，就要在过程中燃烧自己。而最终，大家的目标其实是一致的，那就是——为世界留下些什么。

第六章

"道"的力量："用技术服务、改善这个世界"
———
企业基业长青的密码

开疆拓土：政务云、企业云、医疗云、金融云、智慧城市

在金山云这样的创业公司里，像田开颜这样的高管所进行的职业生涯的跨界转型，后来成了公司里一件常见的事情。金山云技术方面的"开山之臣"宋伟还很清晰地记得王育林督促他转型去做业务的那一天的场景。

那是 2015 年夏天，王育林带着宋伟去惠普公司拜访客户，当时王育林开车疾驰在北京的东三环上，宋伟坐在车后排的一侧。王育林说："我和你商量一个事儿，我觉得你现在可以去尝试做一做业务了！"听了这句话，宋伟很惊讶，虽然他自身有很强的技术背景，在研发领域早就如鱼得水，但销售和业务是他从来没有接触过的领域。

"我是研发，我做不了业务。"

"你先试试，要是干不好，我再给你换回来。你去负责政企

市场吧！"

"你知道我是互联网出身，你让我去做互联网还好说，但是你让我去做销售，我肯定做不了。"

"我觉得你行，你去试一下。"

"那你让我带几个人出来，不，我至少得带一些人出来。"

"不行，你只能自己出来。"

"你真的太狠了！"

就这样，宋伟被推到了业务一线，负责起了金山云的政企业务，其工作目标就是在政府和企业中推广金山云的技术架构和解决方案。在三个月的时间里，宋伟组建了一支 80 多人的团队，逐渐确定了产品方向和业务方向。

回忆起自己在第一年做业务时的感觉，宋伟用一句话来形容团队的状态——初生牛犊不怕虎，他说："不懂销售，在后来反倒成了一种优势，因为不懂就不会害怕，无知者无畏，后来什么领导的门我都敢去敲一敲，什么样的客户我都敢去接触接触。第一年，我们就拿下了北京市电子政务云的业务，而懂技术后来恰恰成为我们的另一个优势，因为云计算是用技术来驱动的，当销售的负责人可以把技术细节描述得清清楚楚时，这很容易让对方产生信服感，这成为我们拿下一些订单的最大加分项。现在看来，王育林当时推我的这一把，还是非常正确的决定。"

可以说，这正是王育林推动技术人员转型的良苦用心。王育林认为，云计算本身是一种降维打击，它依靠的是云原生的技术，是用高速成长性的技术去降维打击传统的 IT 技术。当金山云要做技术驱动型的业务时，销售高管必须对技术和产品都有很深刻的理解，这样金山云才能为用户搭建好商业模式。如果做销售的不懂技术，团队就很难把产品做到极致。

到了后来，金山云基本上都是采用技术高管转型销售的方式来拓展业务，让产研、服务和销售团队形成一个整体在市场上作战。"当每次具体去打一场新战役的时候，我们就要重新去组合一个集团军，因为我们一直是 All in 的模式，所以不存在按照陆海空这样的分工。"王育林说。

宋伟的转型可以说非常成功。除了中途回去再带领过一段时间的技术团队之外，从 2017 年开始，他再度负责了金山云的政企业务板块，而金山云也随之一路开疆拓土，向医疗云、金融云、智慧城市等垂直领域进军。

作为在一线冲锋陷阵的技术领袖，宋伟对云计算如何改变各行各业的现状开始有了非常直观的认识。尤其是在云计算开始和医疗领域结合之后，宋伟亲眼见证了技术的成长对乡村医疗的巨大改变。2018 年，宋伟带领团队开启了湖北省仙桃市的智慧医疗项目。在这个项目的第一阶段实施完成之后，宋伟的内心充满震撼，"很多乡镇卫生所其实都有 X 光和心电图设备，但是没有既看得懂这些医学影像又有诊断能力的医生。以前，在乡镇医院看病的老年人在拍完片子之后还要跑到仙桃市的医院挂号排队看病，沿途一路奔波。而现在，乡镇卫生所的医生只需 5~10 分钟时间就能把这些片子传输到仙桃市医院的远程心电室里，守候在仙桃市的医生马上就可以给出一些现场判断。可以说，这种科技带来的改变是肉眼可见的"。

在现实生活中，中国的乡镇级医院一般不会采购三甲医院这种庞大的 IT 系统，事实上，它们也不需要。因为即便有这样的系统，它们也常常缺乏专业的人员去做运维工作。而开箱即用的云架构和云服务给乡镇级医院带来了福音，当像金山云这样的云服务商针对基层医院机构的挂号、拿药的需求做出了一套量身定制的云服务系统时，人们在乡镇医院就诊的效率被大大提高了，医患关系也同时得到了改善。"医疗云本身就是一件关乎社会责任的事情。"宋伟说。

那段时间里，宋伟从仙桃市的医院一路走访到了县人民医院，又一直深入走访了村镇。在深入研究过医疗云的产品线之后，他很感慨："云的介入对医疗的科研帮助很大，因为医生与医生的交流需要通过病例的共享和分析，没有大数据的基础这些是做不到的，金山云通过电子病历的数据影像分析，给医生的科研提供了很多便利。另外，随着云计算和人工智能的结合，云计算可以帮助医生进行辅助诊断。以前 X 光片只能通过人的肉眼读取，而现在机器已经可以帮助医生对 X 光片进行分析了。尽管现在还做不到完全依靠机器，但是一些计算设备可以通过深度学习来读取部分影像。"

这是云计算提供应用层 SaaS 的一个典型案例。随着时间的推移，此时此刻，整个行业对云计算的认知已经越来越清晰了。2015 年之后，云计算服务商走过了单纯提供存储服务的阶段，人们意识到 SaaS 层的应用其实潜藏着更多的可能性。从那时候开始，一批又一批的创业者从消费级市场、传统软件市场纷纷赶来，希望分食一块云计算的大蛋糕。然而，竞争的复杂度远远超过了人们的想象。随着数据资源的爆炸性增长，面向应用层的全面服务能力很快就大大超出了中小云服务厂商所能提供的上限。此时，要把云计算做成像水电一样正常供应，只有大型的云服务商才有能力做得到，中小服务商要么已经被淘汰，要么就被收购。从 2016 年开始，云计算开启了一段"剩者为王"的征程，整个市场变得更加血雨腥风。

邹涛正是在 2016 年开始担任金山集团 CEO 的，后来他也被任命成为金山云的副董事长，此时，雷军、邹涛、王育林三个人经常在一起琢磨金山云在战略层面如何继续突破的问题。当很多人都在关注着金山云的财务状况时，毫无疑问，公司内外也会存在一些忐忑摇摆的心情。这是因为，和市场上诸多的公有云服务商一样，尽管金山云的营收每年都在飞速增长，但是一直都在亏损。根据历年的财务报表来看，2015 年，金山云的除税前净亏损为 2.38 亿元；2016 年，金山云的除税前净亏损达到了 5.08 亿元；而到 2017 年，金山云前 9 个月就净亏损了 6.05 亿元。越来越多的大笔投入意味着越来越多的战略亏损，公司内部难免会感受到持续的压力，一些不同的声音也出现在董事会上。面对持续的亏损，雷军的态度依然非常坚决，他告诉董事会成员，做云业务的投资并不能像其他某些业务一样，投资人没办法用两三年快速收回成本然后实现退出，云是一个长线的事情，这关乎集团层面的战略。这个说法其实和金山几年前提出的 All in Cloud 的理念完全一致，这样的表态给王育林减轻了相当大的心理压力。在这个阶段，邹涛成了雷军和董事会中间的桥梁，他经常需要同投资人做大量的沟通工作。

2017年年底，人们发现一向低调的金山云开始了一段狂飙激进的融资之旅，在47天内，金山云连续三次发布D系列融资，这让业界也大为震惊。此前王育林对雷军说："融资的过程实在太辛苦了，一次融资的周期也太长，需要一次性多融一些。"而这个请求得到了雷军的肯定。那一年，金山云凭借总额7.2亿美元的D轮融资，一举刷新了中国云计算领域单轮融资额的最高纪录。人们发现，阿里云和腾讯云其实都是以自身的力量扶持起来的，它们并不需要外部融资，但是如果有投资人想要在云计算市场寻觅一个标的时，金山云是一个为数不多的优质选项。尽管在短期来看金山云还是会继续亏损，但是它依然得到了资本的垂青。

随着巨额融资的到来，金山云在加大投入方面也越来越坚定。梁守星至今还记得2018年他给雷军做视频云业务汇报时的情景。前两次，他准备了很多汇报的内容，但是由于PPT写得过于繁杂晦涩，汇报效果都不太理想。最后，雷军让他再准备一次重点突出细节落地的汇报，而就在那一天，雷军问到了很多有关金山云服务细节的问题，也关注到了视频云的具体成本。梁守星感到，仅仅通过几次沟通，雷军已经把业务里面的关键问题给弄通了。当梁守星谈到亏损问题让团队面临的巨大压力时，雷军对他说："世界上超大型的公司全都有云业务，因此你们面临的竞争环境也是最恶劣的，这场仗将是一场长期的战役，所以你们要有特别强的耐心。对于某些关键性的指标，你们必须达到全行业第一，因为这是行业口碑问题，就算短期有亏损，在这个时间点也一定要舍得投入。"

回忆起那一天，这场谈话不但让梁守星对一些问题有了清晰的答案，也让梁守星从一个"果粉"变成了一枚"米粉"。出了雷军办公室的门，雷军让助理拿出了一部小米手机 6 送到梁守星手里，而梁守星正是在那个时候开始使用小米手机的。从那以后，他一发不可收，成了一名坚定的小米铁粉。

除了宋伟，后来被王育林督促转型去做业务的，还有金山云的技术"大拿"刘涛，他作为产品研发的老大，后来和宋伟一起打了金山云进军金融赛道的第一仗。那一次的艰难困苦让宋伟和刘涛都不堪回首，为了拿下第一个大型银行客户的订单，宋伟又差一点儿走上不成功便成仁的道路，整个过程惊心动魄。

那段时间，金山云正处在和竞争对手争夺将近 1 亿元大标的最激烈的阶段，每天的形势瞬息万变。而在两个标的中，金山云已经因报价错误而错失了第一个巨额标的，这让宋伟感到无比沮丧。他心想："如果金山云再丢掉第二个标的，那么这家公司将丢掉进军金融赛道的机会。我不能让这样的事情发生！"

在竞标的过程中北京下了一场大暴雨，就在那一天，宋伟从北京市区开车到宽沟见到了正在那里开金山集团战略会的王育林。他把当时的紧急形势给王育林做了一个全面汇报，并对王育林说："这么大的标的如果我们拿不下来，我将无法释怀，如果失败了我势必走人。这事儿你让我一个人来扛，和我的团队没有关系。"在听了宋伟的情况介绍后，王育林马上拉来了金山云所有的合伙人一起进行交流，大家探讨如何拿下这个金融客户的第二个标的，提出了各种可行性方案，会议结束时已经是凌晨4点。最后，王育林把宋伟拉到一边，告诉他不要给自己施加太大的压力，宋伟这时给王育林放下了一句话表态："如果拿不下来，我肯定走人，谁劝都没用。"

刘涛也对失去了这家大客户第一个标的的过程感到十分痛心。那是他带领团队没日没夜、以命相拼的一段日子，在技术模型搭建完毕后，金山云在技术指标上已经远远超过了竞争对手。"我们派了100多个人去武汉，包括我们的外包团队，包括我自己，包括我们的运维团队、交付团队、服务器管理团队，前后100多个人都去了武汉。以前，我们公有云正常的交付期是一个月，但是那一次，我们花了5天就搭起来一套系统。我在武汉前前后后住了将近一个月的时间，在现场把所有的测试工作都做了一遍。之后还给客户的研发中心去做各种汇报，去讲什么是分布式存储，什么是分布式计算，什么是分布式网络。最后，大客户那边所有的技术团队都倾向于用金山云做技术的承接工作。"

可以想见，当金山云并非因技术原因而失去这个大型客户的第一个标的时，宋伟和刘涛内心那种宛如世界末日到来的感觉。

经过了一番难以想象的痛苦旅程，刘涛和宋伟终于带领团队拿下了这家大型金融客户的第二个标的——一家大型银行的金融大数据业务订单。刘涛说，这个过程其实也是饱含辛酸泪的，中间的种种曲折也是不足为外人道也。宋伟还清晰地记得中标那天的情景，当时他正和两个年轻的销售一起走在西三环的增光路上，中标的消息忽然传来，两个年轻人就在大马路上相互抱着呜呜大哭起来。宋伟看到这个场景还站在旁边"骂"了他们："你俩真是熊货，别哭了！"

金山云从 2018 年开始进入政企方向，金融在此时成为首选。王育林说："不同行业上云的速度是不一样的，一定要选效率最高的行业。在金山云选择了游戏方向和视频方向后，这些企业都跟着整个行业成长起来了。而金融业现在对云是刚需，今天的金融业已经成为一个高技术的行业，在 IT 方面的投入不比互联网行业小。而且今天的云计算做的是大数据全量运算和数据挖掘，这些是传统 IT 行业做不到的。"

可以说，2018 年是云计算进入政企市场的明显节点，整个市场进入了云计算与金融、智慧城市以及智能智造的结合阶段。后来，金山云服务的这家大型金融客户看到了金山云的未来潜力。最终，这家银行的投资机构参与了金山云的 D+ 轮融资，成了金山云的股东。从这一年开始，金山云引入的全部都是战略投资者。

2018 年，金山云的营收已经达到了 22.2 亿元，同比增长80%，它的增长率高于 42% 的市场平均增长率。对于传统企业与日俱增的云需求，王育林想起了雷军 2011 年在美国的游船上对他说的话："移动互联网在将来一旦爆发，传统的 IT 服务根本扛不住，最后大家一定是通过云计算的方式来解决数据暴增的问题。"

当时看似遥远的预言，在这个时间点来看正在成为现实。

2017 年 11 月 1 日，权威研究机构 IDC 发布了 2017 年上半年中国公有云 IaaS 市场份额调查，阿里云在 2017 年上半年的 IaaS 营收为 5 亿美元，占据中国 47.6% 的市场份额；腾讯云位居第二，营收约 1 亿美元，市场份额为 9.6%；金山云位居第三，营收 6 839 万美元。在这个云服务"剩者为王"的年代，金山云成功跻身中国公有云服务商前三名的位置。

在 2017 年 12 月进行完 D 轮融资之后，金山云宣布即将进行一轮力度空前的全面降价。有人说，此时的金山云，看上去比以前更像一个"野心家"了。

如果说，在雷军 2011 年回归之前，金山曾经在一段时间内给人以业务陈旧的感觉，那么现在，金山开辟的云战场已经让它站在了一片拥有广阔前景和无限未来的地方。其实，这是雷军为金山这家历史悠久的公司转型设计的一个重要部分，一个企业总要拥有那些可以在未来弯道超车的机会。而几年前种下的种子，现在正在静静地长成参天大树。

纵观全球，云计算这个赛道还机会无限，那时，"云"在整个 IT 产业所占的比重依然很低，因为全球 87.5% 的 IT 支出依然还在大型企业，云计算对于传统企业的渗透将成为趋势。而中国云计算市场规模远远低于全球平均水平，这意味着它未来的市场空间会非常大。

尽管中国市场依然虎狼环伺，但是创业者相信，只要金山云保持一定的增速，那个大家都在翘首以盼的盈亏平衡点，一定会早日到来。

变局和曙光：停不下来的变奏曲

2017—2018 年对西山居来说可谓是冰火两重天。腾讯的注资，公司内部剧烈的调整，80 后的郭炜炜最终接任了西山居 CEO 一职，成为西山居的接班人，一件又一件的标志性事件成为公司这两年停不下来的变奏曲。

腾讯在 2016 年年底做出注资西山居的决定，还要从 2015 年的元旦说起，那是邹涛决定把公司的大型 IP 从端游迁移到手机端的起始。听闻流量和收入都很高的 PC 端游戏《剑网 3》和《剑侠世界》要转型做手游，敏感的腾讯分发团队立马前来寻求和西山居这两支团队的合作，腾讯希望在这两款手机游戏研发成功之后，可以在它的平台上进行分发。优质的游戏作品需要通过流量巨大的分发平台来导入用户，而优质的平台通过吸引优质的游戏从而获得丰厚的收益分成，二者彼此需要相互成就，是一个双赢的过程。在和腾讯沟通交谈的过程中，邹涛还宣布了一个当时很多外部人士还并不了解的消息，那就是西山居投资的《剑网 1》的原班人马，此时此刻也在做《剑网 1》的手游研发和转型工作，而且项目的推进也在稳步进行中。

在观看了几个团队提供的资料片小样后，腾讯的团队当场看中了郭炜炜带领的《剑网 3：指尖江湖》和邹涛亲自带队的《剑侠世界》两款游戏，但对《剑网1》不感兴趣。按照西山居内部人士的说法，"王屹的团队出去创业被现实各种虐过，所以做事比较务实，当时的样品一看就是一个老老实实的作品，这让腾讯觉得没有什么新意"。王屹当时对自己的产品也并不满意："三方评估给我们的样片的评价很低，那个时候游戏还没有开始测试，画面土土的，没有什么卖相，体验起来也一点儿都不好玩，所以评测组给出的分数比较低，商务也觉得一般般。"

在决策的过程中，为了让小米互娱未来实现拥有一款自己的旗舰游戏的想法，邹涛决定让自己带领的《剑侠世界》未来和小米互娱在一起进行分发。因此，他希望腾讯同时能够签下《剑网3》和《剑网1》这两款手机游戏，可以想见，腾讯并不看好《剑网1》的未来，对签下这款游戏也显得勉为其难。虽然当时腾讯内部对《剑网1》持有一种"送都不想要"的心态，但腾讯运营团队里一个叫作荣蒋飞的总监对《剑网1》进行了力挺，其中重要的一个因素就是——荣蒋飞对西山居非常了解。

荣蒋飞曾经在金山烈火工作室任职，做过《封神榜》系列的产品，从金山离职之后，他选择了入职腾讯。在他看来，《剑网1》的整个大方向在市场上还是有竞争力的，他也了解《剑网1》这款游戏的内核，因此他对这个团队的潜力充满信心。在西山居和荣蒋飞的坚持之下，《剑网1》最终以搭售的方式与《剑网3》一起签给了腾讯。

郭炜炜后来说："因为双方的产品都还没有进行测试，这时的签约相当于盲签，很考验双方的决心。"

在有了腾讯平台大流量的支持后，整个团队的信心都被提振了。负责两个产品商务条款落地的西山居老员工龚道军回忆道："签完约我和同事一起去腾讯开会，所有的人都特别高兴，西山居团队还专门写了一幅书法带过去，叫'双剑合璧'，'双剑'代表了两个剑侠的产品，也代表了两家公司。在去开会的路上，大家还一直在畅想未来，我们说，等到游戏正式上线的时候，就去买一坛五粮液，再买一坛茅台，然后兑在一起喝，这也叫双剑合璧。"

当时的腾讯给《剑网1》定下了一个月流水超3亿元的目标，对于这么大的数字，王屹当时是"咬着后槽牙"答应的，这曾给他带来巨大的心理压力。

《剑侠情缘》手游版第一次在小米手机上进行盲测的那一天，是王屹终生难忘的日子。他要通过这次测试来观察团队对手游的理解是否正确，也要通过玩家的反应来判断社交关系在手机游戏里是否成立，这是对这款游戏的未来至关重要的时刻。所谓盲测，意味着这款游戏出现在小米手机上时，第一不会叫《剑侠情缘》这个名字，第二也不会出现西山居的标志，游戏将全靠玩家的自然导入。王屹说，他一生中从来没有像此时这样紧张。当天，一个以前的朋友正好前来拜访王屹，在公司过道里，那个朋友对他说："咱俩找个地方聊一会儿。"结果聊了不到10分钟，王屹已经心绪不宁，那位朋友对他说："算了，咱俩还是改天吧！你的脸色都有点儿不对了，到底什么情况？""我产品第一天测试有点儿紧张。"

盲测刚刚开始时，线上一个聊天的人都没有，这让王屹感觉命悬一线。"上线了好几个小时，整个世界一片安静，没有聊天的人，意味着手游里的社交关系建立不起来，如果社交关系建立不起来，那这个产品的根基就崩了。另外，我上线加的好友在玩了半个小时或者一个小时之后，一个个全都下线了，这也是非常可怕的事情，根据以前端游的经验，大家一般都是熬不住了才会收手下线，而手游用户这么快就下线了，是不是就意味着'我走了，我不会再回来了'。"王屹形容自己当时心里"拔凉拔凉"的，手心一直在冒汗。

　　晚饭时间过后，转机才慢慢出现。王屹盯着自己的手机，发现一个个已经下线的好友又一个个重新上线了，这让王屹很震惊。此时他才明白，原来手游玩家和端游玩家的习惯完全不同，端游的玩家基本不会考虑吃饭这个问题，哪怕吃饭也是要边吃边玩不下线。而手游玩家不是这样，他们是有吃饭时间这个概念的。他说："晚饭后，大家又重新登录了，然后陆陆续续地开始聊天，当他们在游戏世界里兴高采烈地聊着各种事情时，整个空间终于热闹了起来，这说明游戏里的社交关系基本通畅。"

　　这是王屹做游戏这多年以来唯一一次在产品测试时感到心跳加速，以至到 2016 年 5 月这款游戏真正上线的时刻，他已经心如止水。按照测试的数据和预期，《剑侠情缘》手游版如约而至般产生了一个令人惊艳的数据。在一个月的时间内，游戏玩家数量持续飙升，游戏流水也很快达到了 5.1 亿元，比预期的几乎高出了一倍。这是西山居体系内第一次在手游市场取得如此令人瞩目的成绩。

更令人欣慰的是,《剑侠情缘》手游版一直表现稳定,在第一个月拥有了5.1亿元的流水之后,第二月它依然产生了3.9亿元的流水,这和很多手游第二个月收入就会骤然减半的态势很不一样。半年以后,这款手机游戏的收入依然维持在一个很高的水平上。正是《剑侠情缘》手游版这样让人喜出望外的成绩单,促成了2017年腾讯对西山居的战略注资。这笔发生2017年4月的投资让许多亲历者颇为感慨,因为它改变了那些在西山居最低谷时期参与过管理层收购的人的命运,这好像是对7年前做出那个重要选择的人们做出某种回答的时刻。

腾讯是在2016年11月底提出对西山居进行战略投资的,结果双方在2017年4月就进行了交割,可以说,这是腾讯历史上投资进行得飞快的一次。在公告发布的当天,西山居的很多高管都聚集在北京的金山办公大楼里,一起等待着上市公司的各种审批手续正式通过,也等待着新闻稿最后出炉的时刻。在这中间,西山居的工作人员也要和腾讯来来回回进行各种确认,当时在场的人们感觉到,这种高管聚在一个办公室里等一个重大消息的场景已经好久没有出现过了。

在新闻稿发布之后,龚道军形容他当时内心的感受:"心里一块很大的石头落地了,公司的结构也好,我们的产品也好,兄弟们的期待也好,终于有了一个比较好的归属。"

当天晚上,在参加过西山居和腾讯团队的饭局后,龚道军喝了一点儿酒,之后他坐在了回家的出租车上。当时,出租车上正好播放的是汪峰的《北京北京》，这是他以前常常单曲循环的一首歌曲，此时听到熟悉的歌词他百感交集。坐在出租车上，他给妻子发了一条很长的微信，告诉了她腾讯已经注资西山居的事实。在没发公告之前，他秉持着严格保密的原则没有告诉任何人，包括自己的家人。而现在，尘埃已经落定，他想告诉妻子的是，当初他参与西山居管理层持股计划而持有的公司股票，因为腾讯的注资得到了数倍的增值，这是他给家里人一个交代的时刻。他说："我和太太刚北漂时，生活非常辛苦，现在我们已经在北京待了很多年了，我平时都是一直在公司里加班，这些年很少有时间能够陪她，现在我终于可以给她一个交代了。"在写这条充满感激之情的信息时，《北京北京》的歌词一直回荡在出租车的小空间里，仿佛在配合着他的思绪。

当我走在这里的每一条街道
我的心似乎从来都不能平静
除了发动机的轰鸣和电气之音
我似乎听到了它烛骨般的心跳
我在这里欢笑，我在这里哭泣
我在这里活着，也在这儿死去
我在这里祈祷，我在这里迷惘
我在这里寻找，在这里失去
北京北京

这一次腾讯10亿元现金的投资占据了西山居9.9%的股份，而当初选择参加管理层收购的西山居股东，最终让自己的资产获得了超过50倍的增值。邹涛对此的感受是——我终于给了兄弟们一个交代。当年邹涛为了稳定军心，和陈飞舟一起承担了管理层持股计划的债务，并且给很多西山居的元老提供了无息贷款。他清楚地看到了当时大家信心不足的样子，就算他已经提出了不要利息的承诺，有些人还是没有勇气管他借钱。当时是西山居的历史最低谷，一些人始终不相信这家公司可以走出泥潭。在过去七八年的时间里，虽然参加管理层持股计划的股东每年都会收到分红，但是金额并不太多。今天，邹涛用实际行动回报了那批当初选择相信西山居的人。他对大家说："之前欠你们的今天都还给你们了，现在大家靠这个改善生活够了。"

2016—2017年这段时间是西山居内部非常欢快的一段时间，大家的士气也逐渐高涨起来。回忆起西山居2017年春节的那次年会，大家都记得当时疯狂的气氛。当时，因为业绩不错，管理层的收入已经提高了，腾讯的入资事宜也正在洽谈当中，大家对前景无限乐观。每年年会的传统节目都是抽取现金，这一年也不例外。这让无论是西山居的高管还是员工都兴致盎然。龚道军说："大家都喝多了就有点儿兴奋，一兴奋高管们就问大家抽的现金够不够，底下自然是一起起哄说不够不够，不够的话就接着抽奖，年会最后的一幕就是高管们开车回家去拿现金。那一年，大家最后都是抽的美元。"

从2016年开始，公司内部的氛围已经不像当初屡屡遭遇失败时那么紧张了，这同时也让西山居放缓了《剑网3：指尖江湖》的发布节奏。郭炜炜说："市场上频繁出现剑侠产品会使剑侠系列的 IP 过快地消磨，因此我们决定，放缓《指尖江湖》的上线时间。另外，手游市场的风格已经是一年一个变化，《指尖江湖》也在为适应市场的变化和腾讯的要求做各种修改。"当然，这也让呼声很高的郭炜炜受到了很多玩家的质疑——为什么《指尖江湖》总是延期上线？面对玩家们一而再、再而三的催促，郭炜炜在后来的一次直播活动中对所有人保证："下次再放鸽子我就生吞键盘。"

从 2016 年开始，郭炜炜一边担任公司的首席运营官，一边运营着《剑网3》，一边还同时研发着手游《剑网3：指尖江湖》。在这么多年的从业生涯里，郭炜炜体会过成功的荣耀，也品尝了很多失败的苦涩，其实，就算在同一家公司里工作，因为身处不同的项目组，最后每个项目的结果也经常是截然不同的。在游戏这个依靠创意的产业里，几家欢乐几家愁，其实是一种常态。

从 2016 年开始担任西山居的首席运营官起，关停并转就成了郭炜炜日常工作的一部分。当一些游戏项目存续时间比较长，在消耗了巨大的投资后也无法产生收入时，关掉就成了一个必然的选择。但是由于每个当事人都在这些项目里付出了巨大的心血，因此关停对很多人来说是一个具有强烈冲击力的字眼，郭炜炜总会遇到那些实施反抗的团队，他也想了很多变通的方法来做这件事。有时候，他给游戏负责人换了一个项目；有时候，他重新给予游戏负责人一个新的位子；对于有一些项目，他帮助游戏负责人重新寻找合作伙伴。

项目关停，在游戏这样的创意产业里是一个敏感的字眼，尤其对在西山居这种"大五文化"里成长的年轻人来说，团队的气氛非常融洽，大家在一起为一个项目打拼好几年，最后会有一种亲如一家的感觉。把项目做出来，不仅关乎着每一个人未来的收益和前程，而且项目领导人通常也会有一种不辜负每一个人青春岁月的责任感。而当全身心的努力没有得到回报时，那种情感的打击往往超乎了人们的想象。

唐一鸣是 PC 端游戏《六界》的游戏策划人，在这个项目做了 7 年最终走向失败后，这段岁月在他的内心中留下了难以磨灭的烙印。可以想象，谈起这段经历他总是感到惋惜："在三四年的时间里，很多人觉得《六界》项目组就是天堂，每个人都非常投入和拼命，我们也有过一些非常感性的时刻。有一次，团队成员突然想到我家来聊聊游戏的剧情，大家买了一些吃的，还带了一些酒，坐在一起就开始聊中国的神话，聊到激动时，大家甚至会一直哭着交流。其实我们做游戏的都带有一点儿艺术家的感觉，拼了命想带给人们更美好的生活。在这个项目成立的前三年，我每天的工作时间是从早上 7 点多醒来一直到晚凌晨一两点。每个人都对项目有着特别强烈的情感。"

随着项目的时间越拖越长，很多优秀的人因失望而离开了《六界》项目组，这对唐一鸣产生了很大的情感打击。他觉得他浪费和辜负了那些聪明的、有才华的人的青春。他至今记得他们当初是怎么加入这个项目组的，"一个清华来的同学当时给我写了一封信，讲到了他小时候玩的一款来自中国台湾的游戏《汉堂》，提到了这款游戏是如何投入地去打磨细节的，做出了非凡的感觉。那个同学说，在《汉堂》之后就没有人再用心地做这样的产品了，但是西山居让他看到了希望。正是怀揣着这样的热血和情怀，他才加入了我们的团队。还有一个实习生，来的时候特别喜欢我们的项目，但是有一次，我发现他跑到会议室打了一个电话之后就哭了，是因为家里人不同意他留在珠海。后来，我还专门买了火车票和他一起回了一趟老家，我就是要告诉他的父母，你的孩子很优秀，留在我这儿请你们不要担心。"

在游戏经过了 7 年时间最终走向了失败后，唐一鸣在很长一段时间里都无法释怀，他开始寻找一些哲学类的图书来读，想从书里寻找有关生命意义的答案。后来当电影《心灵奇旅》上映时，他在观影中途有很多次都动情流泪。他说："一个创作者本身也在面临这样的困惑，人类是一个反复在生活和工作的状态，很容易迷失，在这个过程中，你要不断提醒自己还活着。"对于这款游戏的失败，唐一鸣一直认为是自己欠着大家一笔"感情账"，他后来对一个员工说："虽然严格来说我不是项目的一把手，但是我觉得这个项目的失败和我有很大关系。我花了很长的时间去调整自己的内心，在我的想象中，也许在 10 年后的某一天，大家已经做出了别的产品，都已经小有成就，我会给你们每个人寄一封信，然后讲到这段故事，有可能到那时我才能放下。"

其实，管理创意一向都是一项艰难的工作。在这个过程中，要处理很多艰难的事情。一方面，项目负责人需要保证整个项目有进度、有效率地进行；另一方面是对于每一个人情感和内心世界的关怀和平衡。邹涛也曾经感慨过管理创意产业的难度，"如果游戏能够按照一套工业流程标准就能稳稳地做好，那全世界就只会有几家大的游戏公司了，而国内外偏偏都是一些新的游戏公司起来了，游戏业就是有游戏业的难处，创意产业终究是创意产业。"

无独有偶，迪士尼公司的前 CEO 罗伯特·艾格也曾经在其自传《一生的旅程》谈到管理创意的艰难，他说："管理创意的过程，首先就要理解创意不是科学——一切皆主观，对与错往往是不存在的。创造作品需要满腔的热情，而不难理解，绝大多数创意者都会在其概念或者具体执行遭受质疑时表现出敏感。"

2018 年，80 后游戏制作人郭炜炜接任了西山居 CEO 一职，这是西山居开始进行一系列改革和流程改善的开始。郭炜炜是一名在网络游戏行业摸爬滚打多年的一线参与者，他也经历过重大的失败以及漫长蛰伏之后来之不易的成功，他当然知道创意管理的难度，但是他也知道冗长的拖延会对生命造成的影响，而如何科学地避免失败，成为他今后的一项重要任务。同时他坚信，让团队快乐地去做游戏，才能有效地把快乐传递给玩家。

对整个游戏产业来说，2018 年是行业遭遇强大压力的一年，对于西山居也一样。而对郭炜炜来说，在扛起了西山居的大旗之后，一件非常重要的事情就是，找到方法帮助唐一鸣们斩获成功。

进入云端协作办公时代

2018 年，曾经一直在集团内部"存在感很弱"的金山办公已经成长为一家从里到外焕然一新的公司。截至 2018 年 12 月，金山办公主要产品的月度活跃用户数超过 3.1 亿，其中 60% 分布在移动端。当整个团队参与的是市场上最主流的战役时，团队因有了更加清晰的目标而斗志昂扬。这大大改变了之前 WPS 团队哀怨的气氛。做 WPS 个人业务商业化的团队心气的提升尤为明显，毕晓存说："这些年的业绩都是超预期的，大家没有经历太多的挫折，感受的都是冲劲。"

可以说，这是一个企业实现成功转型后通常会出现的一种改变——在一个团队有了十分明晰的目标之后，众志成城的重心就会创造出一种向上的团队精神。按照管理学家吉姆·柯林斯的说法——人人都喜欢有一条终点线可以冲刺。

金山办公从 2014 年开始建起的个人业务的商业模式——增值服务带来的办公订阅经受住了时间的考验，其会员收入一直在快速增长。用毕晓存的话来讲，WPS 的个人版此时一年能够发布几百个版本，大概平均一天发布两个版本，这是非常夸张的数据。而对增值服务来说，质量管理也异常重要。后来，金山办公用三个等级来衡量增值服务的质量，第一是够用，第二是好用，第三是超出预期。而这正是将雷军曾经反复给团队灌输的"小米理念"——给用户提供超出预期的产品体验，发挥到了极致。

在这个过程中，章庆元在用户体验和用户反馈这些关键问题上一如既往地在和团队"疯狂较劲"。降低负面反馈率一度成为金山办公最重要的一个工作。在章庆元看来，只有负面反馈一降再降，产品的体验才能够不断上升。在一些产品发布重大更新时，章庆元一旦发现了问题就会去找产品总监不断沟通，有时候也免不了在午夜上演一段"夺命连环电话"。2018年5月，WPS发布了一次重大的产品更新，测试版刚刚发布，章庆元就给当时PC版的产品总监张宁在深夜两点打了四五次电话。他对张宁说："看了你这个新产品，我有点儿睡不着觉啊，你这个产品存盘设计得不太对。你没看现在用户反馈，他们最担心的就是硬件故障，或者因为存盘错误导致文档打不开了吗？文档丢失对于任何一个用户都是灾难！"张宁对他说："云端产品可以解决这个问题，就是必须保证用户的数据安全才行。"章庆元对他说："你必须抱着彻底解决用户文档安全的决心去干！"那次的"夺命连环电话"事件之后，WPS桌面产品在2019年再次进行了更新。张宁说："在用户体验良好的情况下，我们做出了一个让用户感觉更加安全的版本。老章这下也终于可以放心了。"

后来，为了让一线的管理人员亲耳听到来自用户的声音，章庆元要求WPS所有的干部都去客服部接听用户的电话，他对大家说："被用户骂过才知道怎么带团队。"

就这样，WPS团队开始随机安排公司的产品经理、研发总监甚至总裁办公室的干部去客服座席接听用户的电话，对很多人来说，这是一次很独特的体验。毕晓存对第一次接听客服电话的经历记忆犹新："一个用户当时使用的是苹果的Mac OS系统，他告诉我 WPS 上的一个功能他用不了，那是一个云跨屏同步的问题，当时的数据同步不上去。那位用户对我说，他是政府部门的一名公务员，现在这个功能失灵了，他没有办法把数据发给领导。我当时向他要了很多的相关信息，比如电脑型号、操作系统的版本、WPS 是否最新更新过、之前做了哪些操作。整个交流的时长有 20 分钟。我怕他没有耐心，就告诉他，我需要这些有效的信息来帮你进行判断，而对方一点儿都没有表现得很着急。"对毕晓存来说，她是幸运的，因为这个用户温文尔雅，并没有气急败坏和破口大骂。最后，那位用户对她说："我 5 点就要下班了，麻烦你一定要给我一个反馈。"后来，毕晓存把负责研发的老大叫来一起研究了这个问题。在 5 点之前，毕晓存给对方回了电话，告诉对方用哪几步操作就可以解决问题。当听到用户对她表示感谢时，毕晓存还是感到很不好意思，因为毕竟自己的产品已经影响了别人的工作进度。

而她接听的另外一个用户电话反馈的是 WPS 里的 OCR 识别（PDF 转换）功能。毕晓存说，其实这是 WPS 的增值服务里排名很靠前的一个功能，很受用户的喜欢。但在产品发展的过程中，来自用户的吐槽的声音也不少，因为这个功能背后的技术其实非常复杂。当识别的样本涉及拍照扭矩问题时，或者识别样本中存在手写的字样时，PDF 转换的识别率就有可能达不到用户的预期，有时候还会出现丢失局部数据的现象。那一天接听客服电话时，一个用户就告诉毕晓存，他使用 OCR 这个功能时不太满意，软件识别出来的都是乱码。毕晓存当即决定，给这个用户全额退费。"通常在用户想要退费时，我们马上就会退费，当一些用户遇到了问题却没有提出退费的要求时，我们也会主动提出赠送一些服务的时长，有时候是 7 天，有时候是一个月。我们希望每一个人在结束通话时都是满意的。"毕晓存说。

可以说，让干部们直接坐到客服座席上去接听电话刷新了很多人的认知。在每一次接听完客服电话之后，章庆元都会让团队根据用户的反馈整理出一份需要解决问题的清单。通过这个过程，一线的团队可以理解用户的真实感受和需求，这也让大家的心态发生了很大的变化。

以前，大家会觉得所谓的用户反馈不过就是一个统计数字，比如多少人反映了 A 问题，多少人反映了 B 问题。而现在，团队领导知道了，这些数字背后都是活生生的人。一个干部说："只要你接听过哪怕一通用户的电话，你的感受也是不一样的。"毕晓存也说："以前觉得降低负面反馈就是要完成老板的 KPI，我要降低多少个负面反馈，达成多少的数字。而现在我的想法是，希望接电话的时候尽量做到不要再被用户骂了，想让大家能够真心夸一夸我们。"

在珠海的金山办公大楼里，一进到大堂里，就会看到电梯间门口的高墙之上印的都是一条一条用户的反馈，这是金山办公提醒员工们产品还需要不断完善的一种方法。员工们在每天进入办公室之前，都可以看到那些活生生的来自用户的声音。这种有些惊世骇俗的方法，有时候会让金山人在接待访客时感到一丝尴尬，很多合作伙伴来到金山办公大楼里都是来洽谈业务的，结果一看墙上全是用户的吐槽。但是时间一长，金山的做法最终赢得了合作伙伴的尊重，毕晓存说："其实时间久了以后，合作伙伴也觉得我们这样做勇气可嘉。首先你要关注用户的声音是什么，然后才能服务好用户，而这才是一个值得合作的伙伴。到了后来，我们不仅不会感到尴尬了，而且认为直面用户是一种勇气。"

从2015年以来，金山办公收入的年增长率一直保持在40%左右。到了2018年，它的增长率高达50%。截至2018年12月，WPS Office桌面版月度活跃用户数超过1.2亿，移动版月度活跃用户数超过1.81亿，而用户的负面反馈正在逐渐下降，付费人数不断上升。

根据金山办公招股说明书，2018年WPS付费活跃用户数占总用户数比重为1.6%（481.17万人），而这个比例在2016年为0.36%（77.8万人），2017年为1.06%（271.33万人）；2017—2018年付费活跃用户增长率分别达到249%和77%，办公服务订阅收入占比从2016年的12%提升至2018年的35%和2019年第一季度的46%，付费用户从77万提升至481万。从这个趋势里，人们看到了主要业绩的增长驱动力。

尽管外界一直存在对"WPS付费用户比例比较低"这个问题的质疑，但是金山办公最终希望自己能够在收入方面守住底线。比如，第一，常用的功能一定不会对用户收费；第二，不对会员价格进行提价。对于这样一款极度注重用户体验的产品，章庆元给大家传递了一个重要思想——我们不做短期收割用户的事情。

随着 WPS 的产品在市场上突飞猛进地发展，2018 年，另一款协作办公的文档产品终于顺应时代的发展在金山办公诞生了，这款产品就是致力于解决多人文档协作的金山文档。如果说金山办公的转型分为几个阶段，那么在雷军回归之前就是第一个阶段，当时 WPS 还处在本地办公的时代。从 2011 年雷军回归金山之后，金山办公进入了移动办公时代。而金山文档的出炉，则意味着金山办公正式进入了第三个阶段——云端协作办公时代。

其实，金山办公此时进入云端协作的时代与外部风起云涌的大环境息息相关。20 多年来，一向孤独、寂寞、冷清的文档处理市场忽然变成了一个充满激烈竞争的市场。从 2014 年开始，一些轻量级的在线文档产品就在市场上不断涌现。而竞争加剧的转折点出现在了 2018 年的 4 月。2018 年 4 月 12 日，石墨文档宣布获得了今日头条领投的近亿元 B 轮融资，而后者也成了前者的第一大股东。石墨创始人提出"要做一款能替代微软 Office 的基础办公软件"。仅仅 5 天之后，在腾讯 TIM[①] 产品上孵化一年的腾讯文档正式上线了，马化腾特意转发了产品经理的朋友圈并感慨地说："这是团队给我的意外惊喜，没有一丝丝的防备。"此时，巨头对在线文档市场的押注，让这个市场的格局开始扑朔迷离起来。

金山文档 2019 年之后的产品经理汪大炜坦言："金山文档是看到腾讯进军文档领域之后的一个本能性的防御动作。在石墨文

---

① 腾讯 TIM，一款适合办工的聊天客户端应用。——编者注

档这样的轻量级协作产品出炉之后，金山并没有感到直接的威胁，但是当腾讯文档这样的办公协作文档产品面市时，金山感受到了不一样的竞争气息。所有人都知道，腾讯的流量是巨大的，而且它还有非常强悍的市场运营团队。因此，金山在文档协作这个领域迅速立足就成了一件比较迫切的事情。"

其实，金山在 2015 年就涉足过在线文档市场。但是由于当时公司的收入还在努力增长阶段，金山对这个项目的投入并不坚决。而这一次，在外部的强烈刺激之下，公司决定以全力以赴的姿态开启对在线文档产品的研发。

一如既往，当决定进军一个新的产品类型时，金山一定会汇聚最强大的兵力在这个战场上集中作战。WPS 的研发负责人之一王冬说："既然要打这一仗，就要把整个公司最好的人放进来，如果没有这么坚决的话，这一仗不可能成功。"

2018 年，随着金山文档项目的成立，人们也逐渐明晰了文档产品在未来的重点目标——多人协作。在本地办公的场景之下，WPS 拥有强大的功能和沉浸的编辑体验，大家更习惯在编辑文档时使用本地的软件。但是，在协作的场景下，用户可以实时看到他人对文档的改动，这种改动也可以实现多端自动同步，这样一款主打"轻量化"的工具，更符合现代人对"办公 + 协作"的需求。

事实证明，文档产品还是一个有着较高竞争壁垒的产品，用 WPS 研发负责人之一王冬的话来说，"文档的产品看起来好像比较简单，但它其实是千万级代码的庞然大物，好在金山在文档领域有很多垄断性的技术，因此一旦深入研究产品，金山很快就可以做出在市场上有竞争力的产品"。这个说法和金山文档的产品经理汪大炜的看法如出一辙，"文档这个产品水很深，做到60分其实比较容易，但是做到60~80分要花非常多的资源，如果想做到90分，投入的资源一定是上亿级的，非常恐怖"。

在对金山文档进行研发的过程中，汪大炜充分继承了雷军"参与感"和章庆元"注重用户反馈"的文化衣钵，他搭建了一个小型的客服团队，建立了拥有2万~3万人的用户粉丝群，他不但每天都会埋伏在粉丝群里和用户进行互动，而且要求团队成员每天都要进入群里收集使用者的反馈。对于每一个反馈、每一处质疑，汪大炜都要求技术人员去深入研究，迅速改进，给用户以回声。不知不觉地，他越来越像那些曾经被章庆元管理过的研发带头人了，充满了"雷氏"的管理风格。其实，回溯金山这么多年的发展历程，这个例子很好地说明了这家公司的文化是如何以润物细无声的方式进行传承的。

在很长一段时间里，金山文档的团队都在狠抓稳定性的问题，一些关键指标，诸如文件打开速度、兼容性、稳定性也被制定了出来。就这样，金山文档逐渐成了和WPS金山办公并行发展的两大拳头产品之一。

在从本地走到云端协作的这个过程中，人们越来越发现，金山再也不是一家传统意义上的软件公司了。与之相反的是，随着云时代的到来，金山办公基于文档处理技术的核心，正在进行"多屏、云、内容和AI（人工智能）"的业务布局。随着

AI 的发展，AI 的场景服务被赋予到了金山文档之上，类似 AI OCR 翻译、AI 技术纠偏等一系列便捷的功能出现在金山文档之上。借助 AI 的力量，人们学习使用金山产品的成本在不断下降。与此同时，金山办公也一直坚持着开放的原则，将自身文档能力输送给了更多的合作伙伴使用，比如钉钉里面的智能文档功能就是由金山文档来提供的。通过这种方式，金山文档触达了成千上万的用户。

这样一款产品，改变了传统办公的模式。当任何人都可以随时随地拿起手边最便捷的设备，或者邀请同事一起在线办公，不必担心在创作过程中出现文件未保存或跨端跨设备无法操作的窘迫时，"办公的边界"正在被金山办公无限放大。这里的边界包括办公的时间从凌晨到深夜的循环往复，办公的场景从家里的书房再到公司的办公室，从匆匆赶往的机场到约人洽谈的咖啡厅，而办公的人群也可以从大学生延展到世界 500 强的公司高管。

而边界无限扩大之时，也正是未来的办公世界充满各种可能性之际。回看金山办公的历史，WPS 办公软件从本地走向了移动，又从移动走向了云端，这段跨越了 30 年时间的故事，可以用一句话来总结——这一切，就是金山办公逆袭的故事。

坚持与梦想："道"比"术"更深邃

2018 年 12 月 24 日，中关村老牌互联网企业金山迎来了 30 周岁的生日。在一场精心筹划的金山 30 周年庆典上，雷军身穿一件白衬衫、一件深蓝色的西服外套和一条深蓝色的牛仔裤走向了舞台中央，今天的他看上去很平静，脸上挂着淡淡的微笑，但是他的内心早已风起云涌、感慨万千。

面对着台下已经有些两鬓斑白的两位金山的创始人张旋龙和求伯君，面对着坐在现场活力四射穿着统一红色外套的一群新生力量，一种跨越时间长河的感受油然而生。尽管站在舞台的聚光灯下演讲是他从 27 岁成为一名管理者之后就经常做的事情，但是今天站在这里，他有一种回家的感觉。一开场，他就和在座的新生力量开起了玩笑："现场有没有 90 后？"随后他就开始自问自答："我想现场不可能有 90 后，因为我们金山不雇用童工。"

现场一片哄堂大笑。

而几位创始人此时早已经笑中带泪、双目模糊。就在雷军上台之前，一段有关金山 30 年历史的小视频被播放了出来。画面中，一个穿着红色外衣的年轻人沿着一条水平的时间轴正在奋力向前奔跑。他跑过了 1988 年，照片上，中关村一栋大厦的楼顶竖立着一块硕大而古老的广告牌，上面写着"时间就是金钱，效率就是生命"，改革开放总设计师邓小平的巨幅画像被放在了广告牌画面的右边。他跑过了 1994 年，年轻时的张旋龙和求伯君坐在一台白色的带有巨大显示器的电脑前正在微笑，背景就是 WPS 当时在 PC 中的启动界面，上面写着——"香港金山·文字处理系统"。他跑过了珠海莲山巷八号和莲花三巷交界之处，那是早年金山在珠海的办公所在地——一座白色三层的小楼，很多 WPS 的研发工程师在那里度过了整个青春岁月。他跑过了北京翠宫饭店，当时的金山就是在那里和入驻西格玛大厦的微软中国隔空相望，展开竞争。他跑过了一片白茫茫的雪山，天空里是肆虐的寒风和漫天乱舞的雪花，一张报纸里的文章标题被镜头渐渐地放大，最后，那两行加黑加粗的大字已经分外夺目，上面写着——"前有微软，后有盗版，金山何去何从"。年轻人此时停下了脚步，在寒风中裹紧了自己的衣服。随后，在一段节奏开始变得逐渐明快的音乐声中，他再次迈开了脚步，开始重新奔跑，他跑过了"红色正版风暴""蓝色安全革命""金山在港交所上市"等一幅幅矗立在路边的大广告牌。然后，在音乐渐弱的一段时间里，他穿越了武侠世界里一片墨蓝色烟雨朦胧的仙境，再次来到现实当中。终于，他跑到了 2011 年，此时，一张带着鲜明雷氏微笑的大照片出现在了背景之上。雷军出任金山董事长，全面推进金山集团转型移动互联网的字样出现在了屏幕下方。也在那时，整个金山集团一分为四，各自突围。

在这由一张张老照片的闪回构成的 4 分钟小视频里，金山 30 年的历史和金山人的青春岁月如同英雄旅程一般被慢慢展开。看到那熟悉的一幕幕，张旋龙和求伯君无法抑制内心的激动情绪，早已泪光闪烁。而雷军也在这些回忆里重温了无数个他生命里重要的瞬间。他已经明白了，时间就像剪刀手爱德华一样施展了它神奇的魔力，对很多事物进行了不可思议的雕刻。

最初，这是一家每天都在发出着莎士比亚式诘问"生存还是死亡"的公司，只有一个主营业务还经常在死亡线上苦苦挣扎。现在，它已经衍生出了四大业务线，并且每一家子公司都正在经历高速成长。曾经，为了卓越网的巨额融资，金山的管理团队陷入求而不得、进退两难的困境，最后只能将电商业务拱手出售。今天，几家子公司都因为受到了资本的青睐和拥抱，得到了指数级的进阶。曾经，金山人这样描述自己的命运——在中国，没有一个企业像金山这样饱受争议，也没有一个企业所走过的路途像金山这样富有戏剧性和充满艰辛。今天，人们在研究一家穿越周期的企业是如何实现弯道超车和快速转型的时，金山成了其中具有代表性的一个案例。

归拢一下金山的多条业务线实行转型以来的增长数字，就可以清晰地看到这家公司这几年近乎"疯狂"的成长速度。

2017 年，金山的整体收入已经超过 100 亿元；2011—2017年，金山集团整体收入年复合增长高达 47%。

2011—2017 年，金山办公年收入复合增长超过 40%，全线产品月度活跃用户数激增至超 3 亿。现在，WPS 产品已支持 46种语言，向 237 个国家和地区的用户提供服务，海外月活跃用户超过 6 000 万。

2011—2017 年，西山居年收入复合增长超过 29%，《剑网3》复合增长超过 58%，《剑侠情缘》系列游戏 2017 年全年收入 26.8 亿元。

2011—2017 年，猎豹年收入复合增长超过 81%，2017 年收入近 50 亿元，移动月活跃用户数超过 5 亿，其中 75% 来自海外。

2012—2017 年，金山云收入复合增长率为 227%，并在最新一轮融资后成为国内估值最高的独立云服务商。

在纪念这样一家有着跌宕起伏历史的公司"三十而立"的日子里，陈列增长数字固然十分重要，但是探究过程更有意义。虽然身处变革中的当事人已经亲身经历了这一切，但是他们如今依然忍不住发出了这样的感叹——这一切究竟是怎么发生的？

在金山转型的过程中，我们可以把发生在这家公司身上的诸多变化，从不同维度进行复盘和总结。比如，创始人张旋龙和求伯君是如何跨越复杂的人性之河，在公司发展的过程中除却不合理的股权结构，决定出让股权，释放出新一代领导人最大潜力的。比如，在狂飙激进的移动互联网时代，雷军是如何带领着一支他亲自培养出来的队伍，把最先进的公司治理理念注入这家背负着历史沉疴有着庞大躯体的公司的。再比如，在金山实现转型的过程中，是什么样的决策机制保证了 4 家子公司的战略执行能够跟上中央大脑的宏观部署的。抑或是，是什么样的组织结构、什么样的人才招募方法、什么样的激励机制塑造了今天这几家子公司的重生。

但是，在探究这一切有关"术"的问题背后，雷军希望人们知道，其实有一种更加深厚的力量在支撑着这家公司 30 年以来的不断前行，这就是一种"道"的力量。这种力量远胜于"术"，它比"术"更加深邃，成就了一家公司伟大格局观的胜利；它比"术"更加重要，支撑了一家企业穿越跌宕起伏的经济周期，并可以经受漫长岁月的千锤百炼。

对金山来说，如果把这种"道"的力量总结成两个字，那就是梦想。从 1988 年成长起来的"麦田守望者"到 2018 年移动互联网的"改革实践者",纵观历史,梦想是贯穿金山这家公司生命里始终如一的东西。在好几个生死关头和重要节点,正是出于这种对于"道"的力量的深刻相信,让金山在最困难的时期选择了坚持。比如当 1996 年公司即将破产的时候,金山选择了向前一步。比如在 2002 年差点放弃 WPS 时,金山选择了再次放手一搏。当这样的事情一而再、再而三地在这家公司上演时,在遇到困难时直面前行成了这家公司的习惯性动作。

在金山 30 周年庆典的舞台上,雷军的演讲中对于他和创始人如何在过去 30 年创立和运营公司时如何实施"术"的问题几乎没有涉及,却依然用最平实的语言讲述了那些有关"道"的问题,那些属于程序员们的浪漫梦想。

他讲到了早期金山就弥漫着浓郁的程序员文化:"加入金山之后我发现这家公司只有 5 个人,而我是第六个人,当时有一点儿小失望。但让我很激动的是,虽然我们只有 6 个人,但是我们都是非常优秀的程序员,金山在早期就有着极其浓厚的程序员文化。在我们那儿就是'万般皆下品,唯有程序高',所有人都狂热地喜欢写程序。"

他回忆起一些程序员在成为副总裁,走向管理岗之后,急迫地希望回去接着写程序的故事:"当年我们的队伍里面也有几位程序员做了高管,比如董波,他干了两三年以后就来找我,对我说,'雷总,能不能不让我做副总裁了,我直接写程序就好',我说好啊。没想到,第二个人马上就举手了,助理总裁沈家正跟我说:'那我能不能也回去写程序?'"

他回顾了当时被公司寄予厚望的《剑网3》如何在低谷中重获新生的故事——"《剑网3》发布后，成绩严重低于预期，在这样的情况下，如果没有人站出来力挺，如果没有一批人愿意抱团继续把这个事做好，我相信《剑网3》早就失败了。在这个时候，邹涛坚持要把这个项目改好，现在14年过去了，《剑网3》的研发团队不断发展壮大，正是因为这样的坚持，《剑网3》才受到了年轻群体的热烈追捧，形成了独特的文化。邹涛和一大群人坚持了14年，也是越干越好。"

在讲述这些故事时，雷军娓娓道来，偶尔还调侃一下自己是B站的灵魂歌手，他的话有如春风化雨打动了全场。可以说，这样类似于"布道"的场景，金山人并不陌生，其中很多故事金山人也非常熟悉。雷军在公司的内部会议上多次告诉大家："金山是一家有梦想的公司。这里的梦想，就是用技术改善、服务这个世界的信念。"这样的讲述，在金山内部几乎已经重复了30年。今天，雷军想表达的东西其实和平日里的观念如出一辙，那就是——他对"道"的力量深信不疑。

纵观人类商业文明的历史，所有"道"的力量在历史上那些伟大公司的发展过程中都有迹可循。就像史蒂夫·乔布斯所说的那样，"我的激情所在是打造一家可以传世的公司，这家公司里的员工动力十足地创造伟大的产品，其他一切都是第二位的"。这也有点儿像吉姆·柯林斯在《基业长青》中用整整一个章节来阐述的内容——做一家公司，更多的是对"利润之上的追求"。它也像惠普公司前CEO戴维·帕卡德所表达的那样，"很多人误以为公司存在的目的只是赚钱，其实这只是一家公司存在的重要结果之一。我们称之为公司的机构存在，是为了能够合力完成一己之力无法做的事，例如制造一种产品，提供一种服务，大致就是一些有价值的事情。"

对金山这家公司来说，纵观它 30 年的历史，你都可以从它本身或者它的创始人身上，找寻到那种对"利润之上的追求"的深深渴望。

在今天被视为习以为常的事，
到了明天就不一定正确。

孤寂
嘲讽
质疑

在所有追求到远方的人生里，会有很多高光时刻，但是为了拥有这个时刻，人们就要付出代价，就要忍受孤寂，就要面对嘲讽，就要接受质疑，就要在过程中燃烧自己。而最终，大家的目标其实是一致的，那就是——要为这个世界留下些什么。

创意管理

在这个过程中，其实处理很多事情都很艰难。一方面，项目负责人需要保证整个项目有进度、有效率地进行，另一方面是对于每一个人情感和内心世界的关怀和平衡，挑战很大。

质量管理

金山办公用三个等级来衡量"增值服务"的质量,第一是够用,第二是好用,第三是超出预期。

人人都喜欢有一条终点线可以冲刺。

被用户骂过才知道怎么带团队。

"参与感"

"术" "道" "梦想"

"道"的力量远胜于"术"，它比"术"更加深邃，成就了一家公司伟大格局观的胜利；它比"术"更加重要，支撑了一家企业穿越跌宕起伏的经济周期，并可以经受漫长岁月的千锤百炼。如果把这种"道"的力量总结成两个字，那就是梦想！

第四部分
生生不息

第七章

持续进化："开拓前行，领跑未来"
——
生生不息，如同物种进化一般

"乘梦万里，山海相逢"

和很多身处创意产业的公司一样，成功和失败是这个产业里最常见的现象。有时候，一款产品的成功似乎带有某种宿命的味道，除了这款游戏本身的研发是否成功以外，它还和这款游戏的发行运营、游戏行业的潮流变化以及整体游戏产业的大环境息息相关。因此，在这样的行业里，成功和失败都变得难以预测。一位游戏制作人曾经这样表达自己的内心世界："那些焦虑不安，那些求而不得，那些对作品命运的期待和那些最后到来的臣服，是如此熟悉。我们对刹那划过的火花感到欣喜，却对命运偶尔的眷顾不知所措。我们就是这样一群内心狂热、表面却云淡风轻的人。"

2018 年，刚刚接任西山居 CEO 的郭炜炜，是在痛苦中度过他上任后的第一年的。他在日记里记录了那一年的心情："这是混乱且焦虑的一年，项目组算不出利润，很多团队非常割裂而且不受控制，《剑网3》的运营数据在下滑，接手的《剑侠世界》遭到了《楚留香》的狙击，手机游戏《剑网3：指尖江湖》的数据没有达标。"

可以说，2018年对整个游戏行业来说都是低谷之年。随着产业政策的调整①，游戏行业竞争的加剧，以往各家蜂拥来到游戏行业的场景渐渐消退了，产业的繁荣似乎已经消失不见，而游戏行业的人用"凛冽的寒冬""饥寒交迫"来形容这段时期。而在郭炜炜接手公司时，西山居也处在一个相对的低谷期，他说："当用户导入的环境发生变化时，游戏运营的成本上升了。对西山居来说，这是非常艰难的一年。"

成为高管不仅让郭炜炜面临着诸多管理上的难题，而且还让他开始面临痛苦的人际关系问题。在刚刚走上CEO岗位的第一年，一位西山居的高管，也是郭炜炜过去的一位亲密战友就对他说："我想去做一个着眼于未来大世界的项目。"在郭炜炜眼里，

① 2018年3月29日，原国家新闻出版广电总局发布《游戏申报审批重要事项通知》，称由于机构改革，所有游戏版号的发放全面暂停，且并未通知暂停期限。直至2018年12月，版号恢复审批。在版号停止发放的9个月里，中国游戏业仿佛被按下了"暂停键"。中国音数协游戏工委和伽马数据发布的《2018年中国游戏产业报告》显示，2018年游戏整体收入和游戏用户数同比增长率均创新低，分别为5.3%和7.3%。在版号停发5个月后，"总量控制"的消息传来。2018年8月30日，教育部等8个部门印发了关于《综合防控儿童青少年近视实施方案》的通知，为防控青少年儿童近视提出了多项实施方案，其中提到，将对网络游戏进行总量调控，控制新增网络游戏上网运营数量。

"这位朋友的热情好像突然之间被点燃了，怎么都无法阻止"。而这个项目最后涉及外部合作，当这位高管要和这家公司合资去做一家新的公司时，合作方提出了一个明确的要求，那就是新公司里要有一定比例的西山居员工。可以想象，同为高管的战友开始在公司内部和一些员工进行各种约谈，这让刚刚上任不久的郭炜炜陷入了低落的情绪。一方面是自己的亲密战友，另一方面是公司内部躁动的氛围，郭炜炜在处理这个问题的过程中经受了很大的心理考验，后来他反复找那位朋友交流并且告诉他："有些事情咱俩一定要约法三章。"在人性的考验和公司的有序管理的平衡中，郭炜炜至少挣扎了半年。

在游戏行业的"凛冽寒冬"里，郭炜炜在愁苦的思绪里也一直在思考。他认为，一个行业亘古不变的真理就是创新，只有持续创新的公司才不会在凛冽的寒冬中消亡。因此，摆在这位年轻CEO面前的一个最重要的问题就是，如何理顺西山居这家公司的运营机制，为公司打造一个系统性的创新制度，让西山居获得持续成长的能力。联想到之前用大成本、大投入和长时间换来的一些失败的结果。郭炜炜说："其实失败也是让经验值增长的一部分，但是我们没有必要拿这么长的时间去验证一件事情的失败，如果一个项目进行到一定程度，被证明进行不下去，那么我们一定要勇于放弃。"

无论是郭炜炜，还是唐一鸣，身处残酷而复杂的游戏行业，除了公司的成败和项目的成败，他们在某种程度上都有着要对员工命运负责的心理。唐一鸣曾经是郭炜炜在《剑网3》时期的一位小伙伴。当唐一鸣在《剑网3》项目组里陷入某种人生思考时，他时常会陷入沉默之中，有一段时间他总是在想，自己的未来该做些什么，自己到底适不适合游戏这个行业。下了班他经常一言不发，回家就不停地翻看各种哲学图书。这样的状态甚至吓到了唐一鸣的女朋友，同样也在《剑网3》就职的她紧去找郭炜炜进行求助，她问："Kris，唐一鸣这样会不会出问题？"郭炜炜当时的回答是："没事儿，你现在不用去打扰他，这是他一个很重要的思考阶段，过了这个阶段他会有很大的成长和变化。"后来，当唐一鸣要离开《剑网3》去做端游《六界》时，郭炜炜和唐一鸣一起聊了整整三个晚上，他们聊到了项目，也聊到了人生，唐一鸣还谈起了自己的迷茫。在正式离开《剑网3》项目之前，郭炜炜给了唐一鸣一次去美国出差的机会，让他好好放空去进行思考。这两件小事唐一鸣一直记在心里，这让他对郭炜炜充满了感激之情。而对郭炜炜来说，他亲眼见证了自己的伙伴在不同的项目里游走的十几年人生，也见到过一些经历过失败的伙伴后来的不自信，他下定决心，要从公司的制度层面改变这样的现状。

在这样的指导思想之下，一场公司内部的改革从2019年开启了。在做完一轮复杂的财务梳理之后，郭炜炜开始对西山居进行系统性的组织结构调整，其目的就是要给西山居的游戏产品制定出明确的流程管理规范。

首先，郭炜炜在总裁办公室设立了一个重要的部门——业务管理部。他调来了之前在广州做页游项目的公司高管孙红印掌管这个部门，业务管理部的主要任务是审批游戏成本，在经历了一段时期的成本失控之后，控制好西山居的成本成了当时公司首先面临的问题。在西山居，有一个著名的失败案例，制作人曾经做出一个特别宏大的西方题材的作品，但是在花了两三亿元之后，产品没有做出来。郭炜炜后来提道："这样的产品耗费了大量的时间成本和资金成本，当你想关停这样的项目的时候还特别艰难，最后团队的相互撕扯更会让人心力交瘁。这种没有限制的持续投入必须停止。"

孙红印是山西人，所以郭炜炜后来称他为"西山居的山西大管家"，他给这名"大管家"制定了一些纲领，目的是让西山居的游戏在立项之前经过审慎的评估。孙红印早年是从金山词霸转战到西山居的，他对成本的敏感度和西山居对成本的敏感度有着天壤之别，他说："早年在做金山词霸时深知赚钱不容易。当年在金山词霸做一些项目的外包，涉及 50 万~80 万元的外包费用我觉得就是天价了。有一年我们还在内部讨论公司的收入什么时候能够过亿，但是后来到了西山居才发现，一款游戏的研发费上亿元可能只是起步。"

这名"山西大管家"后来发现，自己还保留着在金山词霸工作时的那种"偏保守"的风格。每当他在公司的 OA（办公自动化）系统里最后过审那些费用清单时，一种强烈的责任感就会被激发出来。他说："在点击'通过'那个按钮的时候自己的手都会哆嗦，只要价格稍微高一些的单子，我就会喊负责人过来面谈，跟他们聊聊这笔钱想怎么用，在花了这笔钱之后还有没有后续的费用。"郭炜炜说，对成本敏感并不意味着整体的研发风格变得保守，建立成本审批的意义在于让这笔钱花得更加值得。

除了业务管理部门的总体把控，比较严格的项目管理流程随之被制定了出来。如果说以前西山居的游戏立项是偏直觉型的、比较随机的，现在西山居如要立一个新的游戏项目则要经过项目评审大会的严格审核。游戏制作人首先要把自己的想法整理成型，然后集中在一份介绍资料上。这份资料的内容包括项目的预算、重要的时间节点、核心人员、项目目标、游戏的目标用户群、项目的美术风格、竞争对手等。然后，每一个项目都要在项目评审大会上经过投票才能正式立项。以前，西山居繁多的游戏数目很多让内部人士都弄不清楚具体状况，各个小团队各自割据一方，公司内部山头林立。现在，更多的人会深度参与各个项目的评估，一些来自中台的评审人员都会通过投票权来表达自己对某个项目的想法。一些项目如果暂时没有通过评审，制作人就要进行深入的思考，重新通过投票完成立项。郭炜炜说："现在如果需要立项，一个游戏制作人就要做整体的准备。如果达不到立项的程度，他就得不到想分配的资源。在立项之前，我们允许制作人进行小范围的研究，这样花不了多少成本，但在很大程度上加深了制作人对游戏的深度理解。"

可以说，这个立项环节让整个项目的设立过程更加科学，它给予了每一个人反复思考项目可行性的可能，避免了过于草率的决定。并且，在一些项目最终通过立项审批之后，项目的开发时间也不再是无限期的。根据制作人和业务委员会的共同商定，每个项目都会在规定的时间节点有序地向前推进。比如，在通过立项的 M0 阶段之后，业务委员会将要求团队在第二个节点做出一个简单的游戏样本，西山居称之为 M1 版本。在 M1 版本通过之后，团队继续研发打磨，把作品开发到达到量产标准，此时团队就会制作一个 M2 版本。到了 M3 阶段则是留存版本，M4 则是付费测试版本，这样的流程会一直滚动，直到游戏最终发布。在每一个节点上，业务管理部门都会设立很多检查列表，检查团队在每一项上完成的质量，这相当于在每个项目节点上团队都会有一个阶段性的目标。前期的标准也许很简单，产品只要美术标准过关就可以了。到了后期，游戏性能的要求、版本编译的要求、版本包大小的要求会全部加进检查列表。当每一个游戏都是这样根据"项目立项—分阶段做版本—测试—发布"这样的程序循环滚动时，西山居就形成了一套产品发布的框架体系。孙红印说："这样的话，我们可以同时支持很多个项目，也不会说一个项目跑得太急，另一个项目遥遥无期。出了问题的项目我们可以及时掐掉，这样就提升了公司的运转效率，也会提升项目的成功率。"

在产品研发的各个阶段，西山居通过评审会来评估项目的进度和质量，这个评审会通常会包括质量、技术、美术、运营、发行团队，也包括业务管理部门和郭炜炜本人。在评审会上，这些部门会面对面地给游戏团队提出不同的建议和意见，也希望一个项目能在行进的过程中让问题提前暴露出来。一直在西山居做质量测试工作的李爱华感受到了这种明显的变化："以前，某个游戏可能到了某个节点才要求我们出具一份质量测试报告，我们会针对这部分内容去做一个测试，这相当于你有需求我就测试，你没有需求我就不用测试，质量部门其实没有什么话语权。但是现在，测试团队进入了评审委员会，很多中台人员，包括质量测试人员会从最开始的游戏选型就参与进去。比如，中台人员可以用他们的经验给制作人提出建议，画质和精度应该用什么标准去做，在立项阶段用什么美术标准就确定下来。"对李爱华来说，她的感受是"你说的话有人在认真听，而且当制作人发现中台人员的建议对他来说很有帮助时，他就会越来越相信团队，从而形成一个正向的循环"。

可以说，将很多环节前移起到了预防问题的作用，这是郭炜炜作为一名一线制作人的管理者最终思考的结果。《剑网3：指尖江湖》发布以后，团队花了三四个月的时间去做优化，因为这是立项流程确立之前开启的项目。在游戏发布之后，大家突然发现美术要调整，程序要调整，玩法也要调整。从画质上来说，在游戏发布之后大家才发现，如果40人呈现在手机屏幕上一些手机的配置就扛不住了。为了让一些配置较低的手机也能够平稳运行《剑网3：指尖江湖》，很多人当时都在不停地加班加点进行优化。现在，西山居把所有的环节移到了M0、M1、M2阶段，很多问题就可以提前避免了。可以说，正是很多年不断积累出来的一线制作人经验，让郭炜炜在公司的管理上实现了纠偏的过程。

另外，在郭炜炜看来，游戏制作人是一个游戏公司的核心关键。从管理层面来讲，将很多环节前移可以尽可能减轻制作人的负担，他说："如果一个人是很有创意的，我们就尽可能地在整个游戏制作的过程中减少让他分心的东西，给制作人一个好的土壤和环境，让制作人能专注在做游戏上面，这样才是一个好的游戏公司。"

当郭炜炜认定"游戏制作人"是整个公司最为宝贵的财富时，为了持续地为公司挖掘和培养优秀的游戏制作人，一个叫"Seed（种子）实验室"的组织在西山居内部应运而生了。这是一个自下到上可以提交游戏项目，类似于试验田的组织。公司的任何一个人只要有好的想法，都可以通过 Seed 实验室提交自己大致的游戏创意。如果这个创意被选中了，就可以在实验室的帮助下走向最终立项。为了做好这个实验室，郭炜炜让曾经担任《六界》项目制作人的胡翌担任这个实验室的负责人。对胡翌来讲，过往的经验可以在这里发挥出最大的作用。他后来对自己亲身经历的一些经验教训进行了融会贯通的整理，然后给创意人提供了一些有用的工具，陪创意者一起慢慢孵化实验性的项目。

一些创意会通过 Seed 实验室发起的"PPT 大赛"来进行选拔。胡翌说："通常，PPT 大赛是西山居员工大显身手的舞台，Seed 实验室肩负着为大赛进行指导的职能，内容涵盖游戏概念的创立、玩法的设计等。这是一个可以从粗略的游戏概念就出发的地方，我们会在这个过程中给提出创意的人全方位的指导，陪伴他们一起做出游戏的 demo（样本），然后他们再拿着 demo 到公司里去做立项。"

对郭炜炜来说，这是"创意管理"的一个重要部分，Seed实验室具有"人才培养""技术探索""创意孕育"三大职能，重要的是，这是西山居游戏制作人筛选、人才库建立的一个方法，按照胡翌所说，"这是创意人员从民众中走出来的一条道路"。

在珠海风景优美的海湾里，西山居许多优秀的游戏制作人，比如唐一鸣、陈步高、王洋、沈震坤、卢肇灏都正带领着自己的团队在新的游戏赛道上潜心研发。在郭炜炜办公室的墙上，贴着一张被标注得五颜六色的时间路线图，在这张路线图里，每一款新产品都占据了一个横向的表格，而每一种颜色都代表了一项进度。随着项目管理流程被渐渐理顺，公司的运营也在这两年平稳了下来。走进珠海的西山居办公室，能感觉到公司的气氛忙碌而平和，宛如珠海温柔的阳光。郭炜炜说，未来，西山居会持续开启4条全新的战略赛道。现在，西山居的目标是，抓住细分市场里的年轻用户群，并将西山居的快乐文化带给他们。

在办公室的窗外，柔和的微风把海湾里的海水吹拂得波光粼粼，在窗外的办公大楼外的正上方，"乘梦万里，山海相逢"8个大字分外显眼。当需要放松时，西山居的游戏制作人时常会走到公司二楼的大平台上俯瞰对面珠海唐家湾的生动景色，而他们的内心也常常充满着一种希望——他们希望有一天，可以真的"乘梦万里"，实现自己心中所有的理想。

持续 30 年的英雄梦想

虽然人们把金山办公定义为一个"逆袭者的故事"，但金山办公的自我蜕变一直没有停止。和所有公司的发展路径相似，金山办公的战略演进并不是按部就班，按照事先的规划一点一点计划出来的，而是像物种进化一般。这一切正如某位经济学家所说的那样："物种进化的过程和公司适应环境的过程有着惊人的相似之处。"

　　为了适应移动端的快速发展，金山一直将营收部门的相当一部分投入研发（从 2016 年开始每年近 30%）。金山办公的研发部门很早就做出了一个决定，那就是将产品的质量工作向前迁移，将更多的测试工作放到了设计和开发阶段。而这样的改变后来证明了，它让 WPS 维持了很高的稳定性。后来，为了保证这款产品得到持续的精进，WPS 团队又花了 9 个月的时间把产品架构重新梳理搭建了一遍，在这次大的改动之后，WPS 产品的漏洞比以前减少了 90%，产品的易用性再一次得到了增强。可以说，随着技术的不断更迭，WPS 的产品也历久弥新，这是它能够保持技术厚度的一个重要原因。在多年异常残酷的市场竞争中，金山办公的领导者早就清楚地认识到，创新企业之间的竞争本质上是技术的竞争，谁拥有了更先进的技术，谁就拥有了更高的效率和更好的用户体验，谁就能在竞争中立于不败之地。因此，在文档市场激烈的竞争当中，金山办公越来越意识到积累的重要性。现在，市场上的一个新产品要花几天或者几年在这个领域实现颠覆这其实是很难的。

　　2018 年，金山办公已经形成了两条主流的产品线，一条是 WPS，另一条是金山文档。而 WPS 和金山文档从一开始就实现了账号的互联互通，这意味着两个产品之间实现了衔接，减少了用户数据迁移的成本，解决了格式不兼容的问题，而这成了金山办公"云端一体化"的一条护城河。到了这个时间点，"云"已经成了金山办公最重要的一个商业战略。无论是葛珂还是章庆元，都把云看作一个长期的竞争壁垒，他们认为这是金山办公给用户提供的最核心价值。无论WPS用户如何使用产品，在云上的交互已经成了它价值最高的部分。

毫无疑问，在金山办公不断加强自己云战略的同时，金山云和金山办公之间又形成了有效的业务协同。尽管金山办公和市场上位列前几名的公有云服务商都有一些合作，但对金山云的使用量无疑是最多的。和同一个集团的同事合作，双方会有一种强烈的纽带连接感。王冬说："大家相互体谅的部分会多一些，一旦出现什么问题，我们愿意和金山云的同事一起去完善产品，也不会表现得咄咄逼人。在这几年里，金山办公的云业务增速很快，有时候我们的需求也很过分，比如我们对成本非常敏感，有时候还非常苛刻，可能留给金山云的利润空间会非常小，但是不管怎样，双方最后都能达成谅解。"自从云端成为金山办公的重大战略以后，金山办公的用云量每年都在以100%以上的增长率增长。"这是一个非常恐怖的数字。"王冬说。

在云成为金山集团的一个重要战略后，人工智能成了金山办公另一个重要的战略方向。2018年5月18日，中国科学院人工智能方向的博士李长亮入职了金山集团人工智能部门，开始配合金山集团的各个子公司进行人工智能的研究和技术落地。对于从学术界转战工业界的决定，李长亮说："其实从2015年开始，工业界已经开始重视人工智能的发展了，中国的一些巨头公司也开始成立专业的团队来做人工智能的技术落地。人工智能时代到来之际，学术界和工业界的边界已经不再清晰了。以前，很多事情只存在于科研系统，现在，很多创新性的技术都在工业界实现了领先。"

对办公软件来说，李长亮认为，当文档产品逐渐走向国际化时，信息本身是渴望自由的，而在信息实现最终的自由之前，还存在语言之间的阻碍，机器翻译恰好可以解决这个问题。从2018年开始，机器翻译成为人工智能在金山的文档产品落地的一个重要实践。机器翻译功能的上线，最终可以满足人们在文档中实现翻译的需求。在这个过程中，WPS的人工智能团队带领着自己的机器翻译技术参加了全球人工智能挑战大赛，在全世界1 000多支参赛队伍里，金山办公包揽了冠军和亚军。李长亮很感慨，他说："其实，我们和世界上任何一支团队，包括谷歌和微软，以及国内的巨头去比拼，我们都有信心不会落后。机器翻译的效果除了和技术有关以外，还和累积的数据量有关，谁的数据越多，最后呈现出来的效果就会越好。所以最后就看谁家的投入最多。"

可以说，从移动走向云端，再从云端走向人工智能，金山办公的战略慢慢地拾级而上，顺势而为地赶上了雷军所说的风口，实现了经济学家所说的物种进化。葛珂后来这样总结："WPS是一步一个台阶走上来的，移动互联网、海外市场、云计算、人工智能，所有的机会我们都抓住了，而抓住这些机会的根本原因就是对行业的判断。"而一个有趣的事实是，这些也是雷军在布局小米的过程中所做出的战略部署。

在复盘整个金山办公一路走来的道路时，也许金山办公唯一错过的机会就是做出一个类似于"钉钉"那样的企业级协同办公产品。但是后来葛珂通过反复复盘得出结论，也许这并不是真正属于金山办公的机会，钉钉在产品上市的前期投入了高达10亿美元的市场费用，根据金山当时的发展情况，金山可能无法承受这样巨大的前期推广成本。

章庆元后来也复盘了金山办公一路走来的发展路径，当他翻开2013年金山办公用于融资的那份PPT时，他再一次看到了当时金山办公的三年规划，"第一，实现安卓版全球第一，PC版全球第二；第二，在办公市场和微软Office、谷歌三分天下；第三，拥有成熟的商业模式，包括企业付费、个人免费和订阅付费。"

直到今天，金山最终实现了这份融资PPT里的第二点和第三点目标。对第一点来说，金山的产品虽然实现了在中国市场的登顶，但在全球市场，后来居上的微软依然牢牢把控了全球第一的位置。在做战略复盘时，章庆元说："因为微软在全球拥有海量PC端和移动端产品，两端之间更容易实现协同，而金山目前在海外的PC端还有待拓展。"可以说，在这样一场和巨头的较量当中，金山办公要在全球市场登顶还需要走非常漫长的路。

尽管在发展过程中一家公司总会留有这样或者那样的遗憾，但是回看金山办公这10年的转型逆袭之路，它依然成就了一个令人惊艳的商业故事。

到了2019年，WPS在全球办公软件市场已占据领先地位，在中国移动互联网办公市场占据领先地位，它支持全球 46 种语言，共覆盖了全球 220 个国家和地区，月活跃用户有 4.1 亿之多。（至 2019 年 3 月，金山办公主要产品月度活跃用户数超 3.28 亿，其中 WPS Office 桌面版月度活跃用户数超 1.32 亿，WPS Office 移动版月度活跃用户数超过 1.87 亿。）而在业务收入构成中，可以看到，10 年前公司单纯依靠 To B 授权业务的商业模式已经得到了改变。此时，WPS 的业务收入中只有大约 1/3 来自 To B 业务授权费用，另外 2/3 来自 To C 用户的会员增值服务及广告收入。而这个数据，意味着金山办公已经成功转型。

在金山办公的业务逐渐走向成熟和稳定之后，有很多人都在猜测金山办公会在何时登陆资本市场。从 10 年前雷军为金山集团设计转型之路开始，让金山的子公司成为公众公司的目标就一直在他的顶层设计之中。然而到了 2018 年，从 2015 年就拆分了 VIE 架构，为上市未雨绸缪的金山办公，已经在筹备上市这条道路上苦苦煎熬了两年。在等待深圳创业板审批上市的过程中，金山办公始终没有得到明确的答复，这让它的上市之路一度前途未卜。很多金山的高管也时常会想起多年以前金山集团谋求上市时的那种近乎绝望的心态。章庆元说："很多人都不相信上市这件事情会很快发生了。"

由于创业板上市不成，金山办公后来转战了刚刚成立的科创板。所有材料重新递交，上市程序从头启动，葛珂后来回忆道："对一个崭新的资本平台来说，其实上市后的结果谁都不得而知，金山办公的决定就像是一场生死未卜的豪赌。"最终，在 2019 年

11 月 18 日那一天，金山办公这家老牌办公软件在经过了多年的漫漫长跑后，终于在科创板成功登陆了。那一天，在上海交易所的主大厅里，所有的背景布置都是属于金山标识的红色主题色，雷军和求伯君站在一片欢乐的红色海洋之中敲响了上海证券交易所那面硕大的铜锣，金山人也在现场亲眼见证了公司的股价一飞冲天。2007 年，金山软件在香港上市。2018 年，小米集团在香港上市，虽然这是雷军第三次为自己旗下的公司敲锣，但这是他第一次站在 A 股市场上做这件事情。

根据招股书显示，此次金山办公上市，一共募资总额超过 46 亿元，未来将用于 4 个业务层面的发展，包括 WPS 办公软件的研发和升级。此外，母公司金山软件，持有前者超过 67% 的股份，是最大股东。作为公司董事长的雷军，则累计持有超过 10% 的股份，此外他还掌握着金山软件超过 15% 的股权。此次上市，金山办公取得的募集资金总额约 46.32 亿元。葛珂表示，这些资金将主要投向 WPS Office 办公软件研发升级、办公领域人工智能基础研发中心建设、办公产品互联网云服务、办公软件国际化这 4 个方向，这让 WPS 看到了中国技术和中国模式走向世界的历史性机遇。

这次上市，让金山办公具备了开拓未来的潜能，按照发行价每股 45.86 元计算，金山办公此次拟募资额为 46.32 亿元，在上市这一天，金山的总市值达到了 638 亿元①。

---

① 截至 2021 年 6 月，金山办公的市值在 1 900 亿元人民币左右。

雷军那一天内心很激动，直到今天，他都承认对金山办公和 WPS 有着别样的感情，毕竟，这里是他人生最初的梦想开始的地方。从进入金山那一天开始，让金山成为一家世界一流的软件公司的想法从来没有改变，但在追逐这个梦想的过程中，他和金山人一起体会过太多向死而生一般的痛苦和煎熬。他知道，金山今天的成就来之不易。如果说很多人谈到"我的金山，我的青春"都会生发出一些想要流泪的情绪，那么 WPS 已经凝结了雷军全部的青春岁月。那一天，他站在台上说："WPS 和金山的发展历程，就是一个坚持梦想并最终取得胜利的故事。"

在当天举行的上市晚宴上，一种浓重的怀旧情绪夹带着一种迟来的幸福感弥漫在现场，那些熟悉的面容一一出现了。张旋龙、求伯君、雷军三个人再次站到了舞台中央，他们面带笑意，彼此相拥，庆祝这 30 年一路的非凡旅程。而金山的一些高管后来也站在了舞台之上，章庆元、肖玢、姜志强、吴庆云、毕晓存、宋涛、姚冬、傅镭、Phoebe，手捧着自己写下的心声，表达了多年来自己在这样一家拥有"古典而浪漫"气质的公司工作的感受。有人说："信任在金山历来是一种传承，相信也是一种力量。"有人说："为了速度再快一秒，为了体积再小 1M，为了文案再直白一分，我们埋头努力。抬起头，我们已经走在了前面。"在忽明忽暗的舞台灯光里，这些话语在大厅里安静地流淌着。大家知道，只有一起经历了这 30 年的痛苦、绝望、隐忍和如同在黑暗隧道里的那些坚持，以及那些落后、追赶、痛不欲生的漫长转型，才能更理解这一刻的意义。

很多往事在人们的心里一幕一幕地闪过。

求伯君想起了 1996 年金山面临的最艰难的境遇。在卖掉了价值 200 万元的珠海别墅之后，他和雷军每天都会泡在金山架设的西点和西线 BBS（公告板系统）上给手下打气。有一天，他一口气写下了 300 条帖子，让人们相信 WPS 一定会有未来。

张旋龙想起了 2002 年那次金山历史上最重要的董事会。在互联网已经风起云涌、高歌猛进的时代，在前有微软、后有盗版的痛苦夹击之下，WPS 这个产品的去留，一度成为金山的纠结之处。那一天，董事会要进行一次最艰难的投票，决定是不是从战略上放弃 WPS。到了最后的投票关头，大家左顾右盼，却没有人能痛下决心。就这样，WPS 被保留了下来。

雷军想起为了挽救 WPS 这个产品，他在 2000 年下定决心重写 WPS 的艰难决定。那一年，为了和微软 Office 竞争，WPS 需要全面重构，而这样做不但要花费 3 年的时间，还要投入 3 500 万元人民币。3 500 万元对当时的金山来说，几乎就是全部的家底。干还是不干，这是一个风险巨大的决定。雷军和大家讨论了半年多时间，最后终于下定决心，砸锅卖铁也要这样去做。

肖珒想起了一场场如履薄冰的政府采购竞标之旅。在她的记忆里，政府一般都是在每一年的最后一天进行办公软件的招投标工作，因此每年的 12 月 31 日都是她最紧张的一天。有时候，中标企业当场宣布结果并要求企业必须在次年的 1 月 1 日之前在采购合同上盖上公章。在所有的工作结束以后，大家坐着拥挤的火车各回各家。那一天特别冷，直到深夜 12 点半肖珒才回到家，走在路上，她觉得自己就是"卖火柴的小女孩"。

葛珂记得从 2004 年到 2006 年，他几乎每年都有半年的时间在出差。直到有一次雷军在翠宫大厦的电梯看见他并问："为什么每次看见你，都是推着箱子走来走去？"他回答："因为我一直在出差。"那个时候，葛珂一天跑一两个省是经常的事情。2007 年的春节，因为政府采购已经结束了，WPS 的业绩不好，所以葛珂没有办法给手下的员工颁发年终奖，他的领导沈家正觉得很对不起这一年员工们的辛苦劳作，还是哭着去找雷军求了情。雷军想了想，对沈家正说："还是给大家发半个月的年终奖吧！"从那一刻起，葛珂发誓再也不能让"发不起年终奖"这一幕在自己的团队发生。

章庆元想起了在珠海做研发的青春岁月。那就是一个宛如在象牙塔里的乌托邦世界，年轻的程序员们白天研发，晚上就去珠海办公室的顶楼露台喝酒聚会。那时他常听蔡琴的歌曲《恰似你的温柔》——"某年某月的某一天，就像一张破碎的脸，难以开口道再见，就让一切走远"。现在，他还能找到金山在 2003 年做的一份 PPT，在那份 PPT 里，WPS 发誓要在 2003 年投入 100 个研发人员重做 WPS 的开发。而那时，WPS 还没有产生任何收入。

吴庆云想起了早年在国家版权机构工作时，WPS 当时要进政府采购时，他是第一个表示反对的。那时他刚从北大计算机系毕业，觉得他自己就能写出一套解决办公系统的软件。直到 2017 年，他见证了 WPS 在技术上的不断前行和长久进步，他没有想到自己也加入了金山，成为这家公司的一分子，并且开展了一系列和 WPS 自主创新相关的工作。

在金山办公上市的晚宴之上，雷军坐在了舞台之前铺着红色地毯的台阶上，笑意盈盈地看着来来往往的人群。在他身旁，放着一支盛满红酒的高脚杯，谁走过来和雷军围坐一会儿，他就拿起高脚杯和大家碰一下，然后一饮而尽。在柔和的灯光下，雷军面色泛红，他对大家说："WPS 上市是对第一代软件创业群体的一个回敬，那些早年做通用软件的人基本都早早转行了，没几个人坚持到现在。只有我们一直在咬着牙坚持，现在终于把它给做成了。"

当人们围坐在一起追忆着一幕幕往事时，所有的故事一点一点地拼凑成了一幅完整的画卷，这就是金山人的光荣与梦想。只有身处其中的人才会知道，这不仅仅是这么多人在一起把一家公司做大做强这么简单，而是这么多人耗费了 30 年的时光，携手度过了小半生岁月的见证。在这里你会感觉，世俗的成功并不是头等大事，而那些过命之交才是。

"腾笼换鸟"商业思维的一次经典胜利

2020 年 4 月 10 日，金山云的 CEO 王育林和首席财务官何海建要向雷军以及金山云的董事们做一个重要的汇报，这个汇报关乎着金山云未来的前程，不同的决定将会带来截然不同的结果。因此王育林和何海建做了大量的准备工作，整理了他们在最近三个月之内收集的所有信息。在这个会议上，一个问题将被反复讨论，那就是——金山云要不要在三重灾难叠加的大环境之下，按照原来的计划奔赴美国纳斯达克上市？

几乎很少有一家企业，在准备上市时会遇到如此魔幻的过程，这也导致决策者在做每一个决定时都没有先例可以遵循。在很长一段时间里，事态瞬息万变，这也让最后的决策显得格外艰难。

金山云是 2019 年 5 月开始为启动 IPO（首次公开募股）做准备的，在做出公司谋求上市这个决定之后，金山云马上成立了一个由王育林、胡永红和田开颜组成的三人专项小组，负责和上市相关的所有事宜。在这个小组成立之后，金山云还经历了一次非常痛苦的 D+ 轮融资。其实，按照金山云当时的财务状况，D+ 轮融资是否进行不会对大局产生影响，但是在投行的建议下，金山云在正式上市之前还是发起了这轮融资来观察投资者的反应。结果，这轮融资持续了好几个月的时间，过程比较漫长，最后一轮投资者的正式入局几乎是在和 IPO 启动的时间抢跑。

在深度参与了这轮融资的田开颜的记忆里，这个过程让他明白了雷军当初不让金山云分拆 VIE 架构的原因。在和投资者沟通的过程中，田开颜发现，金山云接触的很多亚洲的一级市场的投资者依然对云计算的了解不深，他们认为云这个生意非常烧钱，其思维观念和欧美投资人截然不同。"他们看到的不是这个事情的前景有多广阔，而是这件事情的包袱有多沉重。"田开颜说。在所有的投资意向里，最后金山云选择了包括建银国际等几家基金入局。

2020年10月，当D+轮融资尘埃落定时，金山云的IPO程序终于正式启动了。在十一长假期间，王育林和田开颜通过电话沟通了有关投行的挑选事宜，他们主要关注的是费率问题，以及他们能否满足投行的条件。最后他们一致决定，需要马上启动为金山云寻找一个首席财务官的工作。

1981年10月出生的何海建，正是在这个时候从高盛银行进入金山云公司的。何海建身材高大，说起话来条分缕析、逻辑清晰。他原是一个工科生，本科是电子通信信息工程专业。后来他赴美留学，就读于芝加哥大学商学院，从此转为了商科。从芝加哥大学毕业之后，他在位于中国香港的投资银行高盛工作了5年，参与的项目多为中国大型公司的跨境并购案，其中最著名的就是宝马收购华晨汽车股权的项目。另外，当中国企业的退市大潮在2015年来临之际，他参与了一些润滑油、半导体，以及互联网企业的私有化项目。2019年10月，当他收到金山云递过来的橄榄枝时，他马上就被这样的机会吸引了。他后来说："其实投行的工作也有很大的区别，以前我一直在做大型企业的并购项目，这样的工作其实确定性并不高，因此我一直期盼着能够做IPO这一类的工作，金山云的邀请在我看来恰逢其时。"对于何海建，IPO有标准的流程和打法，很多事情也有固定的分工和角色，唯一要看的就是市场的阴晴变化。在金山云对他发出邀请的2019年年底，一切都看起来风平浪静，根据统计结果，只要不出意外，投资银行负责IPO的成功率在60%~70%之间，因此这是一件他喜欢去做，而且确定性相对比较高的工作。

然而令何海建意外的是，他人生中第一次主导的IPO将在暴风骤雨中进行。此时此刻等待他的，将是一个最为变幻莫测的市场环境。

　　在金山云按照计划于2019年12月向SEC（美国证券交易委员会）做完第一轮秘交之后，何海建于2020年1月正式入职了金山云，加盟了由王育林、田开颜、胡永红三个人组成的IPO专项小组。入职后的第二个星期，他就和小组成员登上了飞机，分头飞往了中国香港、新加坡、美国等地去和投资人做试水的沟通工作。在这三个星期的时间里，大家见到了不少的投资人，也和很多投资机构建立了初步的理解和信任。王育林遭遇了来自黑石集团一名叫作托尼的顶级投资人的尖锐拷问，王育林则在一块白板上直接画出了金山云的产品矩阵和基础架构图，他知道，顶级的投资者并不是来听你讲漂亮故事的，而是在着重考察一家公司管理团队的专业素质的，问题的解答与投资人是否下单有直接的关系。很显然，这一次王育林经受住了考验，他把专业名词解释得清清楚楚。在胡永红的记忆里，这个问题的回答其实有些超时，那一天，他们走下路演大楼的楼梯，正好碰到了带他们去路演的投资银行的伙伴们。投行小伙伴兴高采烈地说："王育林，你今天已经把他给征服了。"

　　回顾这三个星期的行程，大家都觉得出乎意料地顺利，直到试水路演完的那一天，大家聚合在行程的最后一站新加坡。在那里，团队成员听说了一个消息——香港人开始戴起了口罩，新冠肺炎可能已经开始在全球范围内悄然蔓延。尽管大家对这个消息还是将信将疑，但是为了防患于未然，几个人还是在新加坡的超市里买了一批口罩戴上。走在路上，大家觉得自己像是个异类，最后又觉得这些举动有点儿夸张。而所有人并不知道的是，这个时间其实已经成了金山云上市进程的一个转折点。

2020 年春节之前，4 个人分别飞回到了 4 个地方去度过长假。王育林直接留在了原地新加坡，何海建回到了他定居的城市香港，田开颜回到了他的老家云南，胡永红则回到了加拿大。春节之后，4 人将按照计划走完接下来的试路演行程。没有想到的是，武汉封城的消息传来，新冠肺炎暴发的消息传遍了全球，这将所有人打了一个措手不及。春节之后，疫情日趋紧张，形势风云突变。此时，王育林、田开颜和胡永红都已经飞回了北京，而因在香港拜见投资者而多停留了一段时间的何海建已经无法回到北京，他只能留守在香港。此时，田开颜开始准备被称为"跳板计划"的备用方案，看看能否从别的地方辗转到达美国，和那里的投资者继续进行交流。

接下来的情况可想而知，坏消息接踵而至。美国已经无法入境，日本和韩国也去不了了，全球进入了一个比较封闭的时期，这种情况就连投行也没有遇到过。在手足无措了一段时间以后，大家开始讨论是否采用网上沟通、和投资者云见面的方式。这样的方式此前大家都很少经历，因此这对每一个人来说都是一个学习的过程。何海建至今记得 2020 年 2 月他第一次做线上非交易性路演时的情景——很多投资人家里没有摄像头，电脑的麦克风也是坏的。开一个会，他需要等投资人先花上 5 分钟甚至 10 分钟去建立一个新的视频会议的账号。等投资人好不容易把账号建立好，还发现电脑的麦克风是坏的，家里的网络也比较卡顿。"45分钟的会，可能有15分钟都是在等待，而且我们也要正襟危坐，不敢乱动。"何海建说。

在无可奈何的情况下，金山云创立了一个世界先例。有时候，这让整个过程充满了一种黑色的幽默。比如，有时投资人会因为网络过于卡顿把视频信号切换成了语音信号，在这样的情景之下，金山云的团队看不到投资者，投资者却可以看到金山云的团队。因此，金山云的小组成员经常是对着一块全黑的屏幕讲解自己的技术方案。"看不到对方的表情，有时候不知道对方是否理解了我们所说的东西。这时才发现，其实通过表情，你能解读出很多东西。"王育林说。何海建在几个月试路演的过程中都是一个人在家中的书房里参与视频会议，偶尔，他会感觉到强烈的孤独感。有趣的是，每一天对着电脑开十几个电话会议之后，他发现自己的颈椎病竟然神奇地自愈了。

在这个史无前例的过程中团队还获得了很多经验，大家最后发现，在每个会议从45分钟被压缩到30分钟之后，把一个公司彻底讲清楚并不容易。尤其是对像金山云这样一家 To B 的公司来说，它和之前在纳斯达克上市的中国公司集中在 To C 领域的特质并不相同。后来，大家在每次开会之前都要反复查询一下投资者的投资履历，看看他们是否投资过亚马逊和谷歌这样有云业务的公司，以此来判断他们对云业务的了解情况。

那段时间的日程表，对上市小组成员来说是疯狂的。在墙上装有一个 100 寸大电视的会议室里，4 个人经常是从早到晚要开 16 场会议，每个会议的平均时间为 1 小时。"每一场会议就像是一场考试，投资人的问题也是五花八门。"王育林说。上市小组成员最后发现，当人的形象出现在电视屏幕上时，任何一个小的细节都会被无限放大，所以不能表现出任何疲劳的样子。后来，小组成员花了 2 000 元买了两个播室专用的照明大灯和一块白色的背景布来提升面部气色。"投资者最终看的是管理层的状态，你的能力和你的反应速度。因此我们要始终保持最佳状态。"何海建说。

尽管这段时间出现的情况完全超出了大家的预期，但在和300 个投资者交谈的过程中，整个团队还是获得了相当的信心。此时大家的感受已经和进行 D+ 轮融资时大不相同了，当亚洲的投资者更看中一家公司的净利润时，美国市场或对云行业比较了解的投资者并不是这样观察公司的。他们更看中的是相关指数，一个是收入增速，一个是毛利率，一个是 EBITDA（税息折旧及摊销前利润）的利润率。由于云计算涉及很多硬件开支，因此很多懂行的投资者理解，加上硬件成本的折旧是一个衡量云服务公司利润率水平更合理的指数。对金山云来说，它的收入增速几年来一直都在增长，EBITDA 的利润率连续七八个季度都在提升，因此，很多投资者都看到了金山云的前景。何海建在这个过程中体会到了线上路演和线下路演的不同之处，他说："虽然视频会议看起来更高科技，但是信息收集的方式也回归了原始状态。以前一家公司上市，都是投行人士帮助公司打电话收集意向和资料，但是现在，通过和投资者直接交流，整个团队得到了大家对金山云的一线反馈。哪些人愿意下单，哪些人愿意认购，大家对估值有什么样的兴趣和看法，金山云都在这个时间点就得到了反馈。得到这些信息的时间点提前了。"

就在上市小组成员的内心又涌动起希望时，第二重灾难接踵而至。这段时间，当金山云在线上埋头和投资者进行交谈时，疫情在全球进一步蔓延了。2020年3月，美国股市发生了令人咋舌的4次熔断，每一个熔断发生的日子都被人们称为"历史上黑色的一天"。

所谓熔断机制，也叫自动停盘机制，是指当股指波幅达到规定的熔断点时，交易所为控制风险采取的暂停交易措施。美股实行三级熔断机制，当标普500指数在美国东部时间早上9：30到下午3：25之间下跌7%或以上，则将触发"第一级"停盘，这会引发交易暂停15分钟；当标普500下跌13%时，将触发"第二级"停盘，同样暂停交易15分钟；当该股指出现20%的暴跌时，则将触发"第三级"停盘，将会关闭美国股市交易1天。在2020年3月之前，在美国股市的历史上只有1997年发生过一次熔断。但是到了2020年3月，美国股市分别在3月9日、3月12日、3月16日和3月18日发生了集体暴跌，每隔几天就发生一次熔断。人们说，这一次，就连89岁的股神巴菲特也"活久见"了。可以想象，一次次的暴跌和熔断引发了全球市场极度恐慌的情绪。受疫情影响，纽交所关闭交易大厅，3月23日起全部转为电子交易。人们知道，尽管看上去冲击全球资本市场的最大因素是原油和卫生事件，但深层次的原因可能更为复杂。田开颜回忆道："在如此恶劣的市场环境中，整个市场从 30 000 点跌到 20 000 点，整个市场的 1/3 已经没有了。"

此时，金山云是否继续推进上市进程再次成为一个问题。随着美国股市的暴跌，标普 500VIX 指数也直线上涨。VIX 指数是由芝加哥期权交易所在 1990 年提出的，用以衡量标普 500 指数期权未来波动程度的一项基准指标。VIX 指数是一个实时的数据，反映了市场对未来 30 天波动程度的预期，很多人把这个指数叫作恐慌指数，指数越高，人们越感到恐慌。田开颜说："VIX 指数一般是在 20~30 的时候公司可以上市，到 30 以上的时候已经没有公司敢上市了。在我们准备决定要不要递交招股说明书时，这个指数已经在 70 上下浮动了。"此时，已经有很多人劝金山云团队可以把上市进程放缓。投行人士告诉王育林："如果这个时间强行上市，可能会卖得比较差，可以考虑等到下半年。"

为了调查在市场不好时公司上市之后的表现，何海建做了一项研究，他特意翻看了历史上几十年以来一些有关上市公司的记录，做了三五十个样本的统计学分析。他希望得出，那些在市场最低点上市的公司后来获得的回报如何。最后他发现，只有高水平的公司才有胆量在市场低迷的时候上市，选择这个时候公司上市会被很多投资人反向青睐，最后投资人都获得了超乎预期的回报。何海建坦言，尽管有这样的研究报告做支撑，但大家的情绪依然也会出现波动。"有时候白天看了统计报告信心满满，晚上咣当一个熔断又来了，这让大家甚至产生了自我怀疑——这些报告是不是只是为了说服自己而做的？"

2020 年 4 月 2 日，瑞幸咖啡造假事件爆发，这是金山云上市之前的第三大灾难。4 月 2 日晚，瑞幸咖啡发布公告称，经内部初步核查，2019 年第二季度到 2019 年第四季度该企业虚增了约人民币 22 亿元的交易额。受此消息影响，瑞幸咖啡股价暴跌超过了 80%，触发熔断暂停交易。在随后的 40 分钟之内，瑞幸 6 次触发熔断，中国概念股遭遇了信任危机。从这个时候开始，一石激起千层浪，各种针对中国概念股的讨论纷至沓来。很快，其他中国概念股也受到波及且遭遇了做空攻击。而正处在上市最关键的准备时期的金山云，再次受到了重创。

至此，是否暂停上市进程的讨论已经上升到了由更高层面讨论决策的时间点。对金山云来说，这里面存在一个非常实际的问题——财务数据其实是有一定的"保质期"的，如果超过了一定的期限，所有的上市审计工作都需要重新再做一遍。如果金山决定暂停上市，那么此前一切的工作都将归零重来。

在瑞幸事件发生一周后，2020 年的 4 月 10 日，王育林和何海建带着几十页的资料来到了金山云的董事会上，他们要向雷军以及其他董事说明情况，然后做出是否如期向 SEC 递交招股说明书的重大决定。

王育林告诉雷军，第一，在开会之前的三个月时间里，他和团队已经针对 300 个投资人开了将近 1 000 个投资者会议，收到了很多下单的意向，总体情况应该是乐观的。第二，他们做了美国历史上几十个上市公司的统计报告，发现在市场低迷的情况下上市的公司，未来可能会让投资者获得更高的收益。第三，美国的量化宽松政策对于机构投资者是好事，有大量的资金正在跃跃欲试。另外，现在市场虽然比较惨淡，但同时上市的标的也更少了，这也许正是金山云上市的好机会。第四，新冠肺炎疫情的暴发会推高人们对云服务的使用量，云计算的未来潜力是巨大的。第五，中国概念股危机对金山云没有影响。自从金山云成立那天开始，它就一直是按照上市公司来治理的，很多公司在上市之前忙于做大量的审计工作，而金山云并不存在这个问题。金山云只需要将财报从集团分拆出来，做成符合美国会计准则的即可。

那一天，雷军对王育林的汇报做出了客观的评估。在经过大家的一番讨论后，他做出了同意金山云按照预期时间向SEC递交招股说明书的决定。其实在雷军的内心深处，他并非对如此复杂的形势完全没有一点儿担心，在听完王育林的汇报之后，他已经为金山云悄悄准备了一个"托底"方案——万一机构下单不够，金山集团可以收下金山云的所有剩余的订单，然后为"金山云"上市做最后的助攻。

2020年4月17日，金山云在三重灾难叠加之下，向SEC递交了招股说明书。随后，金山云通过视频的方式进行了为期三天的云路演，这也是全球首家通过云路演的方式来谋求上市的中国公司。这三天，整个团队再次体验了颠覆以往的沟通方式。团队成员从早上开始顺着亚洲的时区召开视频会议，到下午是欧洲人起床时间，然后延续到北京的晚上和美国的白天同时到来。在胡永红的记忆里，"当时负责上市的四五个人要不住在公司里，要不住在公司对面的酒店里，每天大家只有两三个小时的时间去洗个澡、躺一小会儿，然后就要起来去面对投资者提问"。

为期三天的正式路演，让金山云的团队感受到了机构踊跃认购的态度。因为所有的投资者在之前都和金山云的团队交流过几次，所以此时大家的感觉是"非常熟悉"。路演的第二天，金山云就得到了超额认购的意愿。此时，金山云决定扩大IPO的发行规模，这种情况在2020年的1月到5月全球没有任何IPO项目的情况下非常难得。即使在扩大了发行规模后，到了IPO路演的第三天，国际顶级长线基金对金山云的认购倍数依然达到了20倍以上，路演获得了全球投资者极其热烈的反响。最后，金山云的管理层最终以每ADS（美国存托股票）17美元达成了最终的IPO价格。

在IPO结束后，云敲钟仪式在北京举行，对于这个本应该百感交集的时刻，田开颜却有些记忆模糊。他说，在忙完了IPO之后，紧接着又布置了会场，其实所有人都已经筋疲力尽。那一天，他是在有些稀里糊涂和极度亢奋的状态之下度过的，像一场漫长的梦境，但那一天也是如释重负的一天。受邀前来参加金山云上市仪式的小米前合伙人黄江吉后来说，这是这么多年来第一次看到了王育林露出了笑容。在当天的上市晚宴上，雷军拿出一块一公斤的金砖递到了王育林的手中。在此之前，雷军曾经和跟随他的创业者们有过一个约定，谁能做出一家10亿美元的上市公司，他就会送出一块一千克的金砖作为纪念。此前，雷军已经送出多块这样的礼物了，UC（优视）的CEO俞永福、欢聚集团创始人李学凌、拉卡拉的 CEO 孙陶然都曾得到雷军送出的金砖。因此，得到雷军送出的一千克金砖成了很多创业者梦寐以求的事情。而今天，王育林拿到的这块金砖只有一个简单的玻璃外壳，还没有来得及被好好包装，雷军开玩笑地说："我没有想到金山云会这么快上市。"

那一天，雷军把金山云的故事定义为一个开拓前行、领跑未来的篇章。

在所有人欢聚一堂的时候，只有何海建孤独地守候在电脑旁边，心情紧张地盯着股票交易的指数。这也是非常令人感慨的一幕，因为疫情的原因，在云敲钟的过程中，他依然没有能够从香港飞往北京。在过去几个月的时间里，他都是用远程的方式和金山云的总部以及全球各地的投资者进行交流沟通的。最后在彩带飘飞、人声鼎沸的现场，他远在香港体会到了一种与众不同的幸福与落寞。在后来的上市集体大合影里，人们把何海建特意用 PS（图像处理制作一体化软件）加到了照片的右上角，以此纪念这次形式全新、惊心动魄的上市过程。后来何海建半开玩笑地说，他可能是世界上唯一一个被 P 在上市公司敲钟现场照片右上角的首席财务官。

在本次 IPO 中，金山云总计发行 3 000 万份 ADS，发行价定在每 ADS 17 美元，总计筹资 5.1 亿美元。根据文件披露的信息，金山云此次募集的资金 50% 主要用于基础设施的升级和扩建，25% 用于新产品与技术的研发，15% 用于生态建设与国际化，10% 用于补充公司运营资金。金山云在上市之后，成为当前美股中唯一一个来自中国的纯云服务商。

而这个过程对于金山云的未来发展异常重要。人们知道，在日益激烈的市场竞争中，金山云的道路依然非常漫长。正如雷军多次重复的那样，"金山云只有在扩大10倍规模的基础上，才可能真正处在一个比较安全、平稳的位置上"。

而对于金山云的团队，上市的过程不仅是为了寻求投资者的信任，而且是金山云对自己经营战略和公司价值的一次梳理。在整个上市过程结束之后，金山云的团队发现，投资者和他们都重新审视了金山云核心差异化的优势，即金山云的独立性。金山云不专属于任何一家巨头，因此它很容易被选为重点客户的前三名云服务商。从全球范围来看，越是成熟的市场越会使用多家云服务商。在美国，有86%的客户都会使用多家云服务商，而在中国目前这个比例只有20%，这意味着云市场的巨大增长潜力。另外，团队通过梳理发现，截至2020年，金山云至少拥有322个优质客户，单个客户将平均创造2 000万元的收入。

这是雷军担任金山集团董事长以来，金山旗下第三家子公司成功实现了上市。按照2014年雷军制定的All in Cloud战略，金山集团在金山云数次融资的过程中每一次都配售了相应比例的投资额度，到2020年，金山集团累积对金山云的投资已经10亿美元。截至2021年3月31日，金山集团持有金山云42.5%的股权，依然是金山云的第一大股东，而小米公司持有金山云13.4%的股权，是金山云的第二大股东。可以说，在整个金山云从出生到最终上市的过程中，金山集团和小米始终都是金山云最坚定的持有者。

　　对于在 10 年转型过程中一路走来的金山集团，金山云的上市，成就了雷军"腾笼换鸟"商业思维的一次经典胜利。其实，它不仅仅是金山集团本身的胜利，也代表了科技企业从更宏观的层面获得的一种胜利——在创意公司被孵化成一家具有影响力的公司之后，它们能够反过来回馈社会，承担起更大的社会责任。

结语

不是终局
———
一个中国企业的转型

很久以前，

我曾经迷在暴风雪之中，

大雪遮蔽了我的视线，也掩埋了我的归路。

在那个冬天我死去了。

但是没过多久，

春天回来了，冰雪融化，

我复活了。

再一次地，我踏上了寻梦之旅。

史蒂文·霍夫曼在《穿越寒冬》的前言《船长日志》里这样写道，而这一诗篇就像是给金山这 10 年的道路做出的一个完美诠释。归来、复活、寻梦、冰雪消融，构成了一幅金山从 2011 年到 2021 年这 10 年之旅的磅礴画卷。

如果在中国，人们想要找寻一个创业者穿越凛冽寒冬，让一家企业起死回生、重获新生的商业案例，那么金山已经成了其中最值得研究的时代样本之一。这是一个蜿蜒曲折、波澜壮阔、向死而生的故事；这是一个始于感性、忠于理性、守住初心的故事；这是一个迎接趋势、忘记对手、超越自我的故事；这是一个充满了爱恨情仇，但是依然近乎完美的转型故事。

而有趣的是，这是一个被另一个创业故事的灿烂光辉掩盖的故事。同样在10年里，雷军引领的"学霸式"创业将小米公司从零到一打造成为一家最年轻的世界500强企业时，由于它过于璀璨的光芒，人们很容易忽略了和小米师出同门的金山，是如何走过这峰回路转的10年的。当我们掀开这两个故事的神秘面纱时就会发现，小米和金山之间彼此催生、相互裹挟、你中有我、我中有你，它们的身上都携带着彼此的倒影。而在金山逆境重启、破茧重生的故事里，曾经几次走在生死边缘，也让它包含了更多意味深长的起承转合。

在诸多曲折蜿蜒的故事细节之中，我们可以收获很多思考和发现。比如，一个踌躇满志的青年是如何在体会了一段人生中难得的留白，后实现商业上的凤凰涅槃的。比如，一家企业在经历了漫长的蹉跎岁月之后，是如何找寻基业长青的密码的。再比如，在一个中国企业实现转型的过程中，企业家是如何从顶层设计开始就力争突破人性局限的。还有，一个企业在跨越产业周期时，它的创始人、商业战略、制度设计和时代背景是如何彼此互动的。在这样一个充满张力的故事背后，找寻那些如同达尔文进化论一样的深刻规律，从那些看似偶然的表象中寻找到那些必然的东西，这成为我们书写这个故事最重要的意义，它将给今天的企业家带来关乎企业长久生存最真实的启示。

　　创业历来是残酷的，就像人们所预知的那样，创业者必将要学会拥抱不确定性，迎接永无止境的挑战，处理运营公司时遇到的混乱。而如果一家公司已经深刻地面临过这些困境，走出了无序混乱，重新变成了一家处变不惊的公司，那么它的经验也将成为商业文明之中的宝贵财富。

　　在这个故事中，金山的转型首先是第一代创业者集体突破自身认知局限的故事。在漫长的 33 年的创业过程中，张旋龙、求伯君、雷军三个人的商业洞见都随着时间的推移而不断增长。在金山成立伊始，张旋龙个人及其家族曾经拥有该公司 100% 的股权。到了 2007 年上市时，他个人所有的股权已经不到 10% 的比例。而在雷军 2011 年回归之际，张旋龙再次出售了公司 5.88% 的股权，并和求伯君一起将公司的实际控制权交到了雷军手里。这一点对于这个家族企业转向高度市场化的思路至关重要，也是金山能够不断传承的重要基础。当市场变革的速度越来越快、竞争越来越激烈时，完全由家族成员掌控的封闭式管理一定会存在很大的弊端。而当创始人拥有开放的心态时，这就为顶级管理者后来的参与留足了空间。当然，这种思考并不是一蹴而就的，它是一份时间的礼物。

　　对于求伯君，他勇于承认自己在管理上的短板，愿意从更宏观的层面为公司的大局考虑，在关键时刻出让了一线管理者的位子，这也是直面自我、充满勇气的一个决定。2010—2011 年，为了让雷军重新执掌金山大局，他至少和张旋龙、雷军一起深度交谈过20次。在雷军的印象里，每一次的交谈都极度坦诚。作为WPS 1.0的缔造者，求伯君在后来评价自己对金山的贡献时，并没有强调自己凭借一己之力做出一款软件的英雄事迹，但是他说，在2011年，把雷军带回给金山，这是他能够给予金山的一份最珍贵的礼物。对此，他也做了很多内心的反思和剖析。

对于雷军，他感慨于他和张旋龙、求伯君这种非典型的"中国合伙人"式的创业能够持续的时间，并且在一起经历了那么多风风雨雨之后大家的关系历久弥新。总结下来，创业合伙人之间对底线的坚守和对彼此的绝对信任，成了创业过程中一件至关重要的事情。在金山这个案例里，他们三个人之间并非没有因利益而产生过争论，但是每一个人都坚守了善良和宽容的准则。合伙人不会做超越底线的事情——这对于一家创业公司何其重要。在巨大的利益和纷争面前，这个简单的法则是一家公司能够持续前行的基石。正是因为这份对彼此的信任和感情的积淀，雷军在人生最困难和最忙乱的阶段，毅然决然地选择了回归金山。

从离开金山到回归金山，这个刻骨铭心的过程其实也是雷军作为一名青年创业者在市场上不断获得真知灼见，逐渐走向理性，蜕变为一名成熟企业家的过程。通过切肤之痛和深入观察，雷军意识到了畸形的股权结构将导致创业公司的直接失败。而授予创业者以及一线管理者最多的股权，将是一家创业公司获得成功的基本前提，而这需要天使投资人和企业出资者克服人性的局限，这个理念其实也是金山转型故事精髓之一。"关停并转"和"包产到户"要实现的就是将创业公司的股权赋予一线的创业者和管理者，从而激发他们最大的主观能动性，释放出人生最大的事业能量。事实证明，这就是一个克服人性弱点的过程，它不但可能会让原始股东牺牲股权，也会让制度设计者面临公司内部的动荡。但是，只要这个艰难的过程结束，它就能成为金山转型故事中的一个最大亮点。当一家公司有勇气进行这样大刀阔斧的改革时，它不但克服了管理者的惰性、解放了生产力，而且解放了管理者们的"打工"思想，这堪称人因制度而改变的经典手笔。

后来，雷军在做天使投资时，他都特别关注股权结构，天使投资者一般只持有 15% 的公司股份。

除了创始人认知的提升，金山这个故事的顺利进行还有赖于时代大背景对于创新的支持。金山崛起于中国的软件时代，踏空了互联网时代，最后要在移动互联网时代实现追赶。雷军在真实的创业环境里经历了多年的摸爬滚打之后，他意识到了一家公司增量远比存量重要，一家公司要有符合时代趋势、有巨大增量潜力的业务。而在实施"腾笼换鸟"策略的同时，整个时代的大背景已经比多年之前更鼓励科技创新。党的十九大报告明确指出："深化科技体制改革，建立以企业为主体、市场为导向、产学研深度融合的技术创新体系，加强对中小企业创新的支持。"2015年，中国全社会的研发投资已经超过了 14 000 亿元，其中企业投入占到了 77%。这说明企业已经成为中国科技创新的主体之一。

而《穿越寒冬》的作者史蒂文·霍夫曼也一度观察到了中国创业环境的优势，他认为，在中国，像深圳、北京、杭州、广州以及上海这样的城市，现在已经可以和硅谷、纽约、波士顿、西雅图以及洛杉矶这些创新枢纽并驾齐驱。他说："这些大都市都有完善的创业支持系统、足够多的人才、密集的投资人群体以及敢于承担风险的文化。"在全世界，中国和美国是最容易将一个创意转换为独角兽的地方。而转型之中的金山，正是时代和政策红利的享有者之一。

在这个大背景之下，风险投资的"资金放大器"功能在金山转型的过程中被雷军淋漓尽致地发挥了出来。在整体大环境对创业者更为支持时，风险投资的决策过程是一个对高新技术产业进行大浪淘沙、市场筛选的过程，严格的项目评估过程可以让充满前景并且附加值高的技术，通过风险投资实现产业化。此时，雷军自身拥有的在产业方面的实战经验加上他在风险投资界的人脉，使他更容易把"产业＋资本"的模式落地，这正是他的商业智慧和操盘能力与时代大背景融合的时刻。

有了环境和资本的加持，当雷军把移动互联网"专注、极致、口碑、快"总结成一套方法论，实施于金山的子公司时，他已经实现了管理上的进阶。他从一个关注细节、事必躬亲的管理者升华成为一个战略制定者和大局操控者。仅仅通过金山董事会、业务月度分析会、和一线管理者的日常沟通三层把控，他用比例不多的管理时间就在成就小米公司的同时，实现了对金山的转型，这是一个打破商学院教条的案例，在中国商业历史上十分少见。

最后，除了战术层面的部署，支持一家公司前行的依然还是它最核心的东西，在金山，这个核心的理念是如此强烈，人们甚至会感觉它无处不在。你可以把它总结为文化，甚至也可以将它称为信仰。它看似幻化于无形，但是它真实地影响着每一位员工。用一些词语来总结这些核心，它就是"热爱技术、理想主义、容忍失败、以人为本"这些都是创始人独立人格的延伸。雷军本人就是一个充满了理想主义的企业家，他通过身体力行的方式把这些文化沉淀了下来。金山的"理想文化"其实和小米"永远相信美好的事情即将发生"一样，总给人一种相信善良的愿望。对于这一点，就连离开金山的人，比如B站的董事长陈睿也深有感触，他说："一家企业一定不是照着MBA（工商管理硕士）的教材就能把一家公司的文化树立起来的，它一定是经过生死的考验最后迸发出来的东西。当一些事情袭来时，一家公司的条件反射，它的肌肉记忆，就是内心信仰的体现。"而2018年离开猎豹的徐鸣后来创立了银河航天，进入了一个完全不同的领域，他感叹雷军带给他作为一个年轻创业者的启示："做一件事情永远要真诚和热爱。"当一些离开金山的人带着金山的文化走进领域不同的公司担任最高管理者时，这种文化浸染的其实是整个中国的商业环境。

在北京海淀区高楼林立的小米科技园里，金山于2020年入驻。而雷军经常乘坐A栋顶层电梯下楼，然后穿过环境优美的小米科技园区走到D栋的金山大楼去开月度会议。从A栋走到D栋，从D栋再走回到A栋，这个距离仅仅几百米，但是一种穿越历史和时空的感觉扑面而来。在两个隔空相望的大厦之间，似乎正在无声地诉说着一代又一代创业者的故事。

当太多的人在这里付出了自己的整个青春岁月时，一家公司不仅仅关乎着商业世界的起起起伏伏，也形成了一部人们的心灵成长史。很多人都在这个漫长的过程中相信了时间这个朋友，也体会了战胜自我的乐趣。如同西奥多·罗斯福所说的那样："尝试伟大的事情，也赢取光荣的胜利，即使遭遇失败，也远胜与既不享受东西，也不承受痛苦的可怜虫为伍，因为他们活在不知战胜和败退为何物的灰色朦胧的地带。"

当很多人穿越了漫长的时间回望岁月时，金山最终形成了一个福报终至的故事，里面有数度希望的泯灭和希望的重生。而所有的人都知道，截至目前，这个故事还远非终局。

在金山 30 周年的庆典上，雷军曾经亲手埋下过一颗时间胶囊，这是一封写给金山未来的书信，书信的内容，将在 30 年之后揭晓。在埋藏时间胶囊的一块大理石上，一小段话赫然在目。

1987 年，中国向世界发出第一封电子邮件，揭开了中国互联网的序幕。

1988 年，金山软件在珠海成立，发布 WPS 1.0 揭开了国产办公软件的序幕。

过去 30 年，无论风云如何变幻，金山软件一直屹立于潮头。

2018 年 12 月 22 日，为了纪念以"梦想金山"为主题的金山 30 周年庆典，金山人制作了时光胶囊埋在金山软件珠海园区。时光胶囊里放置了金山人对未来 30 年的期许，将在 2048 年开启。

　　相信在未来，金山人会继续秉承"志存高远、脚踏实地"的司训，同舟共济共建金山。

　　人因梦想而伟大，金山因梦想而长青！

而有关金山这家公司未来的故事，正在时空中开启。

期待
欣喜
命运

那些焦虑不安、那些求之不得、那些对
作品命运的期待，和那些最后到来的臣
服，是如此熟悉。我们对刹那划过的火
花感到欣喜，却对命运偶尔的眷顾不知
所措。

技术
人才

程序员文化："万般皆下品，唯有程序高"。尊重技术，尊重人才。

"注重用户反馈"

我们埋头努力，抬起头，
我们已经走在了前面。

合伙人
坚守
信任

创业合伙人之间对底线的坚守和对彼此的绝对信任，成了创业过程中一件至关重要的事情。合伙人不会做超越底线的事情——这对于一家创业公司何其重要。在巨大的利益和纷争面前，这个简单的法则是一家公司能够持续前行的基石。

后记
坚持用口述历史记录中国商业文明

撰写《生生不息》这本书的过程比想象的曲折。最主要的原因是，我在杭州宣讲《一往无前》时不慎摔伤了右臂，造成桡骨远端骨折。我对金山管理层和雷军先生的采访，正是在悬吊着右臂的情况下用 6 周的时间完成的。

在整个采访和记录的过程中，我非常感慨，因为每一场访谈都触及灵魂。金山是一家走过了 30 多年悠悠岁月的中国企业，关于它的很多故事都充满了历史感，而在金山转型的过程中，也有很多人经历过认知的刷新和人生的阵痛。甚至有相当一部分人，他们的命运因为这家公司发生了不可思议的进阶和改变。有太多的人在这里付出了自己的青春岁月，我有幸聆听他们的故事，了解他们的英雄梦想，一个宏大精彩、跨越时间洪流的人物群像就这样在一个个受访者的回忆和讲述中徐徐展开。感谢所有接受我采访的朋友，与你们的交谈让我收获了很多知识，产生了更多新的写作灵感。

在很多场的访谈中，大家都感慨万千，这让我深深感到，一家公司的成败，其实不仅仅关系着公司自身的前程，更关乎着这家公司员工的心灵成长。当人们习惯于用是非成败来衡量一家公司时，那些商业文明中的人类情感似乎总是在无意中被忽视。而我的使命，就是希望用口述历史的方式，持续记录商业文明中的事件和情感。

当我在哥伦比亚大学学习口述历史时，导师们总是会强调人们的叙述中包含主观性。但是我逐渐发现，主观性可能正是口述历史不可或缺或者最具特色的一部分，当人们将自己的独特记忆呈现出来时，当这些独特的记忆交相辉映时，一个最真实的历史就会渐渐浮出水面。而人们的情感，也可以通过这样的方式被真实地记录下来。

坚持用口述历史记录中国商业文明，用传记写作来记录改革开放40多年中那些孜孜不倦努力的企业和企业家，始终是我的初心和责任。感谢《生生不息》给了我这样一个机会来进行记录。我将不辱使命，继续前行。

范海涛

雷军
五步战略
改革

① 关停并转

业务聚焦，单点突破，迅速突围。

聚焦 WPS、网络游戏和《金山毒霸》三大核心业务，退出所有无关业务。

② 包产到户

决策权下放，让一线的指挥官指挥战争。

事业部子公司化，授予子公司管理层直接决策权。

顺势而动，利益配套，激励发展。

根据业务形态制订激励计划，制订管理层持股计划（MBO），

积极引进外部投资者，鼓励子公司在合适的时机单独上市。

③ 放水养鱼

面向未来，积极变革，全面转型移动互联网。

机会比收入重要，成长比利润重要。

着眼长远，战略先行，给成长一点儿时间。

④ 腾笼换鸟

保存量，挖增量，积极寻求科技创新，布局未来 10 年的新业务。

着眼未来核心业务，All in Cloud（全部投入云）。

⑤ 筑巢引凤

人才是把企业做好的根本，把团队建设当头等大事来抓。

内部提拔＋外部引进，搭建人才梯队，保证人才吸纳速度，注重人才培养。

文 化
志存高远，脚踏实地

① "坚持做一家正直的公司！"

② 员工的自我驱动精神会成就一家公司的精神底色。

③ 一家公司在最困难的时候选择的道路反映了它最真实的信念。

④ 程序员文化："万般皆下品，唯有程序高。"尊重技术，尊重人才。

⑤ 文化是一家企业的灵魂，它塑造和维系着员工的幸福感，也超越了市场激励和层层的管理制度。

⑥ 有使命的公司，最后都是用一种共同的准则和价值观来塑造个人行为的，文化产生的生命力要长于任何一个个体的寿命。

⑦ "志存高远，脚踏实地"：志存高远就是不管我们今天有多差，只要内心有梦想就会有机会；脚踏实地，要忘掉曾经我们有多少辉煌，清空从零开始。

⑧ 在一家创意型公司被孵化成一家具有影响力的公司之后，它们就能够反过来回馈社会，承担起更大的社会责任。

⑨ 在探究这一切有关"术"的问题背后，其实有一种更加深厚的力量在支撑着公司不断前行，这就是一种"道"的力量。

⑩ "道"的力量远胜于"术"，它比"术"更加深邃，成就了一家公司伟大格局观的胜利；它比"术"更加重要，支撑了一家企业穿越跌宕起伏的经济周期，并可以经受漫长岁月的千锤百炼。如果把这种"道"的力量总结成两个字，那就是梦想！

经营

机会比收入重要，成长比利润重要

① "胆大包天的目标"。

② "参与感"，"注重用户反馈"。

③ 把用户需求像针一样扎透，产品迭代才能快起来。

④ 被用户骂过才知道怎么带团队。

⑤ 在今天被视为习以为常的事，到了明天就不一定正确。

⑥ 要全面进攻，不要防守，今天的互联网行业是守不住的，只能往前冲。

⑦ 互联网商业的经营模式：积累用户量—商业转化—赢利

⑧ "铁人三项"商业闭环模式："硬件 + 软件 + 互联网"。

⑨ 新经济时代的商业模式：通过巨额融资占领市场，再通过市场占领取得流量变现。

⑩ 移动互联网时代企业经营转型的关键要义：强大的技术团队、资源优势、稳健的经营策略。

⑪ 互联网七字诀："专注、极致、口碑、快。"专注和极致是产品目标，快是行动准则，口碑则是整个互联网思维的核心：不是满足用户的需求，而是超越用户的预期。

⑫ 如果一件事情在相对理性的条件下存在冒险的空间，那么这件事是值得去尝试和创新的。

⑬ 股权设计是决定一家公司未来走向最关键的因素，也是现代企业治理中的一个核心问题。

⑭ 在互联网时代，雇佣制度已经无法建立高度的信任与合作关系，而合伙人制度将成为创业公司的主流模式。

⑮ 时代浪潮之下，传统企业要勇于自我变革，打破枷锁，摆脱"路径依赖"，才能建立长线思维，跨越周期，顺应和拥抱新时代。企业的今天一定要规划两三年甚至五年之后的事情。就像是一颗种子，你必须先种下去，才能期待有一天它长成参天大树。

⑯ 在盐碱地里种庄稼，虽然勤奋，但总是在逆风飞行，一家企业只有跟上趋势，才能立于不败之地。

⑰ 人才其实是最宝贵的资产，只有先把人才梯队搭建起来，公司才有大步快跑的可能。

⑱ "管自己以身作则，管团队将心比心，管业务身先士卒"。只有将心比心，才会有深厚的兄弟友谊，和兄弟们一起哭、一起笑，才能造就一支打不倒、拖不垮的团队。

⑲ 管理权力的下放不仅释放了管理者的时间，而且可以"让听得到枪响的人去一线亲自指挥"。

⑳ 不管竞争对手是谁、实力多强大，企业只要认真做技术，研究产品，做好客户的服务，一定能获得最终的胜利。

投 资
不求最快，但求精准

① 投资人要赋予创业公司野心和动力，但是在业务管理上，必须更加粗放。

② 风险投资的本质是：用资本激励创新，用创新改变世界。

③ 在任何一家创业公司，给予创业者最多的股权是一件天经地义的事情。

④ 资本能够为企业建立护城河，如果一家企业在新的战略方向上迅速推进，资本是必不可少的助力因素。同时，外部投资的注入，能够让一家公司的战略决策更加市场化。

⑤ 随着中国创业热潮的发展，"天使"逐渐成为一种常态化的投资行为。

⑥ 资本可以对社会的优质资源进行再次分配，优化配置的资源将会创造社会价值，通过这种方法论，风险投资可以同时支持数家公司"野蛮生长"。

创 业

一个人走可能走得很快，但是一群人走可以走得更远

① 创业就是跳悬崖，每一次创业都是一次生死未卜的豪赌。

② 在创立一家公司时，忘掉过去，着眼未来的增量是一件非常重要的事情。

③ 在历史的长河中，大家能够看到的机会不计其数，但是创业者也要知道，不是每个机会都是你的机会。

④ 产业＋投资，将产业资源导入自身的创业项目中去。

⑤ 聚拢风险投资的资源，然后给创业者创建合理的股权激励，并把业务的增量进行精准定位，就可以从零到一建立起一家新的公司。

⑥ 创业合伙人之间对底线的坚守和对彼此的绝对信任，成了创业过程中一件至关重要的事情。合伙人不会做超越底线的事情——这对于一家创业公司何其重要。在巨大的利益和纷争面前，这个简单的法则是一家公司能够持续前行的基石。

⑦ 无论这些创业公司的走向最终如何，故事里主人公的命运都随着时代大背景的变化发生着令人唏嘘的起承转合，每个故事里必然贯穿着主人公们的愤然抗争和适度妥协，也充满了迎接成长的喜悦和遭遇失败的挫折，以及所有关于人性和人心的真相。

⑧ 创业历来是残酷的，就像人们所预知的那样，创业者必将要学会拥抱不确定性，迎接永无止境的挑战，处理运营公司时遇到的混乱。而如果一家公司已经深刻地面临过这些困境，走出了无序混乱，重新变成了一家随机应变的公司，那么它的经验也将成为商业文明之中的宝贵财富。

成　长
为这个世界留下些什么

① 我们埋头努力，抬起头，我们已经走在了前面。

② 一个人实现对自己的操盘才是他对过去的完全告别，是他通往某种精神自由的开始。

③ 凡是涉及重大的变革时，人们的观念和体制的约束都需要去突破，伴随的风险也必须去面对。

④ 你会发现每天有很多新的事情要做，这种感觉令人非常兴奋，也正是这种感觉，让人拥有源源不断的动力去接受新的挑战。

⑤ 人生是一个反复在生活和工作的状态，很容易迷失，在这个过程中，你要不断提醒自己还活着。

⑥ 在人生的某些经历中，世俗的成功并不是头等大事，而那些过命之交才是。

⑦ 那些焦虑不安，那些求之不得，那些对作品命运的期待和那些最后到来的臣服，是如此熟悉。我们对刹那划过的火花感到欣喜，却对命运偶尔的眷顾不知所措。

⑧ 在所有追求到远方的人生里，会有很多高光时刻，但是为了拥有这个时刻，人们就要付出代价，就要忍受孤寂，就要面对嘲讽，就要接受质疑，就要在过程中燃烧自己。而最终，大家的目标其实是一致的，那就是——要为这个世界留下些什么。